KB202911

귀신역사에서 해방 받고자하는 분들의 필독서

귀신축사
차원 높게
하는 법

강요셉 지음

이 책을 읽으면 축귀능력이 나타나게 될 것이다.

인간의 모든 문제 배후에는 악한 영의 역사가 있다.
성도는 귀신축사를 알고 행할 수 있어야 군사이다.

귀신축사는 모든 성도들의 필수적인 성업이다.

귀신축사 차원 높게 하는 법

성령

들어가는 말

저자가 지난 14년 동안 성령치유 사역을 하면서 체험적으로 느낀 것은 축귀사역은 참으로 중요하다는 것입니다. 모든 치유 사역 뒤에는 꼭 축귀를 해야 하기 때문입니다. 성령의 세례를 받으려고 해도 축귀를 해야 합니다. 축귀를 해야 영의통로가 열려 마음 깊은 곳에서 영의기도가 올라오기 때문에 성령의 세례를 쉽게 받을 수가 있습니다. 내적치유를 할 때도 상처를 치유한 다음에 필히 축귀를 해야 합니다. 그래야 상처의 근원이 완전하게 해결 되기 때문입니다. 부부와 자녀들의 문제를 치유하려고 해도 축귀를 해야 합니다. 부부와 자녀문제의 뿌리에 귀신이 도사리고 있기 때문입니다. 물질문제를 해결하려고 해도 축귀를 해야 합니다. 일부 질병을 치유 받으려고 해도 마지막으로 축귀를 해야 합니다. 그래야 질병의 뿌리가 빠지기 때문입니다. 모든 치유 사역에 꼭 필요한 사역이 축귀입니다. 축귀를 하지 않으니까, 성도들이 고통을 당하는 것입니다.

이와 같이 축귀는 사람의 모든 문제를 해결하기 위해서 꼭 필요한 사역입니다. 참으로 중요한 사역인데도 불구하고 소홀히 할 수 있는 사역입니다. 그래서 저자는 **"귀신축사 차원 높게 하는 법"**라는 제목으로 책을 집필하였습니다.

이 책에는 인간의 삶에 일어날 수 있는 여러 가지 문제를 축귀를 통하여 해결할 수 있도록 제시하고 있습니다. 축귀는 인간의 모든 문제를 치유할 때마다 해야되는 것입니다. 성도들이 축귀를 바르게 알아야 악한 영의 역사로부터 해방 받을 수 있습니다. 모든 것이 원리가 있고 절차가 있듯이 축귀에도 원리와 절차가 있습니다. 원리와 절차를 바르게 알고 예수님이 주신 권능을 사용하여 영육의 고통에서 해방 받으시기를 바랍니다.

이 책을 읽으면 인간이 세상을 살아가면서 당하는 여러 문제에 대한 축귀사역 비결을 터득할 수 있을 것입니다. 부디 이 책을 통하여 모든 독자들이 축귀사역의 전문가가 되기를 소원합니다.

주후 2014년   1월 10일
충만한 교회 성전에서
저자 강요셉목사.

귀신 축사 목차

1부 한 차원 발전해야 될 축귀사역

1장 한 차원 깊은 축귀사역을 하는 법

(롬 8:5-9)"육신을 따르는 자는 육신의 일을, 영을 따르는 자는 영의 일을 생각하나니, 육신의 생각은 사망이요 영의 생각은 생명과 평안이니라. 육신의 생각은 하나님과 원수가 되나니 이는 하나님의 법에 굴복하지 아니할 뿐 아니라 할 수도 없음이라. 육신에 있는 자들은 하나님을 기쁘시게 할 수 없느니라. 만일 너희 속에 하나님의 영이 거하시면 너희가 육신에 있지 아니하고 영에 있나니 누구든지 그리스도의 영이 없으면 그리스도의 사람이 아니라"

하나님은 예수를 믿고 성령으로 거듭난 성도들이 영적인 사고를 하기 원하십니다. 우리가 말로는 예수를 믿고 영적으로 거듭났다고 합니다. 그러나 여전하게 육을 입고 육적인 사고에서 탈피하지 못하고 살고 있는 것을 부인할 수 없는 것입니다. 육적인 사고에서 탈피하지 못하니 영안이 열리지를 않는 것입니다. 성도는 반드시 영안이 열려야 합니다. 저는 영적인 사고가 굉장히 중요하다고 생각 합니다. 영적으로 사고하면 좀 더 빨리 영안이 열리고 영적으로 바뀔 수가 있기 때문입니다. 신령한 사람으로 바뀔 수 있습니다. 신령한 사람이 되어야 귀신들의 궤계를 알고 몰아낼 수가 있는 것입니다. 왜 나는 예수를 믿고 교회에 다닌 지 십년이 넘었는데 믿음이 자라지 않고 귀신에게 고통을 당할까? 사고가 영적으로 바뀌지 않기 때문입니다. 생각이 바뀌지 않고, 습관이 바뀌지 않고, 여전하게 인간적인 사고를 하기 때문에 믿음이 자라지를 않고 영적인 눈이 열리지를 않는 것입니다. 영적인 눈이 열리지 않으니 예수를 10년 믿어도 여전히 귀신에게 당하면서 사는 것입니다. 그래서 귀신을 쫓아내면 끝나는 것이 아니라 환자가 영적인 자립을 하도록 영육의 수준을 높이는 축귀사역이 되어야 합니다. 환자가 귀신과 싸워서 스스로 설 수 있는 군사가 되도록 해야 합니다. 환자도 귀신이 떠나 같다고 다되었다고 방심하지 말고 성령으로 충만한 신앙생활을 해야 합니다.

1. 영적인 사고를 하라.

영에 속한 5차원의 사람이 되려면 영적으로 사고를 해야 합니다. 영적인 사고란 매사를 예수님의 눈과 마음으로 보는 것을 말합니다. 예를 든다면 이렇습니다.

공황장애가 있고, 불안장애가 있는 것은 어렸을 때나 살아오면서 큰 충격이 있었다는 것입니다. 충격을 받을 당시에는 그냥 놀라고 지나칠 수가 있습니다. 그러나 이미 악한 영은 침입 한 것입니다. 침입한 악한 영은 때가 되면 반드시 문제를 일으킵니다. 언제 문제를 일으키느냐 입니다. 학생은 가정에서 학교에서 상처를 많이 받고 스트레스를 많이 받게 되면 고개를 들고 일어납니다. 다행하게 학생 시절을 잘 넘겼다면 사회 생활할 때 슬슬 불안하게 합니다. 밤에 불안하여 잠을 자지 못합니다. 조그마한 일에도 혈기를 잘 냅니다. 잘 놀라게 합니다. 신경과민에 걸립니다. 우울해 합니다. 가슴이 답답하여 기도를 못합니다.

도저히 견딜 수가 없어서 정신 신경을 전문으로 하는 병원에 가서 진찰을 하면 분명하게 병명이 나옵니다. 공황장애나 불안장애나 우울증이나 조울증이라고 합니다. 그러면서 약을 줍니다. 약을 먹으면 약간 안정이 됩니다. 그러나 여전히 불안하여 정상적인 생활을 할 수 없게 됩니다. 정신 병원에 입원해서 치유를 받으면 약 3개월을 입원할 수도 있습니다.

그러나 우리가 알아야 할 것은 정신 신경과 약을 먹으면 치유제가 아니라는 것입니다. 그냥 세로토닌이나 도파민을 조절하여 주는 약입니다. 의사들이 무어라고 하느냐하면 세로토닌과 도파민이 정상 공급이 되지 않아 발생한 질병이라고 합니다. 그러므로 평생 약을 먹어야 합니다.

이를 영적으로 보면 답이 나옵니다. 충격적인 상처를 받고 놀랄 때 악한 영이 침입한 것입니다. 침입한 악한 영은 건강상태가 양호하고 정상일 때는 정체를 드러내지 않고 숨어있으면서 기회를 노리면서 자꾸 충격적인 상처를 받게 합니다. 침입한 당사자 주변에서 문제가 발생하도록 상황을 조성합니다. 생활에서 스트레스와 상처를 받도록 상황을 좋지 못하게 유도합니다. 가정에 불화도 일어나게 합니다. 학교에서 친구들에게 왕따도 당하게 합니다. 직장에서 상사에게 심한 질책을 당하게 하기도 합니다. 여성이면 성폭행도 당하게 합니다.

서서히 체력을 소진하게 하다가 결정적인 순간이 되면 정체를 폭로하는 것입니다. 그러므로 정체가 폭로된 다음에 치유하려면 늦습니다. 정체가 폭로되기 전에 영적인 치유를 하는 것입니다. 성령으로 세례를 받고 내적인 상처를 치유하면 해소가 됩니다.

그러나 공황장애나 불안장애, 우울증으로 정체가 폭로 되었다고 걱정할 필요가 없습니다. 될 수 있는 한 빨리 주변에 정신적인 문제나 영적인 문제를 전문으로 치유하는 사역자에게 가서 치유를 받으면 됩니다. 치유는 귀신만 쫓아내려고 하며 안 됩니다. 성령의 세례를 받게 한 후에 내면의 상처를 치유하고, 성령의 인도에 다라 축귀를 해야 합니다. 귀신만 쫓아내려고 하면 절대로 안 됩니다. 제가 이런 분들을 치유한 경험이 많이 있습니다. 성령의 깊은 임재를 이끌어내어 깊은 차원의 치유를 하면 치유가 되는 것이 보통입니다.

저희 교회에서 매주 토요일 하는 2시간 30분짜리 집중치유를 두세 번만 받으면 어느 정도 안정이 됩니다. 발생한 즉시 치유할 경우입니다. 그러나 이리 저리 다니면서 시간이 경과되면 치유하는데 그만큼 많은 시간이 소요가 됩니다. 초기에 치유를 빨리해야 정상으로 회복시킬 수가 있습니다. 반드시 성령으로 세례를 받게 하고 말씀과 성령으로 내적치유를 한 후에 본격적인 치유를 해야 합니다. 전문적인 치유 기법이 필요합니다. 사역자는 전문성을 길로야 합니다. 환자는 전문적인 치유사역자를 만나야 합니다.

또 다른 예는 불임의 경우입니다. 남녀가 결혼하는 이유 중의 하나는 생육하고 번성하는 것도 포함이 됩니다. 이것은 하나님의 뜻입니다(창1:22). 그런데 결혼을 하여 십년이 넘어도 아이를 생산하지 못하는 부부가 있습니다. 저는 이런 분들을 치유하여 아기를 출산하게 하여 행복한 부부가 되게 한 체험이 많습니다. 여성이 임신이 되지 않는 것은 말씀과 성령으로 찾으면 원인이 반드시 있습니다. 이를 치유한다고 "예수이름으로 명하노니 태문을 막고 있는 귀신은 떠나갈지어다. 태문이 열릴지어다." 하고 축귀하고 대적한다고 임신이 되지 않습니다. 물론 임신이 되는 경우도 있습니다. 또 다른 방법은 인공수정을 하는 방법입니다. 제가 얼마 전에 만난 여성의 경우 이렇게 하소연을 하는 것입니다. 자신의 담임 목사가 임신이 될 때까지 인공수정을 하라고 했다는 것입니다. 그래서 10개월 동안에 11번을 인공수정을 시도했는데 임신이 되지 않았다는 것입니다. 자신이 지금 미칠 지경이라는 것입니다. 참으로 무지한 목사입니다. 다른 경우는 철야기도를 하라고 하는 것입니다. 절에 가서 하는 식으로 철야를 하게 합니다. 어느 전도사 사모가 저에게 찾아와서 이렇게 하소연을 했습니다. 교회에서 열심히 봉사하고 철야하며 기도하면 임신이 된다고 하여 천일을 철야해도 임신이 되지 않았다는 것입니다. 이

분은 우리 충만한 교회에서 치유 받고 3개월 만에 임신이 되었습니다. 헌금을 하면 임신이 된다고 합니다. 어느 여 집사는 아무개 여 목사가 500만원을 헌금하면 1년 이내 임신이 된다고 했다는데 3년이 지나도 임신이 되지 않았다고 합니다. 이런 방식으로 불임을 해결하는 것은 극히 저차원적인 방법입니다.

　우리는 5차원의 치유를 해야 합니다. 여성이 임신을 하려면 육신적인 조건이 맞아야 합니다. 체온이 정상이어야 합니다. 몸이 냉하면 착상이 되지 않습니다. 체력도 강건해야 합니다. 스트레스와 상처로 인하여 체력이 정상이 아니면 임신이 되지 않습니다. 요즈음 스트레스를 많이 받는 여성들이 임신이 안 되는 경우가 많다고 매스컴에서 자주 거론합니다. 그래서 임신이 되게 하려면 영육의 상태를 정상으로 끌어올려야 합니다. 말씀과 성령으로 내적 치유하여 상처를 치유해야 합니다. 상처가 치유가 되면 스트레스 받는 정도가 점점 미약해집니다. 마음이 평안해지기 때문에 영육의 기능이 점점 정상으로 회복이 되는 것입니다. 냉증도 말씀과 성령으로 치유되어 몸이 뜨거워집니다. 이제 육의 기능을 강화해야 합니다. 건강식품을 먹어서 건강을 회복하게 해야 합니다. 이렇게 영육의 기능을 정상으로 끌어올리면서 치유 안수를 해야 합니다. "예수이름으로 명하노니 태문을 막고 있는 세력은 떠나갈지어다. 태문이 열릴지어다. 잉태의 축복이 임할지어다. 생육하고 번성하는 축복이 임할지어다. 영육의 기능이 정상이 될지어다" 이렇게 본인이 기도하게 하고 성령의 역사로 치유하면서 선포기도를 합니다. 그러면 얼마 있지 않아서 임신이 됩니다.

또 다른 상황입니다. 요즈음 중학교 2학년에 다니는 아이들이 불안하다고 학교를 가지 않는 경우가 있습니다. 그러면 부모님들이 혼을 내기도 하고, 달래기도 합니다. 그러나 아이는 학교에 가지 않고 집에서 컴퓨터에 빠지는 경우가 보통입니다. 그래서 은둔형 외톨이가 되기도 합니다. 이는 태아 때나 유아시절에 상황이 좋지 않아 상처를 많이 받은 경우이거나 집안의 내력이 영적으로 좋지 못한 가정에서 많이 발생을 합니다. 대물림이 되는 경우가 많다는 것입니다. 정상적인 아이가 이런 경우가 되는 경우는 200명중에 1명 정도 발생합니다. 모두 내면 깊숙이 들어가면 원인이 있다는 것입니다. 고로 영적으로 사고를 하고 진단을 하면 사전에 예방할 수가 있습니다. 반드시 말씀과 성령으로 진단을 해야 정확한 원인을 알 수가 있습니다. 제가 아이들을 안수하고 치유하여 보니까, 초등학교 4학년 이하의 아이들이 치유가 잘됩니다. 그러므로 이런 정신적인 문제가 조상으로부터 대물림되는 가정은 어린 시절에 치유를 받을 수 있는 교회를 선택하여 다니는 것이 좋습니다. 많은 사람들이 교회만 다니면 되는 줄 알고 믿다가 낭패를 당하는 경우를 많이 봅니다. 이런 문제는 반드시 강한 성령의 역사가 있어야 정신적인 문제를 일으키려고 대기하고 있던 더러운 영이 성령의 역사에 의하여 더 이상 숨어있지 못하고 정체를 폭로하게 됩니다. 이때 치유하면 해결되는 것입니다. 무엇보다도 영적인 사고를 하는 것이 중요합니다. 인생 제반사의 모든 문제는 영적인 사고를 함으로 사전에 해결될 수가 있습니다. 인간의 문제는 영적인 차원에서 발생하기 때문입니다. 성령의 깊은 임재가 있어야 사전에 치유가 될 수가 있습니다.

다른 사례는 부부 불화입니다. 예를 들어 부부불화가 심해서 세상 심리 상담하는 곳에 가서 상담을 받으면 분명한 답이 나옵니다. 성격차이라든지, 성장과정의 문제라든지 등등 분명한 이유가 있습니다. 그래서 그 문제를 해결하려고 노력을 해도 해소되지 않고 오히려 더 악화가 되기도 합니다. 왜 그럴까요? 영적인 문제가 결부되었기 때문입니다. 그래서 영적인 사고를 하여 영적으로 해결을 하려고 해야 원인을 알고 치유할 수가 있습니다. 저는 13년 이란 세월동안 부부문제를 치유하여 왔습니다. 모든 세상 방법을 다 동원하여 치유하려고 해도 해결되지 않다가 말씀과 성령으로 내적치유와 영적치유를 하니 이혼을 했던 부부도 재결합을 하더라는 것입니다. 인간의 문제는 영적인 차원에서 발생하기 때문에 영적인면을 고려하지 않은 치유는 될 수가 없습니다.

그래서 영적인 사고가 중요합니다. 영의 눈을 열어 문제를 예수님의 눈으로 보는 것입니다. 그러면 반드시 영적인 원인이 있다는 것을 알 수가 있습니다. 물론 영적인 방법으로 치유를 하면 시간이 많이 걸리기도 합니다. 어느 분들은 6개월이 걸리기도 합니다. 6개월이 걸리는 이유는 환자를 말씀과 성령으로 변화시키는 시간입니다. 하나님은 영육의 문제나 질병을 치유하실 때 하나님이 원하시는 영적인 수준에 도달될 때 치유하여 주시기 때문입니다. 영적으로 변하면 치유되지 않을 인간의 문제는 아무것도 없습니다. 이는 믿어야 합니다. 인간의 문제는 모두 그림자입니다. 그림자는 내가 변해야 바뀌는 것입니다. 내가 영적으로 바뀌면 문제는 치유되는 것입니다.

가난의 문제도 마찬가지입니다. 하나님의 뜻은 예수를 믿는 성도가 아브라함의 복을 받으면서 하나님의 일을 하는 것입니다. 그러므로 물질이 자꾸 새나간다든지, 사업을 할 때 결정적인 순간에 일이 틀어져 버린다든지, 직장을 자주 옮긴다든지, 돈을 벌기는 벌어도 자꾸 새어 나가서 매달 마이너스 생활을 한다든지, 일을 하기가 싫어서 무의도식을 한다든지 등등의 모든 문제 뒤에는 원인이 있다는 것입니다. 그렇기 때문에 세상 사람들이 이 방법 저 방법 다 동원해도 해결이 되지 않으니 무당을 찾아가는 것입니다. 그러므로 원인은 반드시 영적인 차원에서 진단을 해야 명확한 이유를 찾을 수가 있는 것입니다.

우리가 바르게 알아야 할 것은 예수를 믿는 것은 현세에서도 축복을 받으며 심령천국을 이루기 위함입니다. 한번 생각해보세요. 물질문제로 매일 고통을 당하는데 무슨 심령천국이 되겠습니까? 예수님은 물질문제로 고통을 당하면서 살아가는 것을 좋아하시지 않습니다. 말씀과 성령으로 원인을 찾아 해결하여 물질축복을 받으며 하나님의 나라 확장에 큰일을 감당하기를 원하십니다. 물질 문제로 고통을 당하는 분들은 한시라도 빨리 영적인 사고를 하여 원인을 찾아 해결하시기를 바랍니다. 예수님은 우리가 축복을 받으면서 살아갈 때 기뻐하시는 것입니다.

마지막으로 경매에 관한 말입니다. 공인중개사를 하면서 부동산의 매매를 전문으로 하시는 분들의 경험을 들어보면 경매에 대하여 이렇게 말합니다. 경매를 받아 들어가면 성공 확률이 20%라고 합니다. 80%는 도로 경매를 당하고 나온다는 말입니다. 이를 영적으로 생각해 보면 경매 받은 건물에 망하게 하는 귀신이 역사하고 있다는 것입니다. 만약에 경매를 받아 들어갔다면 강하게 영적인 전쟁을 하여 망하게 하는 귀신을 몰아내야 성공할 수 있다는 것입니다. 경매를 받아 건물에 입주 했다면 미리 대비하는 것이 좋습니다.

다른 경우입니다. 6살 먹은 아이가 귀신이 보인다고 하면서 잘 놀란다는 것입니다. 저녁에 자다가 몇 번씩 깨어서 잠을 제대로 자지 못한다는 것입니다. 그러면서 저에게 이런 경우도 있느냐고 질문을 했습니다. 그래서 제가 이렇게 대답을 했습니다. 집안에 무당의 내력이 있든지, 절의 중이 있다든지, 통일교를 믿었다든지, 우상을 심하게 섬겼든지, '남묘호랭객쿄'를 믿은 적이 있으면 아이들이 귀신을 보는 경우가 있습니다. 그 가정은 어느 경우에 해당됩니까? 외가 쪽에 무당이 있다는 것입니다. 지금 조치를 어떻게 하고 있습니까? 자기네 목사님이 능력이 조금 있으셔서 저녁마다 아이를 붙잡고 축귀를 한다는 것입니다. 그런데 귀신이 '안 나간다. 못 나간다.'하면서 떠나지를 않는다는 것입니다.

아이만을 붙잡고 축귀를 한다고 귀신이 떠나갑니까? 설령 귀신이 떠나간다고 하더라도 바로 다시 들어옵니다. 어머니하고 함께 축귀를 해야 합니다. 아이가 무슨 죄가 있습니까? 부모의 죄 때문에 아이가 생고생하는 것입니다. 부모의 죄 때문에 잘못하면 아이가 정상적인 생활을 못할 수도 있습니다. 속히 조치를 해야 합니다. 이런 경우는 목사님의 사고가 영적으로 사려 깊지 못하다는 것입니다. 물론 목사 자신은 귀신을 쫓을 수 있는 능력이 조금 있다고 하는데, 제가 상황을 분석해보면 목사님이 실수를 하고 있는 것입니다. 6살의 유아는 부모와 같이 성령을 체험하게 하고 내적치유하며 축사를 해야 합니다. 아이만 잡고 축사를 하니 아이가 얼마나 놀라겠습니까? 이런 경우는 차라리 목사님이 아무런 능력이 없는 것이 오히려 좋습니다. 선무당이 사람을 잡는 것입니다. 아예 못한다고 하면 환자의 부모가 다른 사람을 찾아서 치유할 수가 있는 것입니다. 아이들이 영적인 문제가 있다든지, 질병이 있는 경우는 이렇게 해야 합니다. 제가 그동안 수많은 사람들을 치유하며 체험한 것을 정리하면 이렇습니다. 아이를 치유하려면 먼저 가계력을 살펴야 합니다. 어머니 쪽의 영향인가, 아버지 쪽의 영향인가를 찾아야 합니다. 그래서 아버지 쪽의 영향이라면 아버지하고 같이 치유를 해야 합니다. 반대로 어머니 쪽의 영향이라면 어머니하고 같이 치유를 해야 합니다. 이는 영육의 질병발생 기간이 얼마 되지 않은 경우입니다. 아이가 영육의 질병으로 고생한 기간이 오래되었으면 양쪽부모가 다함께 치유를 받아야 합니다. 그래야 빨리 치유가 될 수가 있습니다.

　나이에 따라 치유하는 방법이 다릅니다. 만 6살 이하 일 때 영육의 질병이 발생했다고 한다면 모계의 영향으로 보아야 합니다. 6살이 넘어서 영육의 질병이 발생했다면 부계의 영향으로 보아야 합니다. 치유는 모계의 영향을 받는다면 어머니와 함께 성령세례를 받고, 내적치유를 하면서 치유를 해야 합니다. 반대로 부계의 영향을 받는다면 아버지와 함께 성령세례를 받고, 내적치유를 하면서 치유를 해야 합니다. 부모가 함께 치유를 받으면 금상첨화(錦上添花)입니다. 절대로 아이만 붙잡고 치유하면 백날을 해도 치유되지 않습니다. 어린이는 치유후에 관리가 중요합니다. 아이들은 영적인 방언능력이 없기 때문에 부모나 목회자가 매일 관리를 해주어야 합니다. 축귀했다고 끝나는 것이 아니지요.

　영적인 사역을 하려면 전문가가 되어야 합니다. 축귀를 하더라도 영적인 원리를 적용해야 합니다. 모든 영적인 사역에는 영적인 원리가 있습니다. 무조건 막무가내 식으로 '떠나가라. 떠나가라.'하면서 귀신만 축사하다가 보면 피사역자가 불필요한 고난을 겪을 수가 있는 것입니다. 영적인 사고가 정말로 중요합니다. 그런데 그렇게 쉽게 영적인 사고로 바뀌지 않습니다. 그래서 성도는 교회를 잘 찾아가야 합니다. 주일날이라도 영적인 말씀을 들으면서 영을 깨워야 삶을 살아가면서 불필요한 고통을 당하지 않습니다. 우리 모두 영적인 사고를 하여 하나님이 예비하여 두신 축복을 모두 받으시기를 바랍니다.

2. 인체의 복합적인 구조를 알라.

성도들의 영육의 문제를 치유하려면 무조건 귀신만 쫓아내면 되는 것이 아닙니다. 질병발생의 복합적인 관계를 알아야 합니다. 인체의 복합적인 관계란 머리가 아프면 머리에 문제가 있어서 아프지 않다는 것입니다. 경추에 문제가 있으면 머리가 아플 수가 있습니다. 위장병으로 머리가 아플 수가 있습니다. 영적인 문제로 머리가 아플 수도 있습니다. 보통 집안에 무당의 내력이 있는 사람들이 머리가 많이 아픕니다. 그래서 반드시 축사를 해야 완치가 가능한 것입니다. 이런 복합적인 관계를 알고 축사나 치유를 하면 훨씬 치유가 쉽게 됩니다.

간이 안 좋으면 심장과 위장에 문제가 생깁니다. 심장이 약하면 소장 대장 기능이 약합니다. 그래서 과민성 대장증상과 변비가 생기기도 합니다. 심장에 문제가 있으면 위장이 약합니다. 위에서 소화를 제대로 시키지 못하니 머리도 묵직합니다.

심장이 약하면 기관지와 폐장이 약합니다. 심장이 약하면 갑상선기능저하가 나타날 수도 있습니다. 목 디스크가 있으면 팔이 저립니다. 목덜미 근육이 아픕니다. 식도에 문제가 있으면 성대가 잘 상합니다. 무조건 성대에 문제가 있어서 목소리가 가는 것이 아닙니다. 또 중추 신경에 문제가 있어도 식도나 위장이 약할 수가 있습니다. 다리가 저리는 경우는 허리디스크에 문제가 있기 때문입니다. 무릎이 아픈 경우는 우측 무릎은 몸에 독소가 많을 때 생길 수 있습니다. 좌측 무릎은 몸 안에 물이 부족하면 생기기도 합니다. 치유사역자는 무조건 축사하고 무조건 아픈 곳에 안수한다고 치유가 되는 것이 아닙니다. 문제를 일으키는 원인을 찾아서 치유하면 훨씬 치유가 빨리됩니다.

　여성분들의 자궁의 이상은 80%정도가 골반이 틀어져서 생기는 병입니다. 골반이 틀어져서 나팔관과 연결된 신경선이 디스크에 압박을 받으니 질병이 생깁니다. 젊은 여성들도 자궁에 문제가 생기는 이유가 여기에 있습니다. 대부분 높은 굽이 있는 하이힐을 신어서 골반이 틀어지고 자연스럽게 허리디스크를 압박하여 해당 부분에 질병이 생기는 것입니다. 이런 질병으로 고생하는 환자가 찾아오면 골반의 정상유무를 확인하고 치유와 축사를 해야 할 것입니다. 골반에 통증으로 고생을 하는 분들이 있습니다. 이는 여러 가지 요인에서 발생을 합니다. 첫째, 골반이 틀어져서 생깁니다. 둘째, 요통으로 생깁니다. 셋째, 신장이나 방광의 결석으로 생깁니다. 넷째, 신장에 염증으로 통증이 생깁니다. 이와 같은 여러 요인으로 질병이 발생을 합니다. 치유사역자는 치유사역을 할 때 이와 같은 인체의 복합적인 구조를 알고 사역하면 좀더 쉽게 치유를 할 수 있습니다. 물론 성령께서 아시고 치유하여 주시지만 사역자도 알고 사역을 하면 쉽게 치유할 수가 있다는 말입니다. 환자도 불필요한 고생을 하지 않게 됩니다.

3. 하나님의 말씀을 영적으로 보아라.

(신 7:1-4)"네 하나님 여호와께서 너를 인도하사 네가 가서 얻을 땅으로 들이시고 네 앞에서 여러 민족 헷 족속과 기르가스 족속과 아모리 족속과 가나안 족속과 브리스 족속과 히위 족속과 여부스 족속 곧 너보다 많고 힘이 있는 일곱 족속을 쫓아내실 때에 네 하나님 여호와께서 그들을 네게 붙여 너로 치게 하시리니 그 때에 너는 그들을 진멸할 것이라. 그들과 무슨 언약도 말 것이요 그들을 불쌍히 여기지도 말 것이며, 또 그들과 혼인하지 말지니 네 딸을 그 아들에게 주지 말 것이요. 그 딸로 네 며느리를 삼지 말 것은 그가 네 아들을 유혹하여 그로 여호와를 떠나고 다른 신들을 섬기게 하므로 여호와께서 너희에게 진노하사 갑자기 너희를 멸하실 것임이니라."

(신 7:17-24)"네가 혹시 심중에 이르기를 이 민족들이 나보다 많으니 내가 어찌 그를 쫓아낼 수 있으리요. 하리라마는 그들을 두려워하지 말고 네 하나님 여호와께서 바로와 온 애굽에 행하신 것을 잘 기억하되 네 하나님 여호와께서 너를 인도하여 내실 때에 네가 본 큰 시험과 이적과 기사와 강한 손과 편 팔을 기억하라 네 하나님 여호와께서 네가 두려워하는 모든 민족에게 그와 같이 행하실 것이요. 네 하나님 여호와께서 또 왕벌을 그들 중에 보내어 그들의 남은 자와 너를 피하여 숨은 자를 멸하시리니, 너는 그들을 두려워하지 말라 너희의 하나님 여호와

곧 크고 두려운 하나님이 너희 중에 계심이니라. 네 하나님 여호와께서 이 민족들을 네 앞에서 조금씩 쫓아내시리니 너는 그들을 급히 멸하지 말라 들짐승이 번성하여 너를 해할까 하노라. 네 하나님 여호와께서 그들을 네게 넘기시고 그들을 크게 혼란하게 하여 마침내 진멸하시고, 그들의 왕들을 네 손에 넘기시리니 너는 그들의 이름을 천하에서 제하여 버리라 너를 당할 자가 없이 네가 마침내 그들을 진멸하리라”

우리는 구약성경을 읽더라도 영적인 사고를 가지고 읽어야 합니다. 그래야 영적인 눈이 열려서 삶에서 일어나는 문제들의 배후(원인)를 바르게 알아서 해결할 수가 있습니다. 알고 보면 인간의 모든 문제는 영의 차원에서 발생을 합니다. 그렇기 때문에 성도들이 영육의 문제를 해결하려면 반드시 사고가 영적으로 바뀌어야 합니다. 하나님께서는 이스라엘 백성들과 성령이 역사하는 교회시대를 살아가는 우리에게 영적인 눈을 열어 영적으로 사고하게 하기 위하여 가나안 7족속과 어떻게 관계를 맺어야 하는지 세 가지를 가르쳐 주셨습니다.

첫째로 그들과 언약을 맺지 말라고 명하셨고, 둘째로 그들과 혼인관계를 맺지 말라고 명령하셨습니다. 하나님은 이렇게 경고합니다. “그 딸로 네 며느리를 삼지 말 것은 그가 네 아들을 유혹하여 그로 여호와를 떠나고 다른 신들을 섬기게 하므로 여호와께서 너희에게 진노하사 갑자기 너희를 멸하실 것임이니라”(신

7:3-4). 다른 신들을 섬기게 되어 나쁜 영의 전이가 된다는 것입니다. 영들의 전이에 대한 자세한 지식은 제가 집필하여 출간한 **"하나님의 복을 전이 받는 법"**책을 읽어보시면 상세하게 알 수 있을 것입니다. 이 책에는 하나님의 복을 전이 받는 법과 성령의 권능을 받는 법이 상세하게 수록되어 있습니다. 그리고 영들이 어떻게 전이 되는지와 일대일 사역자에게 자주 나타나는 영적손상과 대처 방법에 대하여 제시하고 있습니다.

성도들은 불신자들과 혼인관계를 맺지 말아야 합니다. 물론 불신자들이 혼인관계를 맺기 전에 예수를 믿고 신앙생활을 하겠다고 하여 실천하면 모르겠지만, 예수를 믿지 않고 교회에 나가지 않겠다고 하면 혼인하지 마십시오. 불신자와의 혼인은 집안에 우상을 끌어들이는 일이요, 집안이 망하는 일입니다. 저는 치유사역을 하면서 믿는 가정에서 믿지 않는 사람과 혼인하여 가정이 망하는 경우를 많이 보았습니다.

혹시 지금 예수님을 믿으면서도 집안에 우상을 가지고 있는 분이 있다면 오늘부로 집안에서 우상을 제거하시기 바랍니다. 우상을 아까워하지 마십시오. 그것이 아무리 금이나 은으로 되어 있다고 하더라도 과감히 제거하십시오. 신명기 7장 25절을 통해 하나님께서는 "너는 그들의 조각한 신상들을 불사르고 그것에 입힌 은이나 금을 탐내지 말며 취하지 말라 두렵건대 네가 그것으로 인하여 올무에 들까 하노니 이는 네 하나님 여호와의 가증히 여기시는 것임이니라"고 말씀하시고 계십니다. 우상의 물건들을 통하여 귀신들이 침입을 하기 때문입니다.

마지막으로 하나님께서는 가나안 7족속을 조금도 불쌍히 여기지 말고 철저히 진멸하라고 말씀하셨습니다. 마찬가지로 우리도 원수 귀신들을 철저히 진멸해야 합니다. 이와 같은 하나님의 말씀에 이스라엘 백성들은 겉으로는 그렇게 하겠다고 순종을 표현했지만, 그 마음은 달랐습니다. "네가 혹시 심중에 이르기를 이 민족들이 나보다 많으니 내가 어찌 그를 쫓아 낼 수 있으리요"(17절)라고 기록되었습니다. 이스라엘 백성들은 마음속으로 '이 가나안 7족속이 우리보다 숫자도 많고 힘도 강한데 어떻게 이들을 진멸할 수 있을까? 그것이 가능한가?'라고 생각한 것입니다.

그렇다면 하나님께서 가나안 7족속을 진멸하라고 하신 것은 어떤 영적인 의미를 가지고 있을까요? 이는 우리 신앙생활에 있어서 대단히 중요한 주제입니다. 우선 가나안 7족속을 진멸하라는 것은 우리를 반대하는 사람들을 모조리 죽이라는 뜻이 아닙니다. 가나안 7족속은 지금으로 말하면 마귀 귀신들입니다. 귀신들을 진멸하라는 것입니다. 그래서 말씀을 영으로 보고 이해해야 합니다. 그리스도인들은 새로운 피조물이 되었습니다. "그런즉 누구든지 그리스도 안에 있으면 새로운 피조물이라 이전 것은 지나갔으니 보라 새것이 되었도다"(고후 5:17) 말씀처럼 우리의 옛 사람은 죽고 새사람이 되었습니다.

그리스도인들은 옛 사람이 죽고 새 사람이 된 존재들입니다. 그러나 새 사람이 되었다는 것은 완전한 사람이 되었다는 뜻은 아닙니다. 여전히 우리 속에는 예수님을 믿기 전부터 있었던 옛 성품, 못된 성품이 그대로 남아 있게 되었습니다. 그래서 그리스도인들은 옛 성품과 새 성품이 공존하는 복잡한 존재가 되었습니다. 새 사람이지만 여전히 그 속에는 옛 성품과 새 성품이 공존합니다. 불신자들은 옛 사람 속에 옛 성품을 가지고 있기 때문에 오히려 어떤 면에서는 일관성 있는 존재라고 말할 수 있습니다. 죄를 지어도 죄인 줄 모르는 옛 성품을 지니고 옛 사람으로 살다가 지옥에 갑니다. 간단하고 단순합니다. 그러나 참된 신자의 삶은 천국을 향한 여정입니다. 이는 쉬운 길이 아닙니다. 옛 성품 뒤에 귀신들이 우리 안에 남아서 지속적으로 우리를 방해하기 때문입니다. 그렇기 때문에 그리스도인들은 불신자들보다 복잡한 존재입니다. 어떤 때는 성자 같다 가도, 어떤 때는 죄인입니다. 새 사람이지만 옛 성품과 새 성품이 우리 안에 공존하고 있기 때문입니다.

이스라엘은 더 이상 애굽의 노예가 아니라, 영토와 주권과 백성을 가진 새로운 민족 국가요, 새 나라입니다. 그러나 새 나라 가나안 땅에도 여전히 가나안 7족속이 도사리며 지속적으로 이스라엘을 훼방합니다. 그러므로 이 가나안 7족속은 성령이 역사하는 교회시대를 살아가는 구원받은 신자들의 삶속에 남아 있는 죄, 즉 옛 성품, 귀신들을 가리킵니다. 7족속이기 때문에 종류도 많고 그 영향력도 강한 것입니다. 본문 20절 말씀을 보면 이 가나안 7족속은 숨어 있다고 기록되었습니다. "네 하나님 여호와께서 또 왕벌을 그들 중에 보내어 그들의 남은 자와 너를 피하여 숨은 자를 멸하시리라" 동굴과 지하와 땅 속 어두운 곳으로 모두 숨어 버렸습니다. 우리가 모두 예수님을 믿어서 거룩한 성자가 된 것 같아도 우리 속에는 가나안 7족속들이 숨어버린 것처럼, 옛 죄악들 속에 귀신들이 숨어있다는 사실을 깨달으시기 바랍니다. 말씀과 성령으로 밝히 드러내어 모조리 쫓아내야 합니다. 용기 없는 비굴함이 겸손으로 위장할 수 있습니다. 또 사랑과 은혜를 강조하다보면 죄마저도 무조건 덮어버리면서 공의가 희생될 수도 있습니다. 반대로 죄를 엄히 다스리고자 하면서도 자기 죄는 다스리지 않고 남의 죄만 다스리는 정죄자가 될 수도 있습니다. 뻔뻔스러움이 담대함으로 변질될 수도 있고, 사람과의 의를 지키고자 하나님을 향한 신앙과 의무를 저버릴 수도 있습니다.

이것이 바로 우리 안에 남아 있는 옛 성품의 간교함, 교묘함, 은닉성입니다. 우리의 죄는 우리 속에 교묘하게 숨어 있습니다. 반드시 죄 뒤에는 귀신들이 숨어 있습니다. 이 귀신들이 우리 성도들의 영적인 삶을 방해하고 고통을 가하는 것입니다. 성령의 역사로 밝히 드러내어 진멸해야 합니다.

따라서 이스라엘 백성들은 아마 '이렇게 숫자도 많고 강력한데다가 숨어 있는 가나안 7족속들을 어떻게 잡아서 진멸할 수 있을까?'라고 생각했을 것입니다. 그러나 하나님은 가나안 7족속을 멸하실 계획을 가지고 계셨습니다. 이 숨어 있는 죄를 몰아내기 위해 하나님께서 사용하시는 도구는 무엇일까요? 바로 '왕벌'

(hornet)입니다. 지금은 성령입니다. 이 왕벌은 꿀벌(bee)과는 다릅니다. 꿀벌에게는 쏘여도 그냥 조금 부르틀 뿐 고통스럽지는 않습니다. 그러나 왕벌에게 쏘이면 졸도할 수도 있습니다. 죽을 수도 있습니다. 우리는 자주 묘지 벌초를 하다가 벌에 쏘여서 죽었다는 보도를 듣게 됩니다.

출애굽기에서도 하나님께서 왕벌을 보내신다고 말씀하십니다. "내가 왕벌을 네 앞에 보내리니 그 벌이 히위 족속과 가나안 족속과 헷 족속을 네 앞에서 쫓아내리라"(출23:28) 또한 여호수아서에서도 "내가 왕벌을 너희 앞에 보내어 그 아모리 사람의 두 왕을 너희 앞에서 쫓아내게 하였나니"(수 24:12)라고 기록되었습니다. 하나님께서는 왕벌을 두셔서 그 쏘는 무기로 남아있는 죄를 다스리겠다고 말씀하십니다. 성령으로 죄를 회개하게 하고 귀신을 쫓아내겠다는 것입니다.

하나님께서는 이스라엘 백성들에게 왕벌을 한꺼번에 보내어 가나안 7족속을 한꺼번에 쫓아내신다고 말씀하지 않으셨습니다. 7장 22절 말씀을 보면 "네 하나님 여호와께서 이 민족들을 네 앞에서 점점 쫓아내시리니 너는 그들을 급히 멸하지 말라 두렵건대 들짐승이 번성하여 너를 해할까 하노라"고 기록되었습니다. 만약 왕벌이 한 번에 숨어 있는 가나안 7족속을 모두 쏘아 죽인다면 그 땅은 황폐하고 부패한 땅이 되고 말 것입니다. 가나안 땅 전체가 시체로 뒤덮일 것이고 온갖 들짐승들이 활보하며 다닐 것이기 때문입니다. 그러므로 하나님께서는 왕벌을 몇 마리씩 보내서 숨어있는 가나안 7족속들을 점진적으로 쫓아내셨습니다.

말씀과 성령으로 장악되는 만큼씩 쫓아낸다는 것입니다. 그러므로 귀신은 모두 한꺼번에 떠나가지 않습니다. 성도가 말씀과 성령으로 장악되는 만큼씩 귀신이 떠나가는 것입니다. 성도가 영적인 진리를 깨닫는 만큼씩 귀신으로부터 자유로워지는 것입니다. 많은 목회자와 성도들이 귀신을 단번에 모두 쫓아내려고 하는데 하나님은 그렇게 역사하시지 않습니다. 성도의 영적인 성숙도를 보시면서 서서히 쫓아내시는 것입니다. 그러므로 우리는 하나님의 시간표에 맞추기 위하여 좀 더 많은 시간과 물질을 투자하여 자신을 영적으로 변화시켜야 합니다. 영적으로 변하는 것은 영적인 말씀과 체험을 통해서 이루어집니다. 체험을 많이 하고 영적인 진리를 많이 깨달은 멘토(하나님의 사람)를 만나서 훈련받는 것도 좋은 방법입니다.

이와 같이 우리가 예수님을 믿고 귀신과 싸우는 것도 점진적인 작업입니다. 요한 웨슬리는 사람이 죄와 싸워서 어느 시점에 이르면 단번에 죄를 짓지 않는 거룩한 존재가 될 수 있다고 말했습니다. 그리스도인은 죽을 때까지 죄와 싸워야 합니다. 목사라고 해도 절대로 죄가 없는 완전한 성자의 수준에 이를 수 없습니다. 그저 그리스도인들은 죄와 마귀와 꾸준히 싸워야 합니다. 하나님께서는 그리스도인들에게 왕벌을 보내셔서 남은 귀신들을 점차 쫓아내도록 인도하실 것입니다. 이것이 성화의 점진적인 작업입니다.

2장 개혁되고 발전해야 되는 축귀사역

(히 5:12-14)"때가 오래 되었으므로 너희가 마땅히 선생이 되었을 터인데 너희가 다시 하나님의 말씀의 초보에 대하여 누구에게서 가르침을 받아야 할 처지이니 단단한 음식은 못 먹고 젖이나 먹어야 할 자가 되었도다. 이는 젖을 먹는 자마다 어린 아이니 의의 말씀을 경험하지 못한 자요. 단단한 음식은 장성한 자의 것이니 그들은 지각을 사용함으로 연단을 받아 선악을 분별하는 자들이니라"

하나님은 축귀사역을 개혁하고 발전시키기를 소원하십니다. 축귀 사역은 해방 사역이기 때문에 발전시켜야할 부분이 있습니다. 예수님의 유언 중에서 제일 첫째가 너희가 내 이름으로 귀신을 쫓아내라고 했습니다. 신앙생활에 가장 중요한 것은 지난 날 죄 가운데 살아 왔던 나의 옛 모습들을 먼저 회개하고 하나님을 내 마음의 성전에 모시고 섬기는 것입니다. 그 다음으로는 다른 무엇을 하기 전에 그 죄를 붙잡고 있는 귀신을 쫓아내는 것입니다. 예수님이 남기신 유언 중, 첫 번째가 "내 이름으로 귀신을 쫓아내라" 입니다. 예수님은 다른 모든 명령을 하시기 전에 귀신을 쫓아내라고 말씀하셨습니다. 왜냐하면, 예수님을 믿고 난 다음에도 마귀와 귀신들이 성도들을 도둑질하고 죽이고 멸망시키려고 하기 때문인 것입니다. 성경에는 귀신을 악령, 악신이라고 했습니다. 타락한 천사인 루시퍼 즉 사탄과 마귀를 따르는 부하들이 바로 귀신인 것입니다.

귀신은 우리의 대적입니다. 어찌하든지 성도들을 핍박하고 고통을 가하려고 하는 존재가 바로 귀신입니다. 귀신은 영적인 존재입니다. 형체가 없고 보이지 않지만 분명하게 인격을 가지고 역사하는 악한 영들입니다. 예수를 믿고 성령으로 거듭난 성도는 영적인 존재입니다. 영적인 존재이기 때문에 영적인 세계를 알고 보아야 합니다. 영적인 세계를 알고 보려면 반드시 성령으로 세례를 받아 영적인 눈이 열려야 합니다. 영적인 눈이 열려서 우리의 대적이 어떤 존재인지 밝히 알아야 합니다. 우리의 대적을 어떻게 해야 물리 칠 수가 있는지 말씀으로 깨닫고 행해야 합니다. 지금 일반적으로 귀신 축사에 이런 문제가 있습니다.

1.귀신을 무서워하는 것

많은 성도들이 귀신을 무서워합니다. 얼마나 무서워하느냐. 우리 교회는 성령이 강하게 역사하는 교회입니다. 그래서 기도하는 시간에 성령의 역사로 악한 영의 역사가 드러나 발작을 하거나 악을 쓰는 경우가 많습니다. 그러면 옆에 있는 성도들이 무서워서 멀리 떨어지려고 도망을 갑니다. 귀신이 도망을 간다고 안 따라갑니까? 이는 영적인 무지에서 나오는 것입니다. 우리가 예수를 믿으면 하나님의 자녀가 되는 권세가 있습니다. 우리가 초자연적인 존재가 된다는 것입니다. 마귀 귀신은 초인적인 존재입니다. 영적차원으로 보면 한 단계 아래에 있는 것입니다. 귀신에게 능력이 있다면 우리에게는 하나님의 권세가 있습니다. 믿는 자이면 저 하늘이 무너지고 이 땅이 꺼져도 일점일획도 변함없는 하나님 말씀에 이런 표적이 따르리니 곧 그들이 내 이름으로 귀신을 쫓아내겠다는 것입니다.

안 믿는 자면 쫓아내지 마세요. 귀신하고 같이 사세요. 정말 이해하기 힘든 일들이 일어날 것입니다. 그러나 믿는 자이면 귀신을 쫓아낼 권세를 주님이 주신 것입니다. 아 나는 귀신을 쫓아낼 무슨 힘도 능력도 못 느끼는데요. 여기 귀신을 쫓아내는 권능을 주셨다는 헬라 원어는 익수시아라고 한 것입니다. 그냥 힘은 두나미스입니다. 다이너마이트. 익수시아는 그냥 힘을 사용하는 것보다 더 높은 힘을 말하는 것입니다. 예를 들어 말하면 부모가 자식을 보고 애야~ 이리 오너라. 저 물 좀 가져 오너라. 자식은 이제 20대, 30대, 힘이 있습니다. 그런데 아버지, 어머니는 70 내지 80이 되어서 허리도 굽고 힘이 없습니다. 그래도 자식이니 아버지, 어머니 힘도 아무것도 없어도 순종하는 것입니다. 거의 부모에게 순종해서 물그릇 가져오는 것입니다. 그러면 부모가 무슨 힘이 있느냐. 부모가 가지고 있는 것은 익수시아입니다. 똑같은 힘이라도 익수시아. 헬라어로는 익수시아라고 말합니다. 자식이 가진 것은 두나미스입니다. 두나미스. 군인들이 탱크로 무장을 하고 제트기로 무장하고 기관총을 가지고 있는데 대통령이 전진하라. 후퇴하라 말하면 빈손들고 뭘 우리보고 명령하느냐? 무기는 우리가 가지고 있는데…. 그렇게 말합니까? 아니지요. 군인들은 두나미스. 다이너마이트 같은 힘을 가지고 있습니다. 대통령은 그것을 다스리는 익수시아, 권세를 가지고 있는 것입니다. 그 보다 더 높은 권세를 가지고 있습니다.

주님이 우리에게 주신 마귀 쫓는 권세는 익수시아입니다. 따라 말씀하세요. 나는 익수시아를 가지고 있다. 그러므로 두나미스를 가지고 있는 마귀는 문제없다. 그러므로 예수 그리스도의 이름으로 오늘 자기 스스로 마귀를 대적하십시오. 물러날 것을 믿으십시오. 한번 말해서 안하면 두 번, 세 번, 네 번, 다섯 번 계속하십시오. 안 쫓겨나갈 턱이 없는 것입니다. 우리가 만일 안 쫓아내고 그대로 내버려 놓으면 마귀가 우리를 자기 집으로 삼습니다. 기가 막히잖아요. 우리를 자기 집으로 삼고 들락날락 하면은 우리가 기가 막히지 않습니까?

마태복음 12장 43절로 45절 "더러운 귀신이 사람에게서 나갔을 때에 물 없는 곳으로 다니며 쉬기를 구하되 쉴 곳을 얻지 못하고 이에 이르되 내가 나온 내 집으로 돌아가리라 하고 와 보니 그 집이 비고 청소되고 수리되었거늘 이에 가서 저보다 더 악한 귀신 일곱을 데리고 들어가서 거하니 그 사람의 나중 형편이 전보다 더욱 심하게 되느니라" 귀신을 안 쫓아내면 와보고 정리되고 정돈되고 좋은 처소면 일곱 귀신을 데리고 와서 들어가서 집으로 삼기 때문에 나중 형편이 처음보다 더 나빠지는 것입니다.

들어오는 족족 잡아내야 돼요. 들어오는 족족 쫓아내야 돼요. 귀신을 언제 대적해야 되느냐. 우리를 유혹할 때 그때 벌써 대적해야 되는 것입니다. 아담과 하와가 대적을 안했기 때문에 유혹을 당했는데 대적을 해야 돼요. 야고보서 4장 7절에 "마귀를 대적하라 그리하면 너희를 피하리라" 우리가 마귀를 피하는 것이 아니라 마귀가 우리를 피하게 되는 것입니다. 베드로전서 5장 8절로 9절에 "근신하라 깨어라 너희 대적 마귀가 우는 사자 같이 두루 다니며 삼킬 자를 찾나니 너희는 믿음을 굳건하게 하여 그를 대적하라" 우리는 영적으로 정신적으로 육체적으로 생활적으로 귀신은 대적하고 공격해야 되는 것입니다. 영적으로 들어와서 우리에게 거짓 예언이나 거짓 꿈이나 환상이나 계시를 주어서 잘못된 신앙으로 이끄는 일도 합니다. 정신적으로 귀신이 잘못 들어와서 이 세상에 오만하고 교만하고 잘못된 일을 도모하는 때가 있습니다. 육체적으로 공격하면 병드는 것입니다. 여러 가지 병이 들어요. 정신병 들고 육체적으로도 병이 들면 그것은 약으로만 치료할 수 없고 귀신을 쫓아내야 되는 것입니다. 생활에 귀신이 와서 생활을 도적질하고 죽이고 멸망시키며 사업이 안 되게 합니다. 또 사업이 좀 잘되는 사람들은 탐욕을 넣어가지고서 하나님 없이 사업을 하다가 나중에 크게 망하게 만드는 것입니다.

2.축귀사역을 이단시 하는 것

저는 22년간 군대에서 22년간 군 생활을 하다가 하나님의 음성을 듣고 목사가 되었습니다. 목사가 되고 보니 모든 것이 새로웠습니다. 그래서 영적인 것은 하나하나 성령의 인도를 받아 깨우쳤습니다. 제가 성경에 보니 예수님은 현장중심의 사역을 하신 것입니다. 회당에서 말씀만 전한 것이 아니고 세상을 직접 다니시면서 말씀을 전하시고, 귀신을 쫓아내시고, 병든자는 고치면서 천국을 선포했습니다.

그래서 저는 하나님에게 기도를 이렇게 했습니다. "하나님! 제가 목사가 되면 예수님과 같이 말씀을 잘 전하게 하여주시고, 성령의 권능으로 귀신을 쫓아내고, 병든자를 고치면서 전도하여 많은 사람들을 천국으로 인도할 수 있도록 도와주시옵소서."

비교적 큰 교회에서 부교역자도 3년이나 했습니다. 교회를 개척하고 보니 생각대로 부흥이 되지 않습니다. 그래서 하나님에게 기도를 했습니다. 기도하니 하나님이 음성을 들려주셨습니다. "앞으로는 영성이다. 영성! 영성! 영성! 21세기는 영성이다."이 음성을 듣고 영성을 깊게 하다가 보니 내적치유도 받았습니다. 성령세례도 받고 불세례 체험도 했습니다. 안수할 때 귀신이 떠나가고 신유은사가 강하게 나타났습니다. 그래서 예수님과 같이 세상을 돌아다니면서 귀신을 쫓아내고 병을 고치면서 능력전도를 3년을 했습니다. 병원에 가서 전도를 많이 했습니다. 그런데 저에게 상처를 주는 사람들이 있었습니다. 병원에 입원한 그리스도인들입니다.

저에게 대놓고 이렇게 말하는 것입니다. "말세에는 모든 능력과 표적과 거짓 기적과 불의의 모든 속임으로 멸망하는 자들에게 임한다더니" 병원에도 이단이 와서 표적과 거짓 기적을 일으키려고 안수하며 귀신을 쫓고 병을 고친다는 것입니다. 그래서 그분에게 정중하게 물었습니다. 그런 말을 어디에서 들었느냐고 말입니다. 그랬더니 자신의 담임목사에게 귀에 딱지가 않을 정도로 많이 들었다는 것입니다. 하도 기가 막혀서 다시 물었습니다. 지금 무슨 병으로 입원을 하셨습니까? 심장병으로 숨쉬기가 힘들어서 입원 치료 중이라는 것입니다. 제가 또 물었습니다. 담임목사님에게 질병에 대하여 상담이나 안수는 받았습니까? 아닙니다. "우리 목사님은 병을 병원에서 고치는 것이라고 하면서 입원하라고 해서 입원을 했습니다." 지금 차도가 있습니까? 아닙니다. 더하지도 않고 덜하지도 않고 그저 그럽니다. 내가 영안으로 심령을 보면서 성령님에게 질문을 했습니다. 이 성도가 가지고 고생하는 병은 무슨 원인으로 생긴 것입니까? 질문하니 성령께서 감동하시기를 "과거에 충격을 받은 일이 있는데 그 일로 인하여 심장에 문제가 생긴 것이다. 지금 위장과 소장 대장도 제 기능을 못하는 상태이다." 그러면 어떻게 해야 치유가 됩니까? "성령을 체험하고 그 때 생긴 상처를 치유하고 귀신을 쫓아내야 완치가 된다." 그래서 이 성도에게 다시 질문을 했습니다. 지금 소화는 잘됩니까? 변비는 없습니까? 했더니 막 혈기를 내면서 나가라는 것입니다. 자기 목사가 귀신 쫓고 병 고치는 것은 이단들이 하는 짓이니 집에 들이지도 말고, 대화하지도 말고 쫓아내라고 했다는 것입니다. 죄송합니다만 이 성도는 절대로 병에서 자유 함을 받을 수가 없습니다.

제가 이런 성도들로 인하여 병원에 능력전도 하다가 마음에 상처를 받아 귀신 역사로 2년을 고생했습니다. 그런데 예수를 믿지 않는 사람들은 영적인 이야기를 하면 아주 대화가 잘됩니다. 참으로 안타가운일이 아닐 수가 없습니다. 성령의 역사로 귀신을 쫓아내고 병 고치면 이단이라니 정말 억장이 막힐 지경입니다. 귀신 쫓아내고 병 고친 예수님이 이단입니까? 제가 영적인 것을 많이 깨닫고 보니 축귀가 없으면 성도가 자유할 수가 없습니다. 축귀는 아주 중요한 사역입니다.

저는 사역의 특성상 목회자를 많이 상대합니다. 그것도 개척 목회자를 많이 대합니다. 이분들이 목회가 잘되면 저에게 왔겠습니까? 모두 목회가 되지 않으니 오신 것입니다. 이분들이 이구동성으로 하시는 말은 개척교회가 주변 목회자에게 이단 소리를 듣지 않으려고 성령의 역사를 일으키지 않고, 귀신을 쫓아내고 병 고치지 않으니 개척교회가 자립성장하지 못한다는 것입니다. 개척교회는 모두 문제가 있는 사람들만 오는데 이단이라고 할까봐 성령의 역사를 일으키지 않고, 귀신을 쫓아내고 병을 고치지 않으니 교회가 성장할 수가 없다는 것입니다. 그러면서 자신들이 성령을 체험하고 내적치유하고 자기에게 역사하는 귀신을 쫓아내고, 자신도 능력을 받아 성령치유 목회를 하니 재정이 자립되고 성장하게 되었다는 것입니다.

귀신 쫓아낸다고 이단이 아닙니다. 성경대로 하지 않고 조직신학에 어긋나는 사역을 하니 이단이라고 하는 것입니다. 무조건 축귀 사역을 거부하지 말기를 바랍니다. 이 때문에 순진한 성도들이 고통을 당하면서 믿음 생활을 하고 있는 분들이 한두 분이 아닙니다.

3.귀신의 역사를 무시하는 것

　많은 분들이 보이는 유형 교회 안에는 악한 영의 역사가 없는 것으로 알고 있습니다. 왜냐 하고 물어보면 교회 안에는 예수의 이름이 있기 때문에 악한 영이 얼씬도 못한다는 것입니다. 그러니 예수 믿고 교회당 안에 들어오면 악한 영이 자동으로 떠나가는 것으로 인식하고 있습니다. 한마디로 무시하고 사는 것입니다. 무시하니 마귀는 마음대로 활동을 합니다. 마귀에게 당하면서 살아도 모른다는 것입니다. 사람은 자신이 생각하고 치우치는 방향만 발전하게 되어있습니다. 악한 영을 생각하지 않고 관심을 갖지 않으니 악한 영의 활동이 보이지를 않는 것입니다. 그래서 교회 안에서도 보이는 면만 가지고 문제를 해결하려고 합니다.

　내가 시화에서 교회를 개척하여 목회를 할 때의 일입니다. 인접교회 목사가 사모하고 이혼을 했습니다. 그것도 자녀들의 나아가 28세, 26세의 자녀를 둔 목회자가 이혼을 한 것입니다. 정말 세상에 나가 이야기하기 심히 부끄러운 일입니다. 이 목사가 이혼을 하고 몇 개월이 지난 다음에 아주 젊은 전도사하고 재혼을 했습니다. 그러자 성도들이 동요하여 교회를 다 떠났습니다. 떠나온 성도들 중에서 5명이 우리 교회를 다니겠다고 하면서 왔습니다. 그런데 내가 전하는 말씀하고, 전에 자기 교회 목사가 전하는 말씀하고 다른 부분이 있었습니다. 무엇인가하면 성도에게도 악한 영들이 역사할 수 있다는 말씀입니다. 하루는 그 교회에서 온 성도 중에 제일 나이가 많은 집사가 나에게 이런 말을 하는 것입니다. 전에(이혼한 목사) 목사는 교회에는 예수 이름이 있기 때문에 악한 영의 역사가 없다고 하는데 왜 나는 악한 영의 역사가 있으니 성령 충만하게 지내라고 자꾸 강조하느냐는 것입니다.

그래서 내가 말씀으로 이해를 시키자니 시간이 많이 걸릴 것 같아서 온 교회 성도들을 하루에 두 명씩 정하여 축귀를 하기로 결정을 하였습니다. 왜냐하면 자신에게서 악한 영의 역사가 일어나면 이해가 쉽기 때문에 그렇게 한 것입니다. 오전에 한 성도, 오후에 한 성도, 모두 축귀를 했습니다. 물론 그 교회에서 온 성도들도 예외가 될 수 없이 모두 다 했습니다. 결론은 이렇습니다. 모두에게서 귀신들이 축귀되어 나갔습니다. 어떤 성도는 심하게 통곡을 하다가 귀신이 떠나갔습니다.

어떤 성도는 하품을 하는데 목구멍이 확장되면서 황소울음을 열일곱 번을 하고 귀신이 떠났습니다. 문제는 나에게 이의를 제기한 집사의 차례가 되었습니다. 성령의 임재를 요청하고 성령이 완전하게 장악이 된 다음에 악한 영을 기침으로 떠나가라고 했습니다. 그랬더니 한동안 발작을 했습니다. 눈을 보니 눈동자가 따로 움직였습니다. 악한 영의 역사인 것입니다. 약 30여분을 발작을 하면서 몸부림을 쳤습니다. 잠잠해져서 지금 이렇게 발작을 하게한 장본인은 기침으로 나와라! 명령을 하니 사정없이 기침을 해대면서 귀신이 축귀되었습니다. 잠잠해졌습니다. 그다음이 더 재미가 있습니다. 집사가 하는 말이 생전처음 이런 체험을 했다는 것입니다. 자기도 자기가 하는 흉측한 행동을 보고 놀랐다는 것입니다. 내가 질문을 했습니다.

집사님을 그렇게 흉측하게 행동을 하게한 장본인이 누구인지 아세요. 그랬더니 이렇게 대답을 했습니다. 자신이 속고 살았다는 것입니다. 자신은 목사님이 하는 말은 모두 하나님의 말씀인줄 알았는데 오늘 지난 목사에게 속았다는 것입니다. 자신은 꿈에도 자신에게 그런 귀신이 있는 줄을 몰랐는데 오늘 알았다는 것입니다. 그러면서 "목사님 감사합니다. 지금 마음이 너무나 편안하고 좋습니다. 나에게 역사하던 귀신을 축귀해 주셔서 감사합니다. 내가 목사님의 기도를 받으면서 감동을 받았는데 전에 목사님 이혼을 시킨 것도 마귀라는 것을 깨닫게 했습니다." 이 집사는 그 다음부터 자꾸 영적으로 변하여 순종을 잘하는 집사가 되었습니다. 이와 같이 영적인 무지로 인하여 목회자와 성도가 악한 영에게 당하고 있다는 것입니다. 우리 영의 눈을 뜹시다.

4. 귀신만 쫓아내면 다된다.

성도들의 의식이 영육의 문제가 있으면 귀신만 쫓아내면 해결되는 줄 압니다. 제가 성령치유 사역을 하면서 체험한 바로는 귀신만 쫓아내면 다되는 줄 알고 있는 성도들이 많습니다. 귀신만 쫓아내면 문제가 해결 된다고 하니까 귀신만 쫓아내려고 합니다. 이곳저곳 능력이 있다는 사람을 찾아다니면서 귀신만 쫓아내려고 합니다. 그러다가 치유의 시기를 놓쳐서 비참한 결과를 초래하는 경우가 많습니다. 정신적인 문제나 영적인 문제나 할 것 없이 귀신만 쫓아내면 문제가 해결되지 못합니다. 문제가 있으면 반드시 원인이 있습니다. 원인을 해결하면서 스스로 싸울 수 있는 영적인 능력을 길러야 합니다. 즉, 말씀을 듣고 기도해야 합니다. 스스로 기도하며 싸울 수 있는 영성을 길러야 합니다. 그렇지 않고 완력으로 축사를 하려고 하면 문제가 발생합니다.

귀신의 축귀는 사람의 힘으로는 할 수가 없습니다. 이는 내가 저술하여 출판한 "**영적세계가 열려야 성공한다.**"와 "**하나님의 복을 전이 받는 법**"책을 읽어보면 잘 알 수가 있을 것입니다. 악귀는 사람의 힘보다 강합니다. 그래서 사람의 힘만으로는 악귀를 몰아낼 수가 없습니다. 반드시 악귀보다 강한 성령의 권능을 덧입어야 가능한 것입니다. 축귀사역은 전전으로 성령의 권능으로 하는 것입니다. 귀신의 축사는 사람의 능력으로 하는 것이 아닙니다. 성령의 권세가 귀신을 축귀하는 것입니다. 성령은 어디에 계시는 가 먼저 믿는 자의 영 안에 거하십니다. 믿는 사람들이 모여 있는 곳에 임재 하여 계십니다. 또 성령으로 충만한 사역자가 영으로 전하는 말씀 안에 역사하십니다. 축귀는 피 사역자의 영 안에 임재 하여 계신 성령의 역사를 일으켜서 성령의 권능으로 밀어내는 것입니다. 능력 있는 사역자가 하는 것이 절대로 아닙니다. 사역자는 귀신의 영향을 받는 자의 영 안에서 성령의 역사가 일어나게 하는 영적인 방법을 알고 있어야 합니다. 저는 축귀사역을 절대로 성령의 임재가 되지 않은 사람은 하지 않습니다.

만약에 사역자가 성령의 임재가 되지 않은 사람을 축귀했을 경우, 그 당시 성령 사역자의 능력으로 악귀가 떠날 지라도 시간이 경과되면 다시 들어갑니다. 왜냐하면 피 사역자가 성령으로 충만한 상태가 아니므로 다시 들어가는 것입니다. 축귀사역을 바르게 하려면 찬송을 뜨겁게 부르고 통성으로 기도를 해야 합니다. 그리고 영의 말씀을 들어야 합니다. 나의 체험으로는 피 사역자가 깊은 영의 말씀을 잘 알아들어 영적으로 변하는 만큼씩 귀신이 떠나갔습니다. 축귀는 시간이 걸리는 일입니다. 성령님의 일입니다.

자신이 성령으로 완전하게 장악되는 시간이 필요합니다. 자신에게 육체가 남아있는 한 악귀는 떠나가지 않습니다. 악귀는 육체와 생각에 역사할 수 있기 때문입니다. 원래 사람의 육체는 마귀가 주인 이였습니다. 그래서 아무리 성령으로 충만했던 사람도 시기나 질투 혈기 등으로 육체가 되면 마귀가 틈을 탈수가 있는 것입니다. 그래서 하나님은 성령으로 충만함을 받으라고 하시는 것입니다. 그럼 성령으로 충만한 상태는 언제인가, 하나님을 부르고 찾고 생각할 때가 성령으로 충만한 것입니다. 성령으로 충만하려면 항상 하나님을 찾고 부르고 하나님을 생각을 해야 합니다. 우리는 성령으로 충만하다는 계념 이해를 잘해야 합니다. 새벽기도 빠지지 않고 잘 참석하고, 예배를 잘 드리고, 소득의 십일조를 드린다고 성령으로 충만하다고 볼 수가 없습니다. 이렇게 행위로 열심을 내어도 세상에 나가 세상에 빠지면 성령의 충만이 사라지는 것입니다.

왜냐하면 우리에게는 육이 있기 때문입니다. 우리는 성령으로 충만하기 위하여 의지적인 노력을 해야 합니다. 항상 하나님을 찾아야 한다는 것입니다. 내 영 안에 성령하나님이 계셔도 찾지 아니하면 주무신다. 이때는 육성이 되는 것입니다. 축귀사역을 하실 분이나 축귀를 받을 분은 이점을 확실하게 인식해야 합니다. 나에게도 가끔 이런 사람이 찾아옵니다. 악귀의 영향으로 자신의 의지를 행사하지 못하는 사람을 축귀하여 달라고 옵니다. 그것도 1:1로 말입니다. 나는 이런 사역은 하지 않습니다. 보호자에게 잘 이해가 가도록 설명하여 예배와 집회에 빠짐없이 참석하여 귀신을 축귀하려는 본인의 의지가 발동 될 때까지 다니라고 합니다. 즉, 성령이 임재 하여 장악할 때까지 기다리라는 것입니다. 참석하여 계속 말씀을 들어서 자신의 문제가 왜 왔는지 이해하고, 소리 내어 기도할 수 있을 때까지 기다립니다.

그래서 마음이 열리고 성령이 그 사람의 심령에서 역사하여 장악하면 축귀를 합니다. 축귀는 그 사람의 영 안에 계신 성령의 권능으로 밀어내는 것이기 때문입니다. 이렇게 하지 않는 축귀는 얼마가지 않아서 다시 귀신에게 눌리게 됩니다. 억지로 축귀하여 기침 몇 번하고 발작했다고 귀신이 떠났다고 볼 수가 없습니다. 이렇게 축귀하고 헌금을 요구하는 사역자가 있다고 들었습니다. 목회자도 속아서 천만 원을 헌금했다는 이야기도 들었습니다.

자신이 영적으로 눌려서 고통이 너무나 심하여 능력이 있다는 부흥사를 초청해서 부흥회를 했다고 합니다. 부흥사가 하는 말이 천만 원을 자신에게 헌금하면 귀신을 쫓고 정상으로 회복되게 해준다고 하더랍니다. 그래서 쉽게 치유 받으려고 천만 원을 헌금하고 축귀를 받았다는 것입니다. 그런데 이틀이 지나니 도로 원위치가 되었다는 것입니다. 이 목사가 나에게 간증 문을 써서 주고 갔습니다. 지금 내가 간증 문을 보관하고 있습니다.

이는 예수 이름을 빙자하여 사기 치는 것입니다. 이런 부흥사는 지옥 형벌을 피할 수가 없습니다. 속지도 말고, 이렇게 쉽게 축귀를 하려고 하지도 말아야 합니다. 절대로 축귀는 자신의 영 속에서 올라오는 성령의 기름 부으심으로 귀신이 쫓겨나는 것입니다. 축귀사역자들이여! 바르게 배우고 바르게 사역하세요. 우리는 사역을 하더라도, 축귀사역을 받더라도 하나님의 영광을 위하여 하고 받아야 합니다. 하나님은 귀신에게 영향을 받는 사람을 영적으로 변하게 하여 하나님의 군사가 되게 하기를 원하십니다. 그렇기 때문에 하나님의 때를 맞추려고 의지적인 노력을 해야 하는 것입니다. 이 말이 이해가 되지 않는 분은 지속적인 사역을 하다가 보면 이해가 될 것입니다. 우리는 알아야 합니다. 악귀는 세상보다 교회, 성도에게, 직분이 높을 수 록, 기도를 많이 할수록 더 많은 관심을 가지고 공격합니다. 늘 기도로 깨어 있어야 합니다. 마귀는 잘못된 고정관념, 극단주의, 편협한 사고를 심어줌으로 자신을 교묘하게 위장합니다. 그 속에 숨어서 우리를 공격합니다. 마귀가 이러한 것들 속에 숨어 있는 것을 깨닫는 것이 영적 전쟁에서의 승리의 첫걸음입니다. 승리하는 영적 전쟁을 통해서는 우리의 삶에 늘 하나님의 평강과 은혜, 능력, 자유 함, 기쁨, 빛이 속에서부터 우러나와야 합니다. 이러한 하나님의 은총이 함께 하는 삶을 살아야 합니다. 이 땅에서도 마음에 천국을 이루는 것입니다. 마음이 천국을 이루려면 하나님의 능력으로 영육이 치유되어 자유 함을 얻는 것입니다.

5.귀신축사 능력자를 신성시하는 것

축귀하고 은사 있으면 능력이 있고 다 된 사람이라고 자만합니다. 일부 분별력이 없는 성도들은 축귀를 하는 교회가 제일로 권능이 있는 교회라고 믿고 있습니다. 축귀를 하면 다되는 줄로 착각을 합니다. 축귀를 하고 은사가 나타나도 심령이 예수 심령으로 변화되지 않으면 헛것입니다. 축귀 능력과 은사는 육에서 나오는 경우가 많기 때문입니다. 성령을 체험한 사람이면 모두 예수 이름으로 기도할 때 귀신이 쫓겨나갑니다. 축귀를 너무나 어렵게 생각하지 말기를 바랍니다. 성령의 인도를 받고 원리만 제대로 알면 정말로 쉬운 것이 축귀입니다. 그래서 반드시 축귀는 성령의 역사를 통하여 예수 이름으로 해야 합니다. 성령의 역사 없이 완력으로 축귀하는 교회의 성도들은 모두 은혜가 메마를 수가 있습니다. 말씀을 듣고 성령의 인도를 받으면서 축귀를 해야 합니다. 축귀만 하면 평생 축귀를 받아야 합니다. 반드시 심령에 말씀과 성령의 은혜를 채워야 떠나갔던 귀신이 다시 들어오지 못합니다. 그래서 성도들은 영적인 견문을 넓히고 자신이 자신의 영을 지킬 수 있는 권능을 길러야 합니다. 권능 있는 사역자만을 의지하면 절대로 안 됩니다. 축귀의 권능이나 은사는 성령의 열매가 있는 심령에서 나오는 것이라야 합니다. 일부 어린 성도들이 귀신을 쫓아내면 권능이 있는 사람이고 영적으로 깨어있는 사람으로 알고 추종하고 따릅니다. 그러나 우리는 열매를 볼 줄 알아야 합니다. 심령이 변하여 예수 인격이 나오고 옆에만 가도 은혜가 전이되는 심령이 되려고 해야 합니다.

6.금식시키고 금식하는 것

영적인 문제가 있어도 금식시키고, 정신적인 문제가 있어도 금식입니다. 능력을 받으려고 해도 금식입니다. 교회가 성장이 되지 않아도 금식입니다. 금식이 처방입니다. 만사가 기도하면 된다는 처방처럼 금식을 하고 시키는 것입니다. 제가 체험하고 알고 보니 만사가 기도해서 되지 않고, 금식해서 문제가 해결되지 않았습니다. 먼저 말씀을 드리면 금식은 육성이 강하여 성령의 역사가 반감할 때 하는 것입니다. 금식은 밥만 굶는 것이 아니고 세상을 끊는 것입니다. 영적인 문제가 있어서 능력 있다는 사람을 찾아 가면 금식하라고 한다는 것입니다. 아니 귀신이 금식한다고 떠나갑니까? 절대로 떠나가지 않습니다. 성령으로 세례를 받게 하고 뜨겁게 기도를 해야 합니다. 성령으로 충만한 가운데 성령님에게 질문하여 원인을 찾아서 해결해야 귀신이 떠나갈 조건이 되는 것입니다.

정신적인 문제가 있는 사람들을 금식시키면 타는 불에 기름을 끼얹는 결과가 됩니다. 정말로 주의하지 않으면 안 됩니다. 정확하게 진단하여 조치를 취해야 한다는 것입니다. 어느 여 목사(58세)는 35년간 목회했는데 자신의 마음대로 했답니다. 나이가 들으니 이곳저곳 문제가 생겨서 고통을 당하다가 어느 능력 있고 신령하다는 사람을 찾아갔답니다. 상담을 한 결과 20일간 금식을 하라고 했다는 것입니다. 금식하면서 회개하면 육체의 질병, 물질의 문제, 자녀문제 문제도 해결되고 능력도 나타날 것이라고 했다는 것입니다. 그래서 금식을 하기 시작을 했다는 것입니다. 10일이 지나자 목에서 피가 넘어오고 온 몸이 아파서 도저히 견딜 수가 없었다는 것입니다. 그래도 20일 금식을 하겠다고 하다가 13일째 되는 날 혼절을 했답니다.

　병원에 입원하여 검사를 해보니 위궤양이 너무나 심하여 수술을 해야 할 정도라고 하더랍니다. 그래도 믿음으로 기도하여 낫겠다고 저희 교회 소문을 듣고 찾아와서 3개월간 밥 먹으면서 성령으로 세례 받고 치유 받아 건강하게 되었습니다. 물론 안수할 때 능력도 나타납니다. 제가 이분에게 나이가 58세가 되었는데 금식하면 뼈 속에 진액이 다 빠져서 수명대로 살지도 못합니다. 금식해가지고 문제해결하고 능력 받으려는 생각은 애당초 하지도 말라고 했습니다. 그렇다고 금식하지 말라는 것이 아닙니다. 무조건 금식하지 말라는 것입니다. 성령님이 하라고 하면 해야 합니다. 금식이 끝나면 다시 성령체험하면서 성령으로 치유해야 귀신이 떠나갑니다. 그러므로 금식하려고 생각하지 말고 금식하는 것과 같이 하나님에게 집중하며 치유를 받으면 훨씬 빨리 귀신이 떠나갈 것입니다.

7.시대 변화에 대비 못하는 것

　지금은 21세기입니다. 옛날 70년대 80년대 90년대 처럼 축귀 사역하지 말라는 것입니다. 시대가 변했습니다. 그때는 성도들이 순수했습니다. 자연스럽게 역사하던 귀신들도 강하지 않았습니다. 그래서 성령의 은혜를 잘 받았습니다. 말씀도 순수하게 잘 받아들였기 때문입니다. 마음을 열고 성령의 은혜를 받으니 자신에게 역사하던 귀신도 잘 떠나갔습니다. 지금은 그렇지 못합니다. 현대 사회는 점점 더 기계화, 비인간화 되어갑니다. 성도들이 스트레스를 많이 받으며 살아가고 있습니다. 먹고살기도 더 힘이 들어졌습니다. 자연스럽게 악한 영이 더욱 강하게 역사하는 시대입니다. 정신적인 문제가 많이 발생하는 시대입니다. 이런 정신적인 문제 뒤에는 반드시 귀신이 역사합니다.

이 귀신이 과거 70년대 80년대 90년대 방법으로 사역하면 꼼짝도 하지 않는 다는 것입니다. 상처가 깊고 강하기 때문입니다. 그만큼 깊고 강한 성령의 역사가 있어야 상처가 치유되면서 귀신들이 정체를 폭로하고 떠나갑니다. 이렇게 깊고 강하게 성령의 역사가 일어나게 하려면 사역자 역시 깊고 강한 성령의 역사가 자신을 주장하게 해야 합니다. 그만큼 깊어져야 한다는 것입니다. 체험해야 한다는 것입니다. 깊어지는 것은 행위로만이 아니고, 영적인 진리를 깊이 있게 깨닫고 전해야 한다는 말입니다. 지금 시대는 옛날과 같이 찬송 몇 번 부르고 간증이나 하고 귀신을 축사할 수가 없습니다. 사역자의 이런 영적인 수준으로는 절대로 성도들의 마음의 문을 열게 할 수가 없습니다. 영적인 전 분야에 이론(진리)적으로 박식해야 하고, 깊은 체험이 있어야 사역이 가능합니다. 성도들이 그 만큼 수준이 높아졌다는 말입니다. 지금 세상도 전문화 시대입니다. 교회에서 성도들의 영적인 치유를 담당하는 사역자는 전문화가 되어야 합니다. 전문화는 그 분야에 10년 이상 종사하며 임상적인 체험과 영적인 진리를 깨달아야 가능할 것입니다. 우리 영적인 사역자들은 시대의 변화를 직시하고 전문성 있는 사역자가 되려고 노력을 해야 변화하는 시대에 하나님에게 쓰임을 받을 수 있을 것입니다.

8. 사람의 힘으로 축귀하는 것

귀신을 축귀하는 것은 성령께서 하시는 것입니다. 많은 축귀 사역자들이 축귀를 자신의 힘으로 하고 있습니다. 인터넷에 올라온 축귀 사역의 동영상을 보면 참으로 가관입니다. 한 사람은 머리와 배를 누르고, 옆에서 다른 사람은 방언기도를 해댑니다. 멀쩡하게 생긴 여성을 이런 식으로 축귀를 합니다. 그렇게 하다가 사람을 죽일 수도 있습니다. 축귀는 그렇게 하는 것이 아닙니다. 정상적인 축귀 사역은 환자가 스스로 찬양하고 말씀을 듣고 기도하도록 사역을 이끌어야 합니다. 그리하여 환자가 성령으로 장악이 되도록 진행해야 합니다. 성령으로 장악된 만큼씩 축귀를 하는 것입니다. 성령이 장악을 하도록 여유를 가지고 기다려야 합니다. 배를 누르고 머리를 압박하면서 예수 피, 예수 피하면서 소리를 지르고, 방언기도를 해댄다고 귀신이 절대로 떠나가지 않습니다. 어디에서 누구에게 그렇게 하라고 축귀사역에 대한 지도를 받았는지 참으로 한심하고 가관입니다.

귀신역사가 심한 환자는 최대한 본인이 의지를 발동하도록 해야 합니다. 그래서 안수를 하여 성령님이 장악을 하도록 해야 합니다. 사역자에게 역사하는 성령을 환자에게 전이시켜야 합니다. 환자에게서 성령의 역사가 일어나게 해야 합니다. 저는 환자에게 호흡을 들이쉬고 내쉬면서 배에서 나오는 소리로 주여! 주여! 를 계속하게 합니다. 주여! 주여! 를 못할 정도가 되는 환자는 축귀가 되지 않을 뿐만 아니라, 축귀가 되어도 귀신이 다시 들어갑니다. 어찌하든지 축귀 사역자는 환자가 성령으로 장악이 되도록 인도를 해야 합니다. 그리고 성령이 역사할 때까지 기다려야 합니다. 그래서 많이 해보아야 하고 전문가가 되어야 합니다.

　　저의 경우 아무리 강하게 귀신에게 묶인 환자라도 1시간 정도 성령의 임재가 되도록 안수하고 환자에게 호흡을 들이쉬고 내쉬면서 기도하게 하니 모두 장악이 되고 축귀가 되었습니다. 축귀만 되면 다되는 것이 아닙니다. 환자가 찬양하고 말씀 듣고 기도하여 영이 자라도록 해야 합니다. 스스로 자신의 영을 지킬 수 있도록 지도해야 합니다. 환자를 하나님의 군사가 되도록 지도해야 합니다. 축귀 사역자들이여! 무식한 사역하여 사람들에게 혐오감이나 거부감을 주지 마시기를 부탁합니다. 능력 있는 척도 하지 마세요. 성령님이 능력이 있지 어찌 자기가 능력이 있습니까? 자신이 없으면 축귀사역하지 마세요. 선무당이 사람을 잡습니다. 이 책을 잘 읽어보고 자신이 생기면 축귀하세요.

3장 자신의 영적진단을 하는 법

(고전2:13)"우리가 이것을 말하거니와 사람의 지혜가 가르친 말로 아니하고 오직 성령께서 가르치신 것으로 하니 영적인 일은 영적인 것으로 분별하느니라."

하나님은 말씀과 성령으로 자신의 영적진단을 주기적으로 하여 영육으로 강건하게 지내기를 원하십니다. 예수를 믿고 성령으로 거듭난 성도는 영적진단이 습관이 되어야 합니다. 성도의 문제는 영에서부터 시작이 되기 때문입니다. 자신의 육체에 문제가 생긴 것은 이미 영적인 문제가 깊어진 것입니다.

제가 집필하여 출판한 책을 읽고 상담 전화를 하시는 분들이 있습니다. 이분들이 이구동성으로 하는 말이 기도가 되지 않는다는 것입니다. 기도가 되지 않는다는 것은 영의 질병이 깊어진 것입니다. 이때에 치유법은 막힌 기도를 성령의 역사로 뚫는 것입니다.

절대로 혼자 기도하려고 해도 기도가 열리지를 않습니다. 반드시 영적인 사역자의 안수를 받아 막힌 영의 통로를 뚫는 것이 급선무입니다. 문제는 기도가 되지 않는 지경에 까지 진전되지 않게 하기 위하여 영적진단을 주기적으로 하는 것입니다. 육체를 건강하게 하기 위하여 건강진단을 주기적으로 합니다. 40세가 넘으면 건강보험 공단에서 2년에 한 번씩 건강 검진을 받게 합니다. 이때 자신의 건강 상태를 확인하고 문제가 있는 곳은 치유합니다. 그래서 건강을 유지하게 합니다. 이처럼 건강한 영적 삶을 살기 위해서는 주기적으로 영적 진단을 받을 필요가 있습니다. 저는 주기적인 영적진단을 아주 많이 강조합니다. 성령의 역사가 강한 장소에 가서 자신의 영적인 상태를 주기적으로 진단하는 것입니다. 암은 조기에 진단하면 100% 치유가 되지만, 검진을 하지 않으면 말기가 될 때까지 우리 몸은 암을 느끼지 못합니다.

그래서 의사들이 하는 말이 암을 발견하는 것은 주기적인 검진밖에 없습니다. 라고 말을 합니다. 영적인 병도 이렇습니다. 병의 바이러스인 마귀나 귀신이 들어왔는데도 우리의 몸이 느끼지 못하는 경우가 많습니다. 영은 신호를 보내는데도 무지해서 그 신호를 놓치는 경우가 많습니다. 그러므로 주기적으로 자신의 영적인 상태를 점검할 필요가 있습니다. 주기적인 영적 상태 점검은 무엇보다 중요합니다.

세대에 역사하는 영적인 존재들은 태중에서 들어옵니다. 이것들이 평소에는 잠복하여 있다가 취약한 시기가 되면 고개를 들고 일어나 문제를 일으키는 것입니다. 이를 예방하기 위하여 주기적인 영적 검진이 필요한 것입니다. 저는 평소에 이렇게 말합니다. 예수를 믿고 교회에 들어오면 먼저 성령으로 세례를 받아야 합니다. 성령으로 세례를 받은 다음에 말씀과 성령으로 내면의 상처를 치유하는 것입니다. 상처를 치유 받으면서 병행하여 자아를 십자가에 매다는 것입니다.

성령의 역사로 혈통에 대물림되는 악한 영을 축귀하는 것입니다. 그리하여 영적체질을 만드는 것입니다. 이는 어려서부터 적용해야 되는 것입니다. 세대에 역사하는 악한 영을 성령의 역사로 드러내어 미리 축귀하는 것입니다. 그래서 저는 우리 충만한 교회에 다니고 있는 성도들의 자녀를 매주 안수해서 영적으로 맑은 상태를 유지하게 하려고 노력합니다. 이렇게 주기적으로 안수를 받으니 영적으로 깨끗해지는 것은 물론이고 육적으로도 건강하게 지냅니다.

　기존 성도들은 주일날 영적점검을 받는 것입니다. 성령의 역사가 강하게 나타나니 세대에 대물림 되던 악한 영이 더 이상 숨어있지 못하고 정체를 폭로하는 것입니다. 폭로되어 떠나가게 하고 매 주일 성령의 역사를 체험하며 영적 상태를 유지하는 것입니다. 저는 항상 이렇게 말합니다. 성도들은 주일날이 아주 중요하다고 말입니다. 요즈음 세상 살아가는 것이 힘이 들어 주일 하루밖에 교회를 나오지 못하는 분들이 많습니다. 이 중요한 주일을 성령으로 충만하게 예배를 드려서 영성을 유지하는 것입니다.

　이렇게 신앙생활을 하지 못하니 세대에 역사하던 악한 영들이 예수를 믿어도 꼼짝하지 않고 숨어 있다가 영육으로 취약한 시기에 고개를 들고 나와 문제를 일으키는 것입니다. 제가 지금까지 성령치유 사역을 하면서 체험한 바로는 세대에 역사하던 악한 영이 장로가 된 다음에도 영육으로 이해 못하는 고통을 가하는 것입니다.

우리 충만한 교회 성령치유 집회와 주일 예배에 참석하여 성령의 강한 역사를 체험하고 자신 안에 도사리고 있던 중풍의 영들이 정체를 폭로하여 떠나보낸 분들이 부지기수입니다. 또 무속의 영들이 숨어 있다가 정체를 폭로하여 떠나보낸 성도 목회자가 많습니다. 이는 현재 진행형입니다. 지금도 역사가 일어난다는 것입니다. 오늘도 일어날 것입니다. 오셔서 체험해 보시기를 바랍니다. 이렇게 사전에 성령의 역사로 정체를 폭로하여 떠나보내지 않고 취약한 시기에 드러나서 고통을 당하다가 찾아오는 분들 또한 부지기수입니다.

또 매주 토요일 진행하는 개별 집중치유 시간에 자신도 모르고 지내던 영적인 문제가 드러나 치유가 됩니다. 어떤 분은 무당의 영이 정체를 밝히고 떠나갑니다. 어떤 분은 중풍의 영이 드러나 떠나갑니다. 어떤 분들은 관절염을 일으켜서 걷지 못하게 하려고 숨어있던 귀신들이 정체를 폭로하고 떠나가기도 합니다. 저는 모든 성도와 목회자가 집중 치유를 받아서 자신의 영적인 상태를 진단 받아야 한다고 강조합니다. 영적인 진단은 나이가 젊을 때 받는 것이 아주 좋습니다. 저는 아이들은 초등학교 다닐 때 받는 것이 가장 좋다고 생각을 합니다. 영적인 진단을 주기적으로 하시기를 바랍니다.

고통을 당하다가 이렇게 해도 안 되고, 저렇게 해도 안 되니, 할 수 없이 저희 교회 같은 곳에서 치유를 받는 것입니다. 그런데 때는 이미 늦은 것입니다. 이미 정체를 드러냈기 때문에 치유하려면 시간이 많이 걸리는 것입니다. 세대에 역사하는 악한 영은 태중에서 침입을 합니다. 침입하여 정체를 드러내는 시기는 두 가지가 있습니다. 첫째, 성령의 역사에 의하여 청체를 드러냅니다. 이것이 제일로 좋은 현상입니다. 두 번째는 여러 가지 상황이 좋지 못하여 충격을 받든지, 스트레스를 당하여 영육으로 취약한 시기에 드러내는 것입니다. 이 상황이 제일로 나쁜 것입니다. 이런 취약한 시기에 드러나는 것을 방지하기 위하여 주기적인 영적 점검을 하여 악한 영들을 드러내는 것입니다.

그래서 성도는 교회를 잘 정해야 합니다. 그리고 주일을 효과적으로 보내면서 주기적인 영적 점검을 받아야 합니다. 많은 성도들이 이렇게 주기적인 영적 점검을 받지 않음으로 인하여 불필요한 고통을 당하고 있습니다.

어떤 분은 목사가 된 다음에 악한 영들이 드러나 고생을 합니다. 어떤 분은 안수 집사가 된 다음에 악한 영이 드러나 말로 표현 못하는 고통을 당하기도 합니다. 저는 하나님의 은혜로 성령치유 사역을 하고 있습니다. 사역을 하다 보면 영적으로 무지하여 예수를 잘 믿으면서도 불필요한 고통을 당하면서 사는 분들을 볼 때 참으로 안타깝기 짝이 없습니다. 기독교 신앙은 예방 신앙입니다. 주기적인 영적검진이 필요한 것입니다.

다시 한 번 강조합니다. 우상 숭배가 혈통에 대물림되는 성도는 반드시 드러납니다. 어떤 사람은 17세에 발생합니다. 어떤 사람은 20세에 발생합니다. 어떤 분은 26세에 발생하기도 합니다.

어떤 분은 34세에 발생할 수도 있습니다. 대략 이런 증상이 발생하는 사람의 유형을 보니 집안에 우상의 숭배가 심한 집안의 내력이 있는 가문에서 발생합니다. 그리고 태중에서나 유아시절에 상처를 많이 받은 분들이 많이 발생됩니다. 대개 심장이 약하여 잘 발생합니다. 그러므로 제가 강조하는 것과 같이 불같은 성령을 체험하고 내적치유를 미리 받아야 합니다. 그러면 성령의 임재로 사전에 상처가 드러나서 치유가 됩니다. 정기적인 영적 진단이 아주 중요합니다.

그리고 병이 들었을 때 주변에서 안다고 해서 그 사람이 고치지 못하듯이 영적 질환도 같은 이치입니다. 병이 들면 전문의의 도움이 필요하듯이 영적 질병 역시 전문 사역자의 도움이 필요한 것입니다. 목회자는 부분적으로 고칠 수는 있습니다. 그러나 전문가가 접근하는 방식과는 다릅니다. 전문가는 총체적으로 접근하며 병의 뿌리를 제거합니다. 그래서 전문가가 있는 것입니다. 영적 진단은 주기적으로 받아볼 필요가 있습니다. 병의 근원을 조기에 발견하면 치유가 쉽습니다. 그러나 그 시기를 잃게 되면 거의 치유가 되지 않습니다. 치유가 된다하더라도 시간과 노력이 많이 듭니다. 조기 검진 이것이야말로 효과적인 치유의 지름길입니다. 자신의 귀중한 영을 관리하기 위하여 영적진단을 주기적으로 받는 습관을 들이시기를 바랍니다.

영적인 진단을 하며 수시로 귀신을 축사해야 합니다. 우리가 육을 가지고 있는 이상 귀신은 완전하게 떠나가지 않습니다. 한

번 축사를 했다고 방심하지 말고 수시 성령의 강한 임재를 체험하며 축사를 해야 합니다. 악한 영은 우리 몸과 정신에 계속 영향을 주며, 이를 우리가 거부하거나 부정하고 쫓아내지 않게 되면 서서히 자리를 잡아가게 되며, 이런 악한 영의 지배를 받게 되면 그것이 주는 영향 즉 죄의 권세가 우리의 품성이나 인격처럼 여겨져 그 사람의 삶 전체를 지배하게 되는 것입니다. 예를 들면, 조그만 일에도 화가 나고 신경질을 부리는 사람의 경우, 다른 사람들과 잘 어울리지 못하기 때문에 사회적인 도움을 받을 수 없게 되며, 온전한 인격을 갖춘 사람들과 교제가 힘들게 되기 때문에 자연적으로 그런 사람들이 모이는 공동체에서 배제되고 하류 사회에 속할 수밖에 없게 되는 것입니다.

화를 잘 내고 조급한 성격은 타고난 기질도 있을 수 있지만 후천적으로 형성되는 많은 경우, 이는 악한 영의 영향을 받았고 그 후 그 영으로부터 지배를 받게 됨으로써 자신의 인격처럼 되어버리는 것입니다. 우리는 그리스도를 믿고 성령을 받아서 성령과 항상 사귀면서 말씀을 묵상하고 실천해 가는 과정에서 서서히 주님의 인격을 닮아가게 되어 빛이 나게 되는 것입니다. 그러나 악한 영의 지배를 받는 사람은 차츰 자신을 주장하는 악한 영의 인격을 닮아가게 되는 것입니다.

거친 말이나 욕설이나 외설스런 말을 하는 사람은 그 속에 그런 악한 영이 있는 것입니다. 이런 작용이 계속되어 악령의 속박에 말리게 되면 그 권세에서 좀처럼 벗어나기가 쉽지 않습니다.

이런 경우, 의학적으로는 '틱장애'(tig disorders)나 '뚜렛 장애' (tourette disorders)라고 부르는데, 상당 부분은 악한 영에 의해서 일어나는 것으로 볼 수 있습니다. 단순한 심리적 육신적 장애가 있는데, 어릴 적 스트레스를 받거나 환경이 바뀔 때 일시적으로 불안해서 생기는 '틱'이 있습니다. 이런 경우 곧 증상은 사라집니다.

그러나 시간이 지나도 증상이 호전되지 않는다면 이는 악령의 영향을 받고 있다고 판단하고 성령으로 내적치유를 받고 적절한 축사를 해야 할 것입니다. 마음속에서 의심이 일어난다든가, 부정적인 생각이 계속 솟아난다든가, 욕설이 자꾸 나온다든가, 미워하는 생각이 든다든가 하는 등의 생각이 지속적으로 간헐적으로 계속 일어난다면 악령의 영향을 의심해야 할 것입니다. 자신은 그렇게 하려고 하지 않아도 자신 안에서 무언가 작용하는 힘을 느낍니다. 이 힘은 억제할 수 없기 때문에 자신의 의지와는 상관없는 행동이나 말을 하게 되는 것입니다.

이런 장애는 초기에 내적치유하고 적절한 축사를 해야 합니다. 부정적이고 건전하지 못한 생각이 든다든가, 욕설이 나온다든가, 단조로운 행동을 반복하게 될 때 스스로 그 악령을 꾸짖고 쫓아내야 합니다. 자신의 내면에서 자신의 의지와는 상관없이 떠오르는 바람직하지 못한 생각이 일어날 때 이를 방치해서는 안 됩니다. 왜 자신이 이런 생각을 하는 걸까 하고 의아해 하기만 해서는 안 됩니다. 그 즉시 그 생각을 쫓아내야 합니다. 즉 그 생각을 만들어낸 악한 영의 세력을 쫓아내야 하는 것입니다.

나쁜 생각이나 말이 떠오르는 즉시 '악한 영아! 예수의 이름으로 명하노니 내 안에서 떠나가라!'라고 명령하고 쫓아내야 합니다. 이런 축사를 그런 생각이나 말이나 행동을 할 때마다 해야 합니다. 그렇게 하고 그 생각과 말과 행동이 자신으로부터 나온 것이 아니라 악한 영으로부터 나오는 것이며, 그런 현상이 나타나게 하는 악한 영이 자신의 내면에 들어와 있다는 사실을 인정하고 그 영을 몰아내는 것입니다.

이런 악한 영은 우리의 죄를 틈타서 들어온 경우가 많기 때문에 그 발판이 되는 죄를 회개해야 합니다. 어린 아이의 경우에는 스스로 할 수 없으므로 부모나 목회자가 대신 축사해 주어야 합니다. 정신적 스트레스나 나쁜 환경에 노출되어 있어서 생긴 '틱 장애'의 경우에는 치유를 위한 기도를 해 줄 필요가 있는 것입니다. 정서적으로 불안해지는 아동 후기인 7~8세에 생기는 일시적인 틱 장애는 불안한 환경에 익숙해지게 되면 자연적으로 사라지지만 그렇지 않은 경우에는 악한 영의 작용을 의심해야 합니다.

성인에게 있어서 나쁜 생각이나 욕설이 나오는 것은 악한 영으로 말미암은 것이므로 반드시 축사해야 합니다. 악한 영은 수시로 우리들을 미혹하고 교묘한 방법으로 들어오기 때문에 그런 생각이나 행동이 나타나면 즉시 축사하여 만성화되는 것을 피해야 할 것입니다. 적절한 조치가 없이 시간이 지나면 이런 행위는 자신의 인격이나 기질처럼 자리를 잡게 되기 때문에 치유가 더욱 어려워지는 것입니다.

　다수의 그리스도인이 예수를 닮아가는 대신에 악한 영을 닮아가는 모습을 볼 수 있습니다. 분리하고, 다투고, 시기하고, 의심하고, 욕심을 내는 등 악한 영의 열매들을 지니고 있습니다. 성령을 따르려고 하지만 우리 안에는 여전히 죄의 열매들이 있습니다. 그럼에도 불구하고 그런 결과를 가져다주는 죄의 회개와 악령의 추방은 제대로 충분히 하지 않은 채로 살아가기 때문에 우리 안에 아름답지 못한 일들이 일어나는 것입니다. 우리 안에 들어와 있는 악한 영을 추방하는 일은 마치 몸을 청결하게 하여 병이 들지 않게 하려는 행위와 다를 바가 없습니다.

　매일 몸을 깨끗하게 유지하려고 씻는 일을 하듯이 우리 영의 몸도 정결해야 하기 때문에 적절한 내적치유하며 축사는 항상 이루어져야 합니다. 부정적인 생각이 들면 그 즉시 물리쳐야 하며, 이상한 행동을 하는 사람은 그 행동의 배후에 있는 악령을 추방해야 합니다. 거친 행동과 말버릇을 단순히 성격으로만 생각해서는 안 됩니다. 이는 악한 영에게 속는 것입니다. 부정적인 생각을 추방하고 부인하며 긍정적인 생각으로 전환하는 노력이 필요합니다. 이런 조치를 전혀 하지 않았다면 이를 제거하는 일이 처음에는 쉽지 않을 것입니다. 그러나 계속 성령으로 내적치유하며 축사하게 되면 차츰 그런 생각들은 힘을 잃게 되고 긍정적이고 밝은 생각들이 들어옵니다.

　악한 영은 우리가 심리적으로 위축되었거나 심한 압박을 받는 등의 상황을 이용해서 교묘하게 스며듭니다. 그래서 사람들은 그런 생각이나 행동이 그런 외적 자극 때문에 생기는 자연적인 현상으로 받아들이는 것입니다. 예를 들자면, 스트레스를 받았기 때문에 화가 나고 욕도 나온다고 생각합니다. 그래서 대수롭지 않게 생각하는 것입니다. 자꾸 스트레스를 받게 되면 계속 화가 나고 욕설이 나오게 되며, 그러면 자신도 모르는 사이에 버릇이 되어 무의식중에 욕이 나온다고 생각하는 것입니다.

성령 충만하고 항상 축사가 이루어진 사람은 스트레스를 받더라고 그런 행동을 좀처럼 하지 않습니다. 오히려 긍정적으로 해석하게 되고, 그 상황을 밝게 극복하게 되는 것은 자신이 악한 영으로부터 영향을 받지 않기 때문인 것입니다. 자신도 모르는 사이에 교묘하게 스며들어온 악한 영으로 인해서 일어나는 잘못된 행위 때문에 괴로워하는 사람이 있습니다. 의지와는 전혀 상관없이 그런 행동을 한 자신이 한없이 밉지만 벗어날 수 없어서 괴로워합니다. 그 때문에 사회 활동이 제대로 되지 않고 사람들이 피합니다.

지하철에서 성추행을 하는 사람들 가운데는 지식수준이 높은 사람도 상당수 있다고 합니다. 변호사, 의사, 목사까지도 추행행위를 하여 단속되었습니다. 이런 경우 그들은 스스로 그 행위를 억제할 수 없게 되었습니다. 악한 영의 강한 영향을 받게 되면 이성적으로는 하지 말아야 한다는 사실을 알면서도 억제하거나 통제할 수 없기 때문에 범죄행위를 하게 되는 것입니다.

상습적으로 행하는 일들 가운데 도벽, 성추행, 폭행, 언어폭력, 의심, 소란, 탐욕, 집중 등의 행위들은 다른 사람들을 괴롭게 할 뿐만 아니라 자신도 괴롭게 합니다. 그런 행동을 하고 나면 심한 죄책감에 시달리는 것이 악한 영에게 사로잡힌 사람들의 특징입니다. 자신이 미워지고 그런 행동을 속수무책으로 반복할 수밖에 없는 현실이 안타까울 뿐입니다. 하지 말아야 한다는 사실은 알면서도 하지 않을 수 없는 강한 외적 힘은 악한 영으로부터 오는 것입니다. 이런 악령으로부터 자유로울 수 있는 길은 수시로 내적치유하며 축사하여 건강을 지키는 것입니다. 그리고 그런 영을 불러들이는 통로가 되는 죄에서 떠난 삶을 사는 것입니다.

자신을 진단하려면 무엇보다도 성령으로 장악이 되는 것이 중요합니다. 자신을 진단하려면 성령의 역사가 강한 곳을 가셔야 합니다. 그래야 빨리 자신의 상태를 알고 빨리 해결을 받을 수가 있습니다. 성령의 불로 세례를 받게 되는 자신에게 역사하는 귀신들이 정체를 폭로하기 시작을 합니다. 성령의 세례와 충만에 대하여 바르게 알고 싶은 분은 "성령의 불로 불세례를 받는 법"과 "성령의 불로 충만 받는 법" 그리고 "불같은 성령의 기름부으심"을 읽어보시기를 바랍니다.

4장 귀신의 영향을 찾아내는 법

(막 9:21–24)"예수께서 그 아버지에게 물으시되 언제부터
이렇게 되었느냐 하시니 이르되 어릴 때부터니이다. 귀신이 그
를 죽이려고 불과 물에 자주 던졌나이다. 그러나 무엇을 하실
수 있거든 우리를 불쌍히 여기사 도와주옵소서, 예수께서 이르
시되 할 수 있거 든이 무슨 말이냐 믿는 자에게는 능히 하지 못
할 일이 없느니라, 하시니, 곧 그 아이의 아버지가 소리를 질러
이르되 내가 믿나이다 나의 믿음 없는 것을 도와 주소서 하더
라"

귀신들림이란 말을 듣게 되면 일반적인 성도들은 우선 정신질
환자와 같이 미쳐서 거리를 헤매거나, 폭행을 하며, 돌발적이고
충동적인 행동을 함부로 하는 사람으로 생각할 것입니다. 또는
무속인들이 겪는 무병(巫病)처럼 원인을 알 수 없는 병을 앓는 정
도로 생각하는 것이 일반적일 것입니다. 그러나 이렇게 증상이
밖으로 들어나 누구라도 쉽게 귀신이 들렸다고 판단할 수 있을 정
도로 심각한 경우는 흔하지 않습니다.

우리는 외적으로 분명하게 나타나는 이런 증상 이외에 다른 증
상에 대해서는 별로 아는 바가 없을 것입니다. 우리는 귀신들림
이라는 말 하나뿐이지만, 영어 표현은 두 가지가 있습니다. 즉 일
반적으로 많이 사용하는 표현으로 'demon possession'이라는

말을 사용합니다. 우리가 일반적으로 알고 있는 귀신들림 현상을 표현하는 말입니다. 성경에 기록된 거라사의 광인의 경우 이런 표현을 사용합니다.

다음으로 'demonization'이라는 표현을 사용하는 경우가 있는데, 귀신과 같은 행동을 하는 경우에 사용합니다. 즉 귀신의 persona를 그대로 행동에 옮기지만 정신은 온전합니다. 겉으로 보면 건강한 사람인데 행동은 귀신 짓을 하는 것입니다. 정상적인 사람의 행동이라고 볼 수 없는 행위를 하면서도 아무런 가책을 느끼지 않습니다. 마귀의 영향을 받는 사람과 같다고 할 것입니다. 행동으로 나타나는 이런 증상을 가진 사람들은 타인에게 들어나지만, 질병으로 고생하는 사람의 경우에는 귀신들림이라고 생각하지 못하는 경우가 많습니다. 성경에 기록된 간질병 환자의 경우 그 아버지가 병을 고침 받으려고 아들을 데리고 주님께로 왔습니다. 그 때 주님은 꾸짖어서 귀신을 쫓았습니다(마 17:14~18). 간질병 질환을 앓고 있지만, 그 원인은 귀신이 들렸던 것입니다. 병원에 가면 원인을 밝힐 수 없는 질환의 대부분이 귀신들림이라고 생각해도 좋을 정도로 귀신들림에 의한 질병은 광범위합니다. 끊임없이 고통이 찾아오지만 원인을 알지 못해서 치료를 하지 못하고 고통을 당하면서 살아갑니다. 이와 같은 귀신들림에 의한 질병은 당사자가 귀신들림에 관한 지식이 조금만 있다면 알 수 있습니다.

영을 구약에서는 '루아흐'라는 표현을 사용합니다. 이 단어는

'바람'이라는 뜻입니다. 신약에서 성령이 처음 사람들에게 임하는 마가 다락방의 오순절 사건에서 볼 수 있듯이 강력한 성령의 임재는 마치 "급하고 강한 바람"처럼 임하게 되는 것입니다. 성령이 우리 몸에 임할 때 우리는 종종 바람결과 같은 느낌을 받습니다. 악령 역시 영이기 때문에 이들이 우리 몸으로 들어올 때 우리는 바람과 같거나 때로는 벌레가 기어들어오는 것과 같은 느낌을 받습니다. 밖으로부터 무언가가 자신의 몸 안으로 바람처럼 스며들면 마치 우리가 감기몸살을 겪을 때처럼 그렇게 느껴집니다. 찜질방과 같은 더운 곳에서 땀을 흘리고 있다가 갑자기 밖으로 나가면 섬뜩한 한기를 느낍니다. 감기 몸살은 이렇게 해서 시작하는 것처럼, 귀신이 자신의 몸에 들어오는 순간은 그와 비슷한 느낌을 받게 되며, 그 즉시 몸이 좋지 않거나 가슴이 답답하거나 머리가 어지럽거나 우울해지거나 의욕이 사라지는 등 귀신들림으로 인한 병증이 다양하게 나타나는 것입니다.

극심한 노이로제나 우울증 증상이 나타나는 것입니다. 귀신이 들어오면 우선 기분이 묘해지면서 가라앉습니다. 차분해지는 정도가 아니라, 모든 의욕이 사라지고 기분이 떠오르지 않습니다. 몸은 무거워지고 여기저기가 아프기 시작합니다. 가슴이 답답하다 못해 죽을 것 같은 고통이 찾아옵니다. 무어라고 분명하게 설명할 수 없는 묘한 통증과 답답함으로 인해서 숨이 막힐 것 같지만 실제로 숨이 막히는 것은 아닙니다. 일종의 공황장애(恐惶障碍)와 같습니다.

이런 고통을 주위 사람들에게 말해도 이해하지 못합니다. 겉으로 보면 호흡도 정상적으로 쉬고 있는데 숨이 막혀 죽을 것 같다고 말한들 이해하지 못합니다. 그래서 꾀병이나 정신력이 약한 것으로 오인하게 됩니다. 병원에 가도 증상을 찾을 수 없으니 꾀병이라고 할 수밖에 없을 것입니다. 의지가 약하고 내성적이어서 그런 것이라 판단하게 됩니다. 그래서 가족들은 정신에 문제가 있다고 생각하고 그런 성격을 고치라고 책망하기도 합니다.

의지가 약하거나 생활력이 약한 무능한 사람으로 오인하게 되어 환자를 더욱 괴롭게 만듭니다. 사회성이 모자라 문제가 있다고 생각하고 사람들이 그들을 피하려고 합니다. 겉보기에는 의기소침하고 무능하고 무기력하고 활동적이지 못하기 때문에 사람들이 가까이하려고 하지 않습니다.

당사자는 가위눌림과 심한 우울증과 공황장애로 인해서 죽고 싶어집니다. 그런데도 불구하고 누구도 이 질환이 귀신들림에 의한 것이라고 생각하지 못하고 단순히 기질적이거나 정신적으로 문제가 있는 부적응 환자 정도로 넘깁니다. 영적으로 무능하기 때문입니다. 분별력이 없기 때문입니다.

가족들은 무능의 탓으로 돌리며, 정신에 문제가 있는 사람으로 생각하고 자주 책망하게 됩니다. 가족들의 이와 같은 올바르지 못한 대응으로 인해서 더욱 괴롭힘을 당하게 됩니다. 여러 가지 정신과 질환처럼 보이는 귀신들림은 당사자를 괴롭게 할 뿐만 아니라 가족들까지 고통을 당하게 됩니다. 정신을 잃는 것도 아니기 때문에 귀신들렸다고 생각하지 못하는 것입니다.

이런 중증 귀신들림 이전에 초기 증상은 마치 가벼운 노이로제처럼 자주 까닭 없는 짜증이 나고 때로는 이유 없는 충동이 솟아납니다. 자신의 내면에서 자신의 의지와는 상관이 없는 어떤 생각과 충동이 자신을 조정하는 것 같다는 느낌을 간헐적으로 받게 됩니다. 하지 말아야 할 일을 어처구니없이 해버려 당황하기도 합니다. 자신의 의지 즉 속마음과는 달리 어떤 충동이 일어나 순간 행동하게 되어 후회합니다. 이런 경우에 대부분의 사람들은 이렇게 말합니다. "내 정신이 아니었나봐!" 사람들도 그런 상식 밖의 행동을 돌발적으로 한 그 사람에 대해서 "그럴 수도 있지! 사람이란 누구나 정신 나간 짓을 할 때가 있다니까!" 라면서 너그럽게 이해해줍니다. 그런데 이런 일이 한 번으로 그치는 것이 아닌데 문제가 있는 것입니다.

어처구니없는 실수를 자주하게 되면 사람들은 그때부터 그 사람을 온전하지 못한 문제가 있는 사람으로 여깁니다. 그러나 그것이 귀신들림에 의한 것이라는 생각은 전혀 하지 못하는 것입니다. 왜냐하면 귀신들림에 관한 지식이 거의 없기 때문입니다. 제가 성령치유 사역을 오래하면서 느낀 것은 성도들이 영적인 면에 참으로 무지하다는 것입니다. 자주 머리가 어지럽고, 생각이 떠오르지 않을 정도로 머릿속이 안개 낀 것처럼 불투명하고 혼란스럽습니다. 만성두통으로 늘 시달리며, 가슴이 갑갑합니다. 때로는 가슴이 조여드는 협심증 증상과 같은 통증을 느낍니다.

메스껍고 헛구역질이 나옵니다. 차멀미를 하는 것 같이 속이 울렁거리고 머리가 어지럽습니다. 깊은 호흡을 하면 다소 안정이 되지만, 또 다시 그런 증상이 찾아옵니다. 기절하거나 죽을 것 같다는 생각이 들 정도로 갑갑함 때문에 다른 생각을 할 수 없게 됩니다. 서서히 자신이 앓고 있는 이 원인 모를 질환에 대한 공포가 더욱 두렵게 만듭니다. 바람처럼 또는 파도처럼 증상의 예조(豫兆)가 밀려들어오는 것을 느낍니다. 마치 흉악한 존재가 자신을 위협하려고 서서히 다가오는 것을 느낄 때 오는 공포심처럼, 그렇게 옥죄어드는 두려움으로 인해서 정상적인 생활을 할 수 없게 되어가는 것입니다.

우울증, 노이로제, 강박증, 피해망상, 공황장애 등과 같은 정신과 질환처럼 보이는 귀신들림과 잦은 충동과 거친 언행과 하나에만 극도로 몰입하는 자아몰입증과 같은 쏠림 현상이 나타납니다. 사람을 기피하고 소극적으로 변하게 됩니다. 사회와 서서히 단절된 삶으로 나가며, 사람을 만나는 것을 두려워하는 대인 공포증과 같은 심리적 현상이 나타납니다. 자신의 정신은 그대로 유지하면서 육신과 마음이 질병으로 고통을 당하는 이와 같은 귀신들림은 다른 병으로 오인하거나 성격에 문제가 있기 때문이라고 판단하기 때문에 귀신을 쫓아내지 못하고 세월을 보내어 만성화하기 쉽습니다. 적어도 5년 이상 이런 증상으로 시달림을 받은 경우 환자는 악습에 이미 물들어버리게 됩니다. 이런 경우 악습을 끊지 않으면 귀신은 물러가지 않습니다.

삶에 의욕이 없고, 게임에 빠져 살아가는 중독성 메니아들의 경우에도 역시 귀신들림이 있습니다. 삶을 돌아보지 않고 오로지 게임에만 빠져 세월을 보냅니다. 이런 사람들을 일본에서는 '오타쿠'(御宅)라고 부르고 미국에서는 '긱스'(geeks)라고 표현하며, 우리는 요즘 이들을 '폐인'이라고 부릅니다. 정상적인 대화도 되고 생각도 하지만 행동은 정상적이지 않습니다. 병증이라고 할 정도로 한 쪽으로 극심하게 쏠리는 이들에게 귀신들림을 점검해 보아야 합니다.

말 못할 고통으로 괴로워하는 많은 사람들의 배경에는 귀신들림이 있습니다. 귀신들림은 일종의 질병입니다. 질병에는 원인이 있고, 그 원인을 치유하기 위해서 적당한 약물을 사용합니다. 귀신들림의 처방은 내적하며 축사와 악습의 고리를 끊는 것입니다. 정신을 잃게 하는 귀신들림은 명령하여 내쫓을 수 있습니다. 그러나 정상적인 생각과 판단을 할 수 있는 상태의 귀신들림은 명령으로는 치유가 되지 않습니다. 당사자와 귀신 사이에 형성된 신호체계를 허물지 않으면 안 됩니다.

성령과 우리 사이에 맺어진 신호 체계는 신앙고백입니다. 그에 따른 신호로 찬양과 기도와 예배 등이 있습니다. 우리는 이 신호를 통해서 성령과 지속적인 관계를 유지합니다. 이런 신호를 하지 않으면 성령과의 관계는 끝나는 것입니다. 이와 마찬가지로 자신도 모르게 귀신과 맺어진 신호체계인 악습을 끊어야 합니다. 게임에만 몰두하는 경우 다시는 게임을 하지 말아야 합니다. 얼마나 끊어야 되냐고요? 아마도 평생을 끊어야 할 것입니다.

귀신들린 사람도 어렵지만, 축사하는 사람도 여간 어려운 문제가 아닙니다. 반드시 성령의 깊은 임재가 있어야만 축사가 가능합니다. 성령의 깊은 임재를 사모하고, 늘 성령으로 충만해야 합니다. 축사 사역자는 부단하게 전문성을 개발해야 합니다.

귀신 들림은 외적으로 독특한 증상을 나타내는 것이 일반적이지만 전혀 감지할 수 없는 무증상의 경우도 있습니다. 그리고 귀신 들림의 증상이 나타난다고 해서 모두 귀신이 들린 것도 아닙니다. 외적으로 나타나는 증상 하나만을 가지고 단정해서 축사하는 경우에 자칫 낭패를 볼 수도 있습니다. 귀신 들림의 증상은 귀신의 종류에 따라서 다르게 나타나는데, 가장 심각한 것은 미치게 하는 귀신일 것입니다.

성경에 나오는 '거라사의 광인'의 경우처럼 군대 귀신이 들어가 사람들이 도무지 다룰 수 없을 정도로 거친 행동을 하는 경우가 있습니다. 마치 정신 질환자와 같은 행동을 하기 때문에 정신 질환에 의한 것인지를 먼저 꼼꼼히 살펴보아야 합니다. 경우에 따라서는 귀신 들림과 정신 질환 두 가지가 복합적으로 작용하는 경우가 있습니다. 단순한 귀신 들림일 때는 축사하면 되지만 정신 질환과 복합적으로 나타날 때는 정신과 치료를 받아야 합니다. 심각한 귀신 들림에는 이처럼 거칠게 행동하는 경우가 있고, 아주 얌전히 행동하는 경우가 있습니다. 이는 마치 우울증 환자와 흡사한데, 말도 하지 않고 행동도 위축되어 깊은 생각에 잠기어 정상적인 사회활동이 불가능해지는 것입니다. 우울증이나 자폐증 현상과 흡사하기 때문에 이 또한 점검이 필요합니다. 그밖에 과대망상증과 같은 증상도 나타납니다. 환상에 사로잡혀 혼자 웃고 울면서 자기만의 세계에 갇혀 있게 되는 것입니다.

이와 같은 다양한 정신 질환 증상을 나타내는 귀신 들림과는 대조적으로 일상생활에는 별로 지장이 없지만 신체적으로 고통을 당하거나 심인성 질환과 같은 증상으로 괴로움을 당하는 귀신 들림이 있습니다. 이런 증상은 겉으로는 단순한 노이로제나 심리적인 불안이나 과도한 스트레스에 의해서 일어나는 신경성 질환처럼 오인하기 쉽습니다.

뚜렷한 이유도 없이 몸의 컨디션이 항상 나쁘고, 병명도 모르는 질병으로 인해서 고통을 당합니다. 그 대표적인 것이 '무병'(巫病)인데, 원인을 알 수 없는 질환으로 인해서 기력이 없고 의욕이 사라지며 까닭 없이 늘 불안에 휘말려 살아가게 됩니다. 흔히 노이로제라고 부르는 병증과 흡사하기 때문에 치유하지 못하고 방치하는 경우가 많습니다. 약물 치료에만 의존하려고 하기 때문에 효과가 없는 것입니다. 심한 두통이나 오한이 자주 나타나고 현기증이나 구토 증상도 생깁니다. 속이 편하지 않고 메스꺼워서 헛구역질을 하지만 토하지는 않습니다. 원인도 모르고 병명도 모릅니다. 의사들은 스트레스나 신경과민 정도로 진단합니다. 아무도 이런 증상이 귀신 들림에 의한 것인지를 알지 못하기 때문에 오랫동안 고통을 당하게 됩니다. 만성적 두통이나 의욕 상실이나 노이로제와 같은 증상의 귀신 들림은 대체로 단 한 번의 축사로 완쾌되는 경우가 많습니다. 오랫동안 지긋지긋하게 괴롭히던 두통이 한 순간에 사라지는 것을 경험하게 되면 참으로 놀라워합니다. 이런 종류의 귀신들은 축사하는 그 순간에 무언가가 몸 밖으로 빠져나가는 것 같은 느낌을 받게 되고, 그 즉시 기분이 상쾌해지며 두통이나 무기력이 꿈처럼 사라집니다. 만성 두통으로 늘 진통제에 의지해서 살아야 했고 항상 머리가 맑지 못했던 그 지긋지긋한 고통에서 한 순간에 해방되는 기쁨은 경험하지 못한 사람은 도무지 알 수 없는 것입니다.

귀신 들림이 생기면 악취와 이물감에 시달립니다. 가위 눌림과 악취가 간헐적으로 나타나고 몸속으로 벌레가 기어 다니는 것 같은 이물감에 고통을 당하게 됩니다. 귀에서 환청이 들려 고통스럽습니다. 환상과 환청은 사람을 지치게 만들어 날로 몸이 쇠약해집니다. 가위눌림으로 인해서 잠을 깊게 자지 못하고 식욕이 없어지고 소화도 잘 되지 않는 극심한 스트레스에 시달리게 됩니다. 시도 때도 없이 에어리언을 주제로 한 영화에서나 볼 수 있는 흉악한 모습의 괴물 형상이 나타나 무섭고 두렵습니다.

눈을 감으나 뜨나 보이기 때문에 노이로제가 됩니다. 다른 사람에게 말하면 이해하지 못하고 그야 말로 정신이 이상해진 것이 아니냐고 의심합니다. 자신은 보이는데 다른 사람들은 이를 전혀 이해해주지 않습니다. 귀로 시끄러운 소리를 듣고 눈으로는 흉측한 괴물을 본다면 얼마나 괴롭겠습니까? 이와 같은 귀신 들림은 정말로 귀신 들림이 있고, 그렇지 않은 것이 있습니다.

실제로 귀신이 들렸다면 축사를 해야 합니다. 그렇지 않으면 그 사람의 삶은 점점 황폐해지고 인생 전체가 심각하게 망하는 상황에 이르게 되어 인간으로서의 존엄을 상실하게 되고 폐인이 되어 비참한 삶을 살아가게 되는 것입니다. 그런데 이와는 달리 귀신 들림의 증상을 경험하게 하기 위해서 일시적으로 또는 장기간 동안 귀신 들림을 겪게 되는 경우가 있습니다.

귀신 들림은 우리들의 죄와 상처를 발판으로 해서 귀신이 불법적으로 우리에게 침투해 들어오는 것입니다. 그 초기에는 단 한 번의 축사로 완치가 되지만, 시간이 많이 흐르면 귀신의 내성이 생기고 우리의 영이 심하게 위축되어 치유가 쉽지 않게 됩니다. 귀신 들림의 초기 증상은 환자의 이성과 감성이 그대로 유지된다는 점입니다. 이와 흡사하게 영적 분별력을 얻게 하기 위해서 치르게 되는 한시적인 귀신 들림은 마치 질병을 이기기 위해서 백신 주사를 맞는 것과 같다고 할 것입니다.

귀신을 쫓으려면 귀신에 대해서 알아야 합니다. 실질적인 영적 경험을 거쳐야 귀신을 정확하게 분별할 수 있기 때문에 한시적으로 귀신 들림과 같은 영적 경험을 하게 되는 경우가 있습니다. 신유의 은사를 받는 사람 가운데 심각한 질병을 치르고 난 후에 은사를 받는 경우가 있는 것처럼, 축사의 능력을 받게 되는 경우에도 이와 같이 귀신 들림을 경험한 후에 능력을 받게 되는 것입니다. 저는 항상 이렇게 말합니다. 예수를 믿고 성령으로 세례를 받아 권능이 받았으면 자신을 먼저 치유하라는 것입니다. 자신을 치유하면서 영적 전쟁할 수 있는 군사가 되는 것입니다.

이와 같은 경험이 없이도 축사의 능력이 주어지는 경우와 이처럼 경험한 후에 주어지는 경우가 있습니다. 영적 분별력을 얻게 하기 위해서 주어지는 귀신 들림은 마치 백신 주사를 맞는 것처럼 미약하고 간헐적이라는 특징을 가지고 있습니다. 귀신 들림에 대한 외적 내적 증거들을 경험하는 일은 당사자에게 결코 유쾌한 일이 아닐 뿐만 아니라, 축사 사역을 하는 과정에서도 지속적으로 그런 경험들을 하게 되기 때문에 때로는 스트레스가 되기도 합니다.

의사는 늘 약물과 환자의 고통을 직면하면서 생활해야 하는 것처럼 귀신을 쫓는 일은 늘 귀신을 대면하고 다양한 증상들을 몸으로 느끼면서 하게 됩니다. 의대생이 되면 처음 생체실습을 하게 됩니다. 시체를 두고 해부하는 실습을 하고 난 후 여러 날 악몽에 시달리고 밥을 제대로 먹지 못한다고 합니다. 이런 경험을 통해서 피 냄새나 약물 냄새에 익숙해지고 푸줏간에서 고기를 썰듯이 담담하게 절개할 수 있게 되는 것입니다. 오랜 세월 동안 환자를 다루면서 담대해지듯이 축사 역시 귀신을 많이 경험함으로써 귀신에 대해서 담대해지는 것입니다.

이런 임상시험을 거치는 시기에 해당하는 귀신 들림을 경험하는 경우에는 자신이 혹시 귀신 들린 것이 아닌가 하는 의심을 가지지 않을 수 없습니다. 귀신 들린 것과 같은 증상을 경험하면서 의심이 들지 않을 수 없습니다. 독감 예방을 위해서 맞는 백신 주사는 같은 병원균을 약화시킨 것입니다. 이처럼 분별력을 얻게 하기 위해서 주어지는 귀신 들림은 역시 귀신이지만, 그 영향이 미약하고 간헐적이라는 것입니다. 귀신의 공격력도 약하고 일시적으로 나타났다가는 증상이 사라지곤 합니다. 그런데 그 기간은 자신이 그것이 분별력을 얻게 하기 위한 것이라는 사실을 제대로 깨닫기까지 계속 이어지며, 그 후 실제로 사역을 행할 때에도 귀신을 분별하는 수단으로 경험하게 되는 것입니다. 초기 귀신 들림과 분별력을 얻게 하기 위해서 주어지는 귀신 들림은 구분하기 무척 어렵다는 것이 사실입니다. 이 두 가지 경우에 축사를 하면 다 같은 현상이 나타나는 것입니다.

그러나 초기 귀신 들림은 축사와 동시에 그 증상이 사라지지만 분별력을 위한 귀신 들림은 사라지지 않는다는 것입니다. 그래서 계속 축사하려고 하는 경우가 있습니다. 이런 귀신 들림은 성령이 충만할 때 더 강하게 나타나는 경우가 있습니다. 영적 분별력을 얻기 위해서 다양한 영적 주체들에 대한 경험이 필요합니다. 그 모든 일은 성령 안에서 이루어지는 것입니다. 그러므로 성령 충만하고 다양한 영적 즐거움을 경험하게 될 뿐만 아니라 악한 영의 존재도 경험하게 되고 그 영향도 받게 되는 것입니다.

그래서 이런 현상을 때로는 '양신 역사'라고 부르기도 합니다. 성령과 악령이 함께 역사하는 것처럼 보이기 때문에 그렇게 부르기도 합니다. 성령과 악령이 함께 역사하는 혼란에 빠지는 경우도 있습니다. 이것은 두 영이 함께 역사는 것이라기보다는 사단의 공격을 받는 것으로 볼 수 있고, 때로는 영적으로 미숙한 단계에 있기 때문에 혼란을 겪는 경우도 있습니다. 축사를 하기 위해서는 반드시 영을 분별할 수 있어야 합니다. 그 주된 수단이 감각에 의한 것입니다. 그 하는 행위나 열매를 보아 영을 분별하는 것은 이미 귀신 들림이 한참 진행되었을 때의 일이며 초기에는 행위도 열매도 없습니다. 다만 고통스런 공격만 받을 뿐입니다. 소음과 무기력과 환상과 환청과 스트레스와 노이로제와 병명 없는 질병의 공격에 시달릴 뿐입니다. 이런 사람을 구하기 위해서는 오로지 영적 분별력에 의해서 귀신을 찾아내어 쫓아야 합니다.

귀신 들림을 정확하게 진단하기 위해서는 필자와 같이 사역자가 우선 귀신 들림을 경험해야 합니다. 그 과정이 마치 귀신 들린 것과 아주 흡사합니다. 실제로 초기 귀신 들림과 제대로 구분하기가 쉽지 않다는 점을 알아야 합니다. 귀신 들림을 실제로 경험함으로써 얻게 되는 축사의 능력 즉 '능력 행함의 은사'는 그것을 은사로 깨닫지 못하면 이런 귀신 들림이 계속 이어진다는 것을 알아야 합니다. 그래서 축사 사역자는 박사 학위가 하는 것이 아닙니다. 자신이 귀신에게 고통을 당하다가 치유 받고 축사 사역자가 되는 것입니다. 축사 사역자는 자신이 먼저 치유 받는 치유 사역자란 말입니다. 체험해야 축사 사역자가 될 수가 있습니다. 축사 사역은 아무나 하는 사역이 아닙니다. 전문성을 개발해야 합니다. 전문가가 되려면 10년 이상을 몸과 마음과 정성을 투자해야 가능합니다.

5장 귀신의 종류별 임무를 아는 법

> (고후4:4)"그 중에 이 세상의 신이 믿지 아니하는 자들의 마음을 혼미하게 하여 그리스도의 영광의 복음의 광채가 비치지 못하게 함이니 그리스도는 하나님의 형상이니라"

예수님의 생애를 살펴보면 항상 천국의 복음을 전파하시고는 귀신을 쫓아내시며 병든 자를 고치는 일에 전심전력하였습니다. 그와 같은 일을 열두 제자에게 시키셨고 70인의 제자들에게도 시키셨습니다. 최후로 승천하시기 전에는 모든 성도들에게 주님은 이처럼 명령하셨습니다.

"믿는 자들에게는 이런 표적이 따르리니 곧 그들이 내 이름으로 귀신을 쫓아내며 새 방언을 말하며, 뱀을 집어올리며 무슨 독을 마실지라도 해를 받지 아니하며 병든 사람에게 손을 얹은즉 나으리라 하시더라"고 말씀하셨습니다. 예수님은 40일 금식하신 후 마귀와 직접 논쟁하셨고 3년 동안 사역하실 때 사람에게 붙었던 더러운 귀신을 가는 곳마다 쫓아내셨습니다.

그리고 우리 주님께서는 빈집의 예화를 통하여 주님을 배반한 사람이 일곱 화를 당할 것을 말씀을 하셨습니다. 그러므로 주님을 믿는 사람들은 귀신이 들끓는 세상에서 살고 있으므로 끊임없이 귀신을 대적하며 귀신을 쫓아내는 삶을 살아야 우리의 마음속에 참된 의와 평안과 기쁨을 가지고 살 수 있는 것입니다.

1.귀신의 출처

이 흑암의 세력은 하나의 거대한 영적인 나라를 구성하고 있습니다. 사탄이 제일 우두머리고 그 밑에 타락한 천사들이 있고 그 밑에 귀신들이 있었습니다. 그래서 그들은 이런 조직을 가지고 하나님의 백성을 무시해서 사람들을 도적질하고 죽이고 멸망시킨 일을 하려고 합니다.

원래 이 사탄은 처음부터 마귀는 아니었습니다. 처음에는 하나님의 피조물로서 가장 아름다운 천사 장이었습니다. 그러나 그가 교만해져서 피조물인 사탄이 하나님이 되려고 하다가 버림을 받은 것입니다. 이사야서 14장 12절에서 15절에 보면"너 아침의 아들 계명성이여 어찌 그리 하늘에서 떨어졌으며 너 열국을 엎은 자여 어찌 그리 땅에 찍혔는고, 네가 네 마음에 이르기를 내가 하늘에 올라 하나님의 뭇 별 위에 내 자리를 높이리라 내가 북극 집회의 산 위에 앉으리라. 가장 높은 구름에 올라가 지극히 높은 이와 같아지리라 하는 도다. 그러나 이제 네가 스올 곧 구덩이 맨 밑에 떨어짐을 당하리로다"

이와 같이 원래 마귀는 루시퍼로써 계명성으로 아름다운 천사로 하나님을 경배하게 만들어 놓았는데 그가 마음에 교만이 들어와서 지음을 받은 존재가 지은 자처럼 되려고 하나님 앞에 대결했습니다. 그 결과로 그는 하나님께로부터 내어 쫓김을 받았습니다. 부패하고 더럽고 반역한 사탄이 되고 만 것입니다.

그런데 이 사탄이 타락할 때 자기 밑에 있던 천사 삼분의 일이 거느리고 같이 타락했습니다. 요한계시록 12장 3절에서 4절을 보면 "하늘에 또 다른 이적이 보이니 보라 한 큰 붉은 용이 있어 머리가 일곱이요 뿔이 열이라 그 여러 머리에 일곱 왕관이 있는데, 그 꼬리가 하늘의 별 삼분의 일을 끌어다가 땅에 던지더라" 여기 별들은 타락한 천사들을 상징합니다.

하늘에 별 삼분의 일을 끌어다가 땅으로 타락시켰습니다. 이 것은 원수마귀가 타락할 때 하늘에 별 삼분의 일을 함께 데리고 공모해서 하나님께 반역한 것입니다. 그리고 그 밑에서 최하의 자리에 마귀의 군사로써 존재가 바로 귀신들이었습니다. 귀신은 어디서 생겨났는지 근원은 성경에 말하고 있지 않습니다만 사탄을 최정점으로 하고 그리고 그 밑에 타락한 천사들이 있고 그 밑에 최하의 병사들이 있었습니다. 이 귀신들이 나가서 이 세상을 고통스럽게 만드는 것입니다.

2. 귀신의 종류별 임무

성경에 보면 더러운 귀신이 있습니다. 이 더러운 귀신은 사람들에게 붙어서 더러운 생각, 더러운 말, 더러운 행동을 하게 하는 것입니다. 그 다음에는 악한 귀신이 있습니다. 이악한 귀신은 분열과 분쟁을 가져옵니다. 고통을 가져오는 것입니다. 악한 귀신이 찾아오면 부부간에 분열되고, 가정이 파괴되고, 교회가 분열되고, 사업장이 분열되고, 사회가 분열되어 고통을 가져오는 것입니다. 이악한 귀신을 우리가 내어 쫓지 않으면 분열을 막을 도리가 없고 고통을 막을 도리가 없는 것입니다.

그 다음 종교적인 미혹의 영이 있습니다. 여러 가지 종교를 가지고 와서 참 하나님을 믿지 못하게 하고 참 구주되신 예수님을 믿지 못하게 하는 것입니다. 미혹의 영이 와서 여러 가지 우상과 자신을 섬기게 만드는 그런 영이 있습니다. 거짓말을 하는 영이 있어 사람들에게 여러 가지 거짓말로써 깨어서 진리를 쫓지 않게 하고 거짓에 속아 살다가 파멸되게 만드는 것입니다.

점치는 귀신이 있어서 사람들에게 불안하니까 내일을 알려준다고 말미암아 그 귀신에게 잡혀서 참으로 우리에게 구원을 주시는 하나님을 믿지 못하게 하고 그리스도를 따라가지 못하게 하고 있습니다. 병들게 하는 귀신이 있습니다. 이것은 여러 가지 병균을 가지고 와서 사람들에게 침투해 와서 사람들을 병들게 하고 고통을 주는 것입니다. 예수님께서 고친 병들은 거의 다, 귀신에게 눌려서 병든 것입니다. 성경은 말하기를 사도행전 10장 38절에 "하나님께서 나사렛 예수에게 성령과 능력을 기름 부듯 하셨으매 저가 두루 다니시며 착한 일을 행하시고 마귀에게 눌린 모든 자를 고치셨으니"라고 말했습니다. 마귀는 사람을 눌러서 수많은 병들을 일으키게 하는 것입니다.

그 다음에 불신케 하는 귀신이 있습니다. 이 귀신은 사람들의 마음속에 불신앙을 집어넣습니다. 그래서 하나님을 부인하고 예수님을 부인하고 이 세속에 속해서 죄악에 따라 살게 하는 것입니다. 이 불신케 하는 귀신 중에 가장 흉악하게 하는 귀신이 바로 공산주의 귀신입니다. 공산주의는 유물론적 무신론으로써 러시아국민을 유세해서 세계에 수많은 사람들을 무신론으로 몰아넣어서 멸망 받게 만들고 최후에도 자기도 파멸되게 만드는 것입니다. 이와 같이 이 세상에는 눈에 안 보이는 배후의 세계, 아버지 하나님과 아들과 성령 삼위일체와 천사들이 있어 우리에게 생명을 주되 넘치게 주기를 원하는가 하면 그 반대로 사탄이 있어 그 밑에 타락한 천사들을 거느리고, 그 밑에 귀신들을 데리고 사람들에게 와서 사람들을 도적질하고 죽이고 멸망시키는 일을 하고 있는 것입니다.

그러므로 우리가 예수를 구주로 모시고 아버지의 나라에 속하면 하늘나라의 백성이 되고 예수님을 배반하고 아버지하나님을 믿지 않으면 사탄의 나라에 속하여서 귀신의 지배를 받고 살게 되다가 파멸하게 되는 것입니다. 그러므로 이 배후에 세계는 하늘나라와 사탄의 나라 이 두 나라가 영적으로 존재하고 있는 것입니다.

3. 귀신의 정체에 대한 견해

귀신의 정체에 대한 여러 견해가 있습니다. 우리가 사람이 지어낸 견해를 가지고 시간 낭비할 필요가 없습니다. 성경에 나와 있는 대로 알고 사역하면 됩니다. 저의 견해는 성경대로 타락한 천사의 영입니다. 성경에 분명히 나와 있습니다(눅16:19-31). 사람이 죽으면 지옥과 천국에 들어가기 때문입니다. 사람의 논리를 가지고 시간을 낭비할 필요가 없습니다. 조직 신학에 근거하면 됩니다. 필자가 14년 동안 축귀사역을 했는데 성경과 조직 신학대로 타락한 천사로 인정하고 축귀하니 귀신이 아주 잘 축 귀되었습니다. 괜히 자신이 특별한 사람인양 이상한 교리를 만 들어서 성도들을 혼란하게 하면 안 됩니다. 이는 영적 세계를 바 로 이해하고, 영의 실체를 바로 알고, 성경을 바로 알고, 예수님 의 구원 사역을 바로 알면, 이러한 문제는 해결 될 수가 있습니 다. 예수님은 오늘날처럼 변질된 세상에 사람의 이론이 아니라, 하나님의 살아있는 말씀 천국 복음을 전했습니다.

이 천국 즉 하나님의 나라는 여기 있다 말고, 저기 있다 말고, 우리 마음속에 있다고 하신 것처럼, 사단의 나라도 우리 마음속 에 있는 영적 세계입니다. 천국이나 지옥과 같이 시공간을 초월 하는 영적 세계는 우리의 3차원적인 사고방식으로는 온전하게 이해하기 어려운 것입니다.

그러나 하나님의 나라와 사단의 나라는 다 같이 우리들이 처 한 3차원과는 달리 5차원의 영적 세계에 속합니다. 영적세계는 5차원의 영적 상태와 그 실체를 말합니다. 이 영적 세계는 3차 원의 세계와는 달리 천년이 하루 같고, 하루가 천년 같은 세계이 며, 일리가 천리 같고 천리가 일리 같은 시공간을 초월하여 함께 있는 것입니다. 예수 믿는 사람에게도 성령의 역사를 회방하면 귀신이 침입할 수 있기 때문에 전신갑주가 필요하다고 성경에 말하고 있는 것입니다. 사단이나 귀신에게 지배당하는 심령이 죽은 자의 영은 사단의 나라에 속한 영입니다. 그러기에 귀신에 대하여 이렇다, 저렇다하며 축사 사역이 위축되게 해서는 안 됩니다. 사람의 논리로 시간을 낭비할 필요가 없는 것입니다. 성경대로 사역하면 됩니다. 중요한 것은 어떻게 하면 이러한 사단이나 귀신의 세력에서 벗어나느냐가 중요한 것이요, 사단이나 귀신을 축출하는 것이 더 중요한 문제인데, 이 중요한 문제가 사소한 귀신의 정체 문제로 귀신을 축출하는 행위를 꺼려하는 것이 더 문제입니다.

반대로 "모든 질병이 무조건 귀신으로부터 주어진다"는 무지한 주장으로 많은 사람들에게 사단이나 귀신 축사에 대하여 비성경적으로 보게 하여 축사 사역을 멀리하게 하는 것이 더 큰 문제입니다. 축귀사역은 제가 들어가는 말에서 언급한 것과 같이 성도들에게 필수불가결한 사역입니다. 성도로 하여금 영적 자유함을 얻기 위해서는 축귀를 해야 하기 때문입니다. 우리는 세월을 아껴야 하기 때문에 여러 견해를 따지며 시간을 낭비할 필요가 없는 것입니다.

욥기에는 천국에서 천상회의가 벌어졌을 때, 하나님 앞에 사단이 있었습니다. 그러나 그 사단은 천국에 가지 못했으며, 사단의 세계인 지옥에 있었습니다. 사단에 속한 영이 어디 있든지, 그 곳은 바로 사단의 나라요, 천국에 속한 영은 어디에 있든지 천국에 있는 것입니다. 성령이 있는 곳이 어디라 할지라도 그 곳은 천국입니다. "주는 영이시니 주의 영이 계신 곳에는 자유 함이 있느니라."(고후3:17).를 잘 이해하시기를 바랍니다.

그래서 성경은 우리의 씨름은 혈과 육이 아니라, 우리에게 역사하는 공중 권세 잡은 자들과 통치자와 권세와 하늘에 있는 악한 영들과의 싸움이라 했습니다. 하나님을 안다는 것은 바로 성령을 통하여 신령한 것을 분별하게 되고, 살아있는 하나님을 체험하게 되며, 영적 세계를 바로 이해하는 능력을 개발하여 좀 더 분명하게 체험하며 알게 되는 것입니다.

예수님은 하나님 나라에 대하여 가르쳤습니다. 그러므로 이 영적 세계에 속한 하나님 나라와 하늘의 악한 영들에 대하여 잘 알지 못하거나 이 영적 능력을 잘 알지 못하면 하나님과 성경을 잘 알 수가 없는 것입니다. 그래서 악한 영들의 세계를 영적인 사고를 가지고 공부해야 하는 것입니다. 영의 눈을 열어서 보아야 합니다. 그래서 예수님은 영적인 문제들을 가르치신 것입니다.

(마 22:23-33)"부활이 없다 하는 사두개인들이 그 날 예수께 와서 물어 이르되, 선생님이여 모세가 일렀으되 사람이 만일 자식이 없이 죽으면 그 동생이 그 아내에게 장가들어 형을 위하여 상속자를 세울지니라, 하였나이다. 우리 중에 칠 형제가 있었는데 맏이가 장가들었다가 죽어 상속자가 없으므로 그 아내를 그 동생에게 물려주고, 그 둘째와 셋째로 일곱째까지 그렇게 하다가 최후에 그 여자도 죽었나이다. 그런즉 그들이 다 그를 취하였으니 부활 때에 일곱 중의 누구의 아내가 되리이까, 예수께서 대답하여 이르시되 너희가 성경도, 하나님의 능력도 알지 못하는 고로 오해하였도다. 부활 때에는 장가도 아니 가고 시집도 아니 가고 하늘에 있는 천사들과 같으니라. 죽은 자의 부활을 논할진대 하나님이 너희에게 말씀하신바, 나

는 아브라함의 하나님이요 이삭의 하나님이요 야곱의 하나님

이로라 하신 것을 읽어 보지 못하였느냐 하나님은 죽은 자의

하나님이 아니요 살아 있는 자의 하나님이시니라 하시니, 무리

가 듣고 그의 가르치심에 놀라더라."

이 말씀은 성경에서 부활후의 영적 상태를 설명하는 구절로

서 우리의 영은 천사들의 영과 같은 형태인 것을 말하고 있기 때

문에 하나님께 속하지 않은 영은 그 곳이 어디이든 그 곳은 지옥

이요, 그 영이 어떠한 영이든 타락한 천사들과 같은 영적 존재인

것을 성경이 말하고 있습니다.

3차원의 세계를 벗어나서 5차원의 시공간을 초월한 부활후의

영적 상태를 이해하지 못하는 것을 "너희가 성경도 하나님의 능

력도 알지 못하였다"고 말씀하시는데 왜? 예수님이 그렇게 말씀

하시는가를 분명히 이해해야 합니다.

4. 귀신의 실체

하나님의 생기(生氣)로 만들어진 것이 인간 영의 실체입니다.

(창2:7)"여호와 하나님이 땅의 흙으로 사람을 지으시고 생

기를 그 코에 불어넣으시니 사람이 생령이 되니라."

(요 20:22)"이 말씀을 하시고 저희를 향하사 숨을 내쉬며 가

라사대 성령을 받으라"

그러므로 성경에서 영의 실체를 뼈와 살이 없는 기(氣)의 형체로 되어 있는 인격체로 말하고 있습니다. 악령은 살리는 생기(生氣)가 아니라, 죽이는 사기(邪氣, 死氣)로 되어 있는 인격적인 존재입니다. 요한복음 6장 63절에 분명하게 말씀하기를"살리는 것은 영이니 육은 무익하니라 내가 너희에게 이른 말이 영이요 생명이라"말씀하십니다. 이악한 영이 인간의 영과 혼과 몸에 침입하여, 생각과 마음과 몸을 지배합니다. 그리하여 사단이 주장하는 이론이나 생각이나 마음이나 육신을 장악하여 자기들과 같은 악한 형태의 인격으로 만들려고 합니다. 반대로 성령은 구원받은 하나님의 백성을 하나님의 인격으로 만들어 갑니다. 에베소서 2장 22절에"너희도 성령 안에서 하나님의 거하실 처소가 되기 위하여 예수 안에서 함께 지어져 가느니라" 말씀과 같이 성령이 인도하면서 하나님의 사람으로 만들어 가십니다. 성경은 하나님의 말씀이요, 이론이요 진리입니다. 이 진리를 하나님 나라의 생명과 성령의 깊은 임재 하심으로 엘리야의 심령을 가진 사람이 성령의 기름부음을 따라, 말씀을 전하는 게 하나님의 말씀이요, 이것이 영이요 생명입니다. 이 말씀 즉 진리의 영을 받아드리면 우리의 생각은 달라지고 심령에는 생기가 살아나고 생명이 살아납니다. 사단에 속한 사람의 이론이나 말을 들으면 기가 죽고 낙심이 되거나 시험이 들고 죄를 범하게 됩니다. 성경에 관한 진리를 왜곡하여 사단이 주장하는 이론(세상 풍속이나 공중 권세) 으로 각색하여 주장하면 사단이 지배하는 이론이나 거짓 진리를 선포하면 거짓 영이 나오게 되어 영을 죽이기도 합니다.

(대하 18:22-23)"이제 보소서 여호와께서 거짓말하는 영을 왕의 이 모든 선지자들의 입에 넣으셨고 또 여호와께서 왕에게 대하여 재앙을 말씀하셨나이다 하니, 그나아나의 아들 시드기야가 가까이 와서 미가야의 뺨을 치며 이르되 여호와의 영이 나를 떠나 어디로 가서 네게 말씀하더냐 하는지라."

하나님은 거짓말하는 영을 사람에게 보내어 거짓을 예언하게 하실 수도 있다는 경고의 말씀입니다. 그래 예언하는 영을 분별해야합니다. 귀신을 축출하다 보면, 반응을 하지 않는 귀신이 있습니다. 이러한 귀신은 독종이라서 전혀 반응하지 않는 경우도 있지만, 대개는 침입한 사람의 인격을 장악하지 못한 상태의 경우입니다. 그리고 집안의 다른 사람에게 역사하는 영의 영향을 받는 경우입니다. 환자가 여성(부인)이라면 남편에게 역사하는 영의 영향을 받기 때문에 명령해도 꼼작하지 않는다는 말입니다. 이런 경우 남편을 데려다가 같이 기도하면 반응을 하기 시작합니다. 이러한 인격을 갖추지 않은 상태는 사단이나 귀신의 세력이 인간의 몸에 침입하여, 그 인격을 장악하여 영적 능력화가 되지 않은 상태를 말합니다. 그래서 귀신이 영향력을 행사하고 있기는 있지만, 명령해도 반응을 하지 못하는 것입니다. 반드시 성령이 환자를 장악해야 정체를 드러내기 시작을 합니다. 축귀는 성령이 하시는 것입니다.

그렇지 않으면 단순히 사기(邪氣)의 덩어리에 접목되거나, 인간의 육체가 파괴된 질병의 상태에서 분출되는 사기(邪氣)일 경우입니다. 그러나 귀신의 실체는 인격적인 영적 생명체이며, 악하고 독하고 더러운 에너지의 덩어리인 사기(死氣)로서 인간을 공격하고, 인간의 영과 혼과 몸을 파괴합니다. 이런 경우는 본인에게 호흡을 들이쉬고 내쉬면서 성령의 역사를 돕게 하고, 축귀 사역자는 사기가 뭉쳐진 곳에 손을 얹고 성령의 불을 집어넣어 장악한 다음에, 탁 흔들면서 충격을 준 다음 축사해야 합니다. 반드시 성령으로 장악이 되어야 축귀가 됩니다. 축귀하는데 시간이 많이 소요가 됩니다. 사단과 귀신은 먼저 혼(정신)을 혼미케 하고 몸을 파괴하고 마지막 영을 파괴하려 합니다.

이 사기들이 독기(毒氣)의 형태로 우리 육신에 침입하면 영적으로 민감한 사람은 성령의 나타남을 즉시 간파하듯이, 즉시 이를 간파 할 수가 있지만, 영적으로 둔한 사람은 이를 지각하지 못합니다. 하나님의 생명의 씨앗이 우리 속에서 자라듯이 이 사단의 생명의 씨앗도 우리 속에서 세력을 확장하고 자라나게 됩니다. 독한 귀신에게 강하게 접촉된 대부분의 사람이 초기에 성령의 은사가 잘 나타나지 않듯이, 귀신에 침입 당한 초기에는 별로 느끼지 못하고 살아갑니다.

귀신의 실체가 들어 날 때는 이미 상당한 시간이 경과한 후에 어느 계기가 되면 드러나게 됩니다. 악한 영이 실체를 들러내는 계기란 여러 스트레스로 정신을 집중하지 못하고, 충격적인 일들을 당하여 혼미한 환경이 되면 정체를 그러냅니다. 악한영이 그때 까지 인내하며 기다리는 것입니다. 악한영의 인내력을 보통으로 생각하면 낭패를 당합니다. 그래서 주기적인 영적 진단이 필수입니다. 그러나 반드시 이렇게 오랫동안 잠복되어 있기만 하는 것이 아니라, 종류에 따라서 강한 독종은 침입한 즉시 능력을 행사하고, 그 실체를 나타내는 경우도 있습니다. 이 독하고 더러운 에너지의 덩어리가 우리 몸에 침입하여, 기와 혈액의 흐름을 막고 신경의 흐름을 차단하고, 각종 호르몬의 흐름을 차단하여 질병을 일으키고 여러 가지 장애를 유발시킵니다.

이 잠복된 악령이 두통을 유발시키고, 가슴을 답답하게 하며 신경장애를 유발시키고, 여러 가지 고통과 장애를 유발시키다가 여러 가지 방편을 통하여 성령의 기름부음이 있게 되면 견디기 어려워서, 성령의 권능(불)이 환자의 육을 뚫고 밖으로 나타날 때 귀신이 발작하거나 정체를 드러내며, 몸을 파괴한 부산물인 가래를 뱉고, 더러운 이 물질을 토하기도 하며, 기침을 사정없이 하기도하고, 떠나가지 않으려고 발버둥을 칩니다. 성령의 강한 역사가 환자를 장악하면 모두 정체를 드러내고 축귀되기 시작을 합니다. 축귀사역은 무엇보다 성령의 강한 역사가 있어야 합니다. 성령으로 장악이 되어야 축귀되기 때문입니다. 그러므로 불필요하게 명령하여 체력을 소비할 필요가 없습니다. 성령이 장악을 할 때까지 기다려야 합니다.

4. 귀신이 하는 일

귀신이 하는 일은 무엇이냐, 귀신은 항상 인간에게 붙어서 살려고 합니다. 귀신은 인간을 떠나있으면 괴로워서 떠나질 못합니다. 마치 물 없는 사막으로 돌아다니는 것 같습니다. 그러므로 귀신은 어찌하든지 사람에게 붙어서 자기의 특성을 사람에게 나타나게 하려는 것입니다. 귀신이 가지고 있는 성격과 질병 등 모든 것을 사람에게 전이시켜 점차 귀신의 인격을 닮아가게 하는 것입니다. 사람에게 붙지 못하면 짐승들에게라도 들어가려고 하는 것입니다. 거라사인의 지방에 예수님이 귀신들린 자를 쫓아내시니, 귀신이 돼지에게 들어가매 이천 마리가 되는 돼지가 모두 다 뛰어 들어가서 바다에 몰살해 죽은 것이 기록되어 있는 것입니다. 그러므로 귀신은 인간에게 와서 무엇을 하느냐. 인간은 몸과 마음과 영으로 되어있는데 귀신이 사람의 영으로 붙어서는 거짓 종교를 믿게 합니다.

참 신앙인 예수그리스도와 하나님을 믿지 못하게 하고 세상에 잡다한 마귀가 만든 여러 가지 종교를 믿게 만드는 것입니다. 길은 한 길 밖엔 없습니다. 예수께서 "내가 곧 길이요. 진리요. 생명이니 나로 말미암치 않고는 아버지께로 올 자가 없다"고 말씀하고 계십니다. 천지를 지으신 하나님은 한 하나님이요. 하나님과 사람사이의 중보자도 예수님밖엔 없습니다.

이 길을 저 버리고 세상에 여러 가지 잡다한 종교나 우상과 사신을 만들어 가지고서 귀신들이 그리 사람을 끌고 가서 구원을 받지 못하게 하는 것입니다. 그리고 영적으로 이단을 만들고 따르게 합니다. 예수님 믿는 사회 속에서도 이단을 만들고서 사람을 세워서 자기가 동방의 의인이니, 자기가 재림한 예수이니, 자기가 선생이니, 이러한 이단을 만들어서 그래서 참 신앙에서 부패하게 만듭니다.

또 귀신은 거짓계시를 줍니다. 환상이나 꿈이나 음성을 주어서 거짓 계시를 통해서 사람들이 잘못된 길을 가게 만드는 것입니다. 그뿐 아니라 정신적으로 귀신은 사람의 마음을 눌러서 하나님의 대한 반역을 일으킵니다. 사람의 마음이 귀신에게 눌리면 무신론자가 되는 것입니다. 그래서 인간은 인본주의자가 되고, 이성과 과학 만능주의자가 되고, 하나님을 부인하게 되고, 하나님께 대한 반역을 하게 만드는 것입니다. 그뿐 아니라 사람의 마음에 들어와서는 시기, 분노, 질투, 분쟁 혹은 정신병을 유발합니다. 마음에 들어와서 귀신은 자기의 정체를 사람의 마음을 통해서 나타내는 것입니다.

그뿐 아니라 음란하게 만들고 방탕하게 만들고 각종 약물중독자가 되어서 인간이 파탄이 되도록 만드는 것입니다. 그뿐 아니라 귀신이 사람의 육체에 붙으면 사람의 육체를 허약하게 만드는 것입니다. 하나님은 우리가 강건하기를 원하는데 귀신은 우리를 허약하게 하고 육체에 붙어서 병들게 만드는 것입니다.

그러므로 오늘날 우리가 귀신의 세계를 잘 알고 귀신을 세계를 영적으로 육체적으로 대결해서 내어 좋지 아니하면 많은 사람들이 일평생을 살면서 귀신들로 말미암아 수많은 상처를 입고 해를 입게 되는 것입니다. 원수 마귀는 천사들을 동원해서 그 귀신들이 뒤에서 힘을 주어서 우리를 영적으로 정신적으로 육체적으로 파탄에 이르게 만들고 파멸시키려고 하는 것입니다.

2부 귀신역사를 분별하는 법

6장 귀신이 사람을 장악하는 형태

(마12:28)"그러나 내가 하나님의 성령을 힘입어 귀신을 쫓아 내는 것이면 하나님의 나라가 이미 너희에게 임하였느니라."

하나님은 우리가 영적으로 충만하여 하나님의 축복 속에 살아가기를 원합니다. 성령을 힘입어 질병을 치유 받고, 악 영을 축사하려면 악 영의 정체만 알아서는 근본적인 축사를 할 수가 없습니다. 악하고 더러운 영의 실체를 잘 알아야 합니다. 악 영의 축사는 성령의 능력을 힘입어야 할 수 있습니다. 그러기 때문에 악 영을 축사하려면 성령의 정체만 이론적으로 신학적으로만 알아서는 안 됩니다. 악한 영의 실체와 성령의 실체를 알아서, 성령을 힘입는 방법을 알아야 하는 것입니다. 성령의 임재가 깊어지면 깊어질수록 축사는 잘됩니다. 고로 깊은 임재를 받도록 해야 합니다. 성령의 깊은 임재를 체험하려면 누워서 안수 받는 것이 상당히 불이 깊은 곳에서 역사하여 속의 깊은 상처가 많이 빠져나갑니다.

1. 영적인 질병의 특성

악한 영에 침입 당한 기간에 따라, 질병의 상태도 약하거나 강하거나 차이가 있습니다. 귀신에 침입 당한 상태나 귀신의 종류에 따라 귀신의 축사도 쉽거나 어렵거나 차이가 있습니다. 정신 질환과의 분별이 어려워 진단의 착오로 치유에 차질이 올 수 있습니다. 본인의 의지가 동원되지 않는 강제 축사는 다시 침입하거나 전이합니다. 고로 본인이 마음을 열고 성령의 깊은 임재를 받고 유지가 되어야 합니다. "마침 거기 많은 돼지 떼가 산에서 먹고 있는지라 귀신들이 그 돼지에게로 들어가게 허하심을 간구하니 이에 허하신대."(눅8:32). 귀신이 주로 붙어 있는 부위에 따라 질병의 증상이 다르게 나타납니다. 눈, 귀, 뼈 관절, 머리, 위, 각종 암, 등으로 나타납니다.

가계에 흐르는 영적인 질병이 있습니다. 유전, 암이나 당뇨나 혈압 등을 들 수가 있습니다. 자신의 혈통에 대물림이 있으면 예수 믿고 교회에 나가고, 믿는 것으로 예방이 되지 않습니다. 전문적인 치유를 받고 성령이 충만한 교회에서 성령으로 충만하게 지내야 귀신이 자신에게 영향을 미치지 못합니다.

2. 귀신이 싫어하거나 가장 두려워하는 것

귀신이 그 사람을 완전하게 소유하기 전에 자신의 정체가 들어나는 것을 싫어합니다. 귀신의 정체는 성령의 강한 역사에 의하여 드러납니다. 그러므로 귀신은 할 수만 있으면 성령으로 충만한 곳에 가지 못하게 기를 쓰고 방해하는 것입니다. 정체를 노출해 주는 용어들(귀신), 즉 혈기귀신, 질병의 영, 우울의 영 등을 싫어합니다. 정체가 도출되어 예수 이름으로 이름을 부르면 나와 야하기 때문입니다. 회개하는 것을 싫어합니다. 성령의 이끌림에 의한 깊은 회개를 하면 귀신이 나가야 하므로 결사적으로 방해합니다. 방해는 잡념을 주거나 장소를 피하게 하는 것 등입니다.

성령의 이끌림을 받는 기도, 특히 합심기도와 방언기도를 아주 싫어합니다. 방언기도를 깊은 임재가운데 하면 귀신이 정체를 밝혀야 하기 때문에 싫어합니다. 치유집회, 찬송, 헌금, 봉사, 전도, 사랑, 예배, 성령의 임재 하에 성경 읽기를 싫어합니다. 영적인 사역이나 설교 등을 싫어합니다. 특별하게 싫어하고 공격합니다. 영적인 사역이나 설교를 하게 되면 교회는 크게 부흥되기도하지만, 이러한 강한 성령의 역사가 장악되지 않는 영적 사역이나 설교를 하면 오히려 반대가 될 수도 있습니다. 그러므로 목회자는 항상 교회가 성령으로 충만하게 되도록 해야 합니다. 잘못하면 더 악한 세력에 의하여 당할 수도 있습니다.

3. 영의 질병 증상과 분별(진단)하는 방법.

잠복된 상태냐 공격당하는 상태냐의 진단해야 합니다. 치유나 질병이 일어 날 때, 즉 영적인 변화나 육체적인 변화가 일어 날 때에 인간의 심령 구조에는 어떤 영향과 반응이 일어나는가? 성령은 인간의 영을 먼저 장악하여 영적인 변화를 일으키면서, 인간의 혼의 기능인 지, 정, 의를 변화시키어 감동하게 하거나, 새 마음을 주어 기쁨이나, 슬픔을 주어 감격의 눈물을 흘리게 하거나, 질병을 치유하여 마지막으로 육체를 변화시킵니다. 악 영은 육을 통하여 마음을 빼앗으려고 하고, 최후 마지막 공격의 대상은 영을 소유하려고 합니다. 성령은 안에서 밖으로 역사하고 사단은 그 반대로 밖에서 안으로 역사합니다.

4.악한 영의 침투 단계.

남을 생각하지 말고 자신을 들여다보면서 진단하셔야합니다. 하나님은 자신의 심령이 먼저 변화되어 하나님의 소유가 되기를 소원합니다. 성령의 임재가운데 읽으시기를 바랍니다.

1) 제 1 단계: 사단이나 귀신이 틈탄 상태(엡4:27,요13:2).

갑자기 평안을 잃고 불안과 갈등, 초조, 증오, 미움, 시기, 질투, 음란한 생각, 혈기, 분노, 낙심, 두려움, 잔인한 생각, 거짓말하고픈 충동, 죽고 싶은 충동 탐욕 등이 생깁니다. 시비가 잘 걸리고 잘 다툽니다. "마귀로 틈을 타지 못하게 하라."(엡4:27). "마귀가 벌써 시몬의 아들 가룟 유다의 마음에 예수를 팔려는 생각을 넣었더니."(요13:2). 이 단계에서는 자신이 인정하고 간단하게 예수 이름으로 명하면 귀신이 물러가고, 마음이 평안해 지는 것을 알게 됩니다. 대부분 믿는 사람들도 이러한 상태가 되었는데도 귀신이 틈탄 상태인 것을 모르는 체, 방임 해버리게 됨으로 사단이나 귀신이 자신의 생각에 들어오도록 허용하고 있습니다.

내가 원치 않는 생각이나 마음이 일어나는 것은 제 3의 존재가 주는 것입니다. 믿음생활을 하면서도 세상 적이고, 육신 적인 말이나 생각이나(마16:23), 죄가 있는 곳에는 사단의 세력이 있습니다(창3:4, 4:7). 먼저 이 육신 적인 말이나 생각을 물리칠 필요가 있습니다. 그리고 죄의 세력을 억제하고 결박할 필요가 있습니다. 입에서 나오는 말은 생각에서 나오고 이 생각은 영에서 나오는 것입니다. "예수께서 돌이키시며 베드로에게 이르시되 사단아 내 뒤로 물러가라 너는 나를 넘어지게 하는 자로다 네가 하나님의 일을 생각지 아니하고 도리어 사람의 일을 생각하는 도다 하시고"(마16:23). "살리는 것은 영이니 육은 무익하니라 내가 너희에게 이른 말이 영이요 생명이라"(요 6:63). "네가 선을 행하면 어찌 낯을 들지 못하겠느냐 선을 행치 아니하면 죄가 문에 엎드리느니라 죄의 소원은 네게 있으나 너는 죄를 다스릴지니라"(창 4:7).

창세기 4장 7절을 다시 해석한다면 "네가 선을 행하면 어찌 낯을 들지 못하겠느냐 선을 행치 아니하면 죄가 문에서 귀신을 서게 하느니라 그 귀신의 소원은 네게 있으나 너는 그 귀신을 다스릴지니라" 육신의 생각은 마귀가 침입할 수 있는 '틈'이며, 이 육신적인 생각이 자라서 악한 생각으로 바뀌게 되어 '죄'가 되고, '말(영)'이 되어 입으로 발설하면 영적 능력으로 변하여, 악한 영을 다른 사람에게 전달하거나, 자신에게 침입하게 됩니다. 이것을 영적 전이라고 합니다. 우리는 영들의 전이를 알고 대비를 잘해야 합니다. 영들의 전이에 대하여는 **"하나님의 복을 전이 받는 법"**책을 읽어보시기를 바랍니다. 이 책은 모든 목회자, 성도가 필히 읽어야 할 책입니다.

그래서 이러한 사단이 전하는 '말'이나 '이론'을 받아드리면, 심령이 흔들리게 되고, 여기에 동조하는 사람에게 침입하게 되고, 미워하거나 시기하는 여러 가지 마음의 죄가 있는 곳에는 반드시, 사단이나 귀신이 도사리게 되고 침입하게 됩니다.

이로 말미암아 침입한 사단이나 귀신은 본인이 죄를 깨닫고 회개하여 악을 버리고, 사단이나 귀신이 주는 생각이나 충동을 끊어 버리려는 자신의 의지가 작용이 되어, 자신이 죽는 십자가가 역사하면 성령이 기름 부어지고, 사단이 주는 악한 생각이나 충동이 살아지고, 악한 영이 떠나가게 됩니다. 이러한 의지가 없는 자는 불가능하며, 침입한지 오래 되면 오래 되었을 수 록 축사에는 힘이 들게 됩니다. 성령은 인간의 의지나 동의 없이는 역사하지 않기 때문입니다.

2) 제 2단계: 사단이나 귀신이 잠복된 상태(눅22:3, 요 13:27). 본인이 고의 또는 무의식적으로 받아들임으로 고정적인 생각이나 정신에 자리 잡게 되어, 이것을 인식하지 못하는 자에게는 귀신의 생각을 자신의 생각으로 착각하여 행동하게 됩니다. 본인의 자의로 끊어버리기 힘든 중독성이 있는 습관이나 성품들

이나 잘못된 줄 알면서도 자신의 이론이나 주장을 고치려하지 않는 태도는 귀신들의 침입을 당하고 있는 것입니다. 하나님의 뜻보다, 사람의 가르침을 따르거나, 자신의 유익을 위한 태도나 주장이나, 육신적이거나 인간적인 차원의 생각은 사단이나 귀신들의 영향을 입은 경우가 많습니다. 그래서 예수님은 우리에게 "육신의 생각은 사망이요 영의 생각은 생명과 평안이니라."(롬 8:6)고 말씀하시는 것입니다. "열 둘 중에 하나인 가룟인이라 부르는 유다에게 사단이 들어가니"(눅22:3). "이에 유다가 대제사장들과 군관들에게 가서 예수를 넘겨 줄 방책을 의논하매"(눅22:4). "조각을 받은 후 곧 사단이 그 속에 들어간지라 이에 예수께서 유다에게 이르시되 네 하는 일을 속히 하라 하시니."(요13:27). 이와 같이 가룟 유다가 예수님을 팔 생각을 하니 즉시로 사단이 들어가서 예수님을 팔게 되는 것입니다.

이 단계에서의 사단이나 귀신의 축사는 본인의 고의성이 내재되어 있기 때문에 반드시 영적인 회개를 해야 합니다. 이 고의성이란 사단이나 귀신의 생각이나 미혹에 동의하였다는 것을 의미함으로, 사단이나 귀신의 주파수에 맞춘 자신의 생각이나 미혹을, 자신의 생각이나 감정이나 의지에서 분리하여, 하나님의 주파수에 맞추는 회개의 역사가 있어야 되는 것입니다. 자신의 죄를 인정하고 회개하지 않으면 절대로 귀신을 떠나가지 않습니다. 그러므로 회개하지 않는 자는 하나님의 나라를 유업으로 받을 수 없습니다.

침입하여 오래된 자는 단번에 축사하려고 하지 말고, 귀신이 싫어하는 일들 즉, 예수 믿고 성령이 충만한 교회 예배에 충실하게 참석하고, 치유집회에 참석하고, 성령으로 기도하고 찬송하고 말씀 듣고 봉사하고 헌금하고, 전도하는 일을 자꾸 하게 하면, 사단이나 귀신의 세력이 약화되어 어느 날이나 어느 때에 자신도 모르게 기침 한번으로 빠져나가게 됩니다.

이 사실을 본인에게 주지 시켜 열심히 신앙생활을 하게 합니다. 이렇게 신앙생활을 착실히 할 때 하나님께서 때가 되면 떠나가게 하십니다. 강제적인 축사는 힘들고 축사되더라도, 본인이 적극적인 의지와 능력이 없기 때문에 다시 들어오게 됩니다. 그렇지 않고 단번에 축사하려면 강력하게 자신의 의지를 동원하고, 뜨겁게 몸부림치면서 부르짖고 기도하여 성령의 기름 부으시는 역사가 있어야 됩니다.

사단과 성령의 역사가 번갈아 나타나는 양신의 역사는 이 단계에서 나타나기 시작하며, 영을 통하지 않고 혼에서 직접 그 능력을 들어내기 때문에 즉각적이고, 아무런 감동이나 느낌이 없이 주어지는 생각의 형태나, 번뜩이는 육감의 형태로 들어내거나, 초인적인 지식을 갖게 됩니다.

초인적인 지식이란 귀신이 귀신같이 안다는 것입니다. 말씀의 지식이 없는 초신자가 영물을 잘 본다든지, 음성을 듣는 다든지 하는 영적인 일은 모두가 마귀가 그렇게 하는 것이므로 경계해야 합니다. 목회자도 마찬가지입니다. 성령의 열매가 없고 말씀의 지식이 없는 자는 위험한 사역자입니다.

3) 제 3 단계: 사단이나 귀신에 눌린 상태(행10:38). 양심에 반대하여 귀신의 생각이나 의지를 반복하여 따르게 되고, 귀신을 허용함으로 귀신의 생각이나 의지를 쫓지 않으면 안 되는 강박관념이 성격화되어 밖으로 나타나기 시작하고, 질병의 형태로 모습을 들어 냅니다. 그러므로 밖으로 드러나는 현상이 나타난다면 귀신이 침입한 시간이 상당히 경과된 것이므로 인정하는 것이 중요합니다.

누가복음 9장 38-42절 말씀과 같이 "무리 중에 한 사람이 소리질러 가로되 선생님 청컨대 내 아들을 돌아보아 주옵소서 이는 내 외아들이니이다 귀신이 저를 잡아 졸지에 부르짖게 하고 경련을 일으켜 거품을 흘리게 하며 심히 상하게 하고야 겨우 떠나 가나이다 당신의 제자들에게 내어 쫓아 주기를 구하였으나 저희가 능히 못하더이다. 예수께서 대답하여 가라사대 믿음이 없고 패역한 세대여 내가 얼마나 너희와 함께 있으며 너희를 참으리요. 네 아들을 이리로 데리고 오라 하시니 올 때에 귀신이 거꾸러뜨리고 심한 경련을 일으키게 하는지라 예수께서 더러운 귀신을 꾸짖으시고 아이를 낫게 하사 그 아비에게 도로 주시니" 이 말씀과 같이 자신의 상태를 인정해야 귀신이 떠나갑니다. 이런 경우에 있는 환자는 의지를 발동하여 투쟁의 의지를 나타내야 하며, 계속적으로 싸워야 합니다. 격렬한 행동을 요하며 박수를 치고 부르짖으며, 몸을 격렬하게 흔들면서 싸워야 합니다. 때로는 능력자의 도움을 구하거나 금식하며 부르짖어야 합니다. 이 귀신이 눌려 있는 상태로 진전되기까지는 오랜 시간이 흘렀다는 것을 알 수 있습니다. 대개 5년 이상 수 십 년 된 존재도 많습니다.

여기까지는 잠복된 상태로서 자신이 오랫동안 귀신에게 속고 있었기 때문에 쉽사리 떠나려 하지 않습니다. 특별히 그리스도인들에게도 이 잠복된 상태(침입1. 2. 3 단계)에서 고통을 당하거나 속고 있음에도 불구하고, 오늘날 성경을 육신적으로만 이해하거나, 영적인 분별이 없는 사람들이나, 일부 현대 합리주의 사상과 이론에 젖어 있는 신학자들의 주장 때문에, 사단이나 귀신의 존재가 예수 믿는 사람들에게 침입할 수 없다고, 많은 사람들이 이 잠복된 상태를 무시하고 있습니다. 잠복되어 있는 사단이나 귀신의 존재를 부인하면 사단이나 귀신을 축귀 할 수가 없습니다. 사단이나 귀신의 존재를 인정하고, 이 단계에서는 적극적으로 의지를 발동시켜야 하기 때문입니다.

이런 성도가 귀신으로부터 구원을 받으려면 자신을 이렇게 만든 원인자는 귀신이라는 것을 인정하고, 악한 귀신을 쫓아내겠다는 의지가 발동되어야 귀신이 떠나갑니다. 사역자가 축귀할 때, 주여! 를 부르고 숨을 들이쉬고 내쉬고 하면서 성령의 역사를 도와야 쉽게 귀신이 축귀됩니다.

4) 제 4단계: 사단이나 귀신이 들린 상태(마4:24, 마8:16, 마8:28). 귀신에게 속박된 이상 증세와 현상들이 외부로 표출되어 누구든지 알 수 있게 됩니다. 영적인 영역에까지 침입한 단계이

기 때문에 누구나 분별 할 수가 있습니다. 노출되는 상태가 되었다면 귀신이 악하게 들린 상태를 말합니다. 이미 이 사람을 완전하게 장악했다는 것입니다.

"그의 소문이 온 수리아에 퍼진지라 사람들이 모든 앓는 자 곧 각색병과 고통에 걸린 자 귀신 들린 자 간질하는 자 중풍병자들을 데려오니 저희를 고치시더라"(마4:24). "저물매 사람들이 귀신 들린 자를 많이 데리고 예수께 오거늘 예수께서 말씀으로 귀신들을 좇아내시고 병든 자를 다 고치시니"(마8:16). 예수를 제대로 믿는 사람에게는 이러한 상태까지는 절대로 진전되지 아니합니다. 이러한 상태는 불신자의 영이며, 예수를 영접하지 않은 상태에서 일어나는 현상입니다. 그러나 예수 믿는 사람이라 할지라도, 자신의 의지가 완전히 사단이나 귀신에게 굴복하여 예수를 배반한 심령 상태나, 성령 안에 있지 않은 상태나, 말씀, 말씀하면서 성령을 인정하지 않고, 훼방하는 심령 상태에서는 이러한 4단계에까지 침입 당하게 됩니다(마치 가 롯 유다와 같이). 성령의 회방이란 자신의 모든 현상을 육적으로만 인식하고, 자신에게서 성령의 역사가 일어나면 거부하거나 잘못된 곳이라고 정죄하고 떠나가는 사람을 말합니다.

(엡 4:30)"하나님의 성령을 근심하게 하지 말라 그 안에서 너희가 구속의 날까지 인치심을 받았느니라." (히6:4-6)"한 번 비침을 얻고 하늘의 은사를 맛보고 성령에 참여한바 되고 하나님

의 선한 말씀과 내세의 능력을 맛보고 타락한 자들은 다시 새롭
게 하여 회개케 할 수 없나니 이는 자기가 하나님의 아들을 다
시 십자가에 못 박아 현저히 욕을 보임이라."

5) 제 5단계: 사단이나 귀신에게 매인 상태(눅13:16).사단이
나 귀신에게 강하게 들려 완전히 비참하게 된 상태를 말합니다.
마치 마가복음 5장 2-5절 말씀과 같이"배에서 나오시매 곧 더러
운 귀신 들린 사람이 무덤 사이에서 나와 예수를 만나다 그 사람
은 무덤 사이에 거처하는데 이제는 아무나 쇠사슬로도 맬 수 없게
되었으니 이는 여러번 고랑과 쇠사슬에 매였어도 쇠사슬을 끊고
고랑을 깨뜨렸음이러라 그리하여 아무 도저를 제어할 힘이 없는
지라. 밤낮 무덤 사이에서나 산에서나 늘 소리 지르며 돌로 제 몸
을 상하고 있었더라." 귀신이 그 사람을 완전하게 장악하여 귀신
의 특성이 밖으로 나타나는 경우입니다.

귀신이 영에까지 완전히 침입하지 않고, 마음(혼)에 들어간 상
태에서는 완전한 세력을 행사하지 못하며, 인격적인 특성과 영
적인 특성은 침입을 당한 사람의 수준에서 크게 벗어나지 못합니
다. 이러한 상태에서 본인의 회개나 투쟁으로 간단하게 축사할
수가 있지만, 그러나 본인이 이를 인식하지 못하거나, 또는 부인
하거나 회개치 않으면, 본인의 잠재의식의 단계에 붙어서, 그 사
람의 생각이나, 감정이나, 의지 인양 행세하게 되고, 나아가서
귀신에게 눌림을 당하게 되어, 강박관념이 생기게 되고 질병이

나타납니다.

　귀신이 영에까지 침입하면(4단계) 완전한 초인적인 정체를 드러냅니다. 이 초인적인 정체는 완전한 투시나 초 영력과 초능력을 갖게 되는 단계도 이 단계입니다. 누가 보아도 "귀신들린 것"을 분별하게 됩니다. 이러한 혼에 침입한 상태와, 영에 침입한 상태를 구별하지 않음으로, 귀신의 정체를 정확히 파악하지 못하게 되고, 영에까지 침입하지 아니한 단계, 즉 마음(혼)에 침입한 단계를, 부인하는 것이 문제가 되고, 이러한 단계가 논란의 대상이 되어, 이 혼에 침입 당한 잠복된 단계에서 귀신에게 침입 당한 상태를 부인하거나, 혹은 귀신이 외부에서 영향력을 행사한다고 표현하기도 합니다. 또한 귀신이 그리스도인에게도 침입할 수 "있다" "없다"로 논란이 많은데 그리스도인에게도 마음(혼)의 영역에는 귀신이 틈탈 수도 있고, 들릴 수도 있고, 영향력을 행사하기도 합니다. 그리스도인들이 양신의 역사를 하게 되는 이유도 이러한 혼에 침입한 단계에서 서서히 일어납니다.

　그러나 예수님의 영과 접붙임 한 그리스도인의 영에는 절대로 침입을 할 수가 없습니다. 그 이유는 그리스도인의 영은 세상의 영보다 크기 때문이요(요일4:4). 그리스도의 영은 귀신을 쫓아내기 때문입니다(마12:28). 그러므로 성령 안에 있으면 언제나 보장이 되지만, 그러나 성령 안에 있지 못하면 이 또한 보장이 안 됩니다. "자녀들아 너희는 하나님께 속하였고 또 저희를 이기었나니 이는 너희 안에 계신 이가 세상에 있는 이보다 크심이라."(요일

4:4). 이로 보아 귀신에게 침입을 당하지 않으려면 무엇보다도 성령으로부터 기름부음이 계속 혼으로 흘러나와야 되는 것입니다. 요한복음 15장 1절로 6절의 가지가 포도나무에 붙어있어야 하듯이 심령 깊은 곳에 계시는 성령님과 무시로 교통하며 성령의 기름부음이 계속 흘러나야 합니다. 이러한 영적 상태가 성령의 충만한 상태이며 은혜로운 심령의 상태입니다.

6) 6단계: 귀신과 하나 되는 단계. 그리스도인이 하나님과 하나가 되듯이 그리스도인이 성령을 소멸하고 육성으로 살다가 귀신이 틈타서, 귀신이 침입한지를 모르고, 회개하고 축사하지 아니하고, 계속 악령이 좋아하는 일을 하며 악령과 동행하면 귀신과 하나가 됩니다. 사단과 귀신과 하나 되는 단계는 6단계에서 완성됩니다. 영적으로 묶인 사람이 악한 영에 의하여 이 단계를 넘어가지 못하게 하고, 축사를 하여, 6단계 전에 축사하여 건널 수 있어야 합니다. 그래야 하나님과 하나 되는 단계인 7단계에까지 진전하여 영적으로서 완성될 수 있지만, 이 6단계를 넘지 못하고 여기에서 넘어지면 생명록에 기록되지 못하고 불 못에 떨어지는 것입니다(히6:4-6).

이로 보아 귀신에게 침입을 당하지 않으려면 무엇보다도 성령의 기름부음이 계속 영에서 혼으로 흘러나와야 되는 것입니다(요15:1-6). 성령의 권능(불)이 영에서 육으로 나타나야 합니다. 한마디로 무시로 성령으로 기도해야 합니다. 이러한 영적인 상태가 성령의 충만한 상태이며 은혜로운 심령 상태입니다.

7장 영적 얽힘 (솔 타이)를 알아내는 법

(고전 6:15-20)"너희 몸이 그리스도의 지체인 줄을 알지 못하느냐 내가 그리스도의 지체를 가지고 창기의 지체를 만들겠느냐 결코 그럴 수 없느니라. 창기와 합하는 자는 저와 한 몸인 줄을 알지 못하느냐 일렀으되 둘이 한 육체가 된다 하셨나니 주와 합하는 자는 한 영이니라. 음행을 피하라 사람이 범하는 죄마다 몸 밖에 있거니와 음행하는 자는 자기 몸에게 죄를 범하느니라. 너희 몸은 너희가 하나님께로부터 받은바 너희 가운데 계신 성령의 전인 줄을 알지 못하느냐 너희는 너희의 것이 아니라. 값으로 산 것이 되었으니 그런 즉 너희 몸으로 하나님께 영광을 돌리라"

하나님은 예수를 믿는 우리에게 영적인 얽힘(솔타이)을 주의하라고 하십니다. 분별력을 길러 귀중한 자신의 영을 지키라고 하십니다. 자신의 영은 자신이 지켜야 합니다.

솔 타이(soul-tie)라는 말은 어떻게 보면 생소한 말 같지만 영성에 관심이 있는 신자이면 반드시 알고 있어야 하는 용어입니다. 솔 타이(soul-tie)라는 말은 솔(soul)은 우리말로 영혼 혹은 혼(soul)이며 타이(tie)라는 말은 묶는다는 의미로서 우리말로는 '영적 유대'또는 '영적 얽힘' 혹은 '영적 결합'이라고 할 수 있습니다. 이 솔 타이는 두 가지 의미로서 설명을 할 수 있는데 전자는 긍정적인 측면으로 이해하는 말이며, 후자는 부정적인 측면으로 이해 할 수 있습니다. 그러나 솔 타이는 이 두 가지 면을 다 포함하는 말이므로 어느 하나로만 표현하면 다른 면이 축소가 되므로 영어 표현을 그대로 옮겨 사용하는 경우가 많습니다.

예를 든다면 이런 경우입니다. ○○에서 믿음생활을 하는 여 집사에게서 전화가 왔습니다. 다른 곳에서 믿음 생활을 2년 동안 하다가 ○○으로 이사를 왔다는 것입니다. 문제는 전에 모시던 교회 목사님의 영에 영향이 강하여 생활하는데 굉장한 어려움을 격고 있다는 것입니다. 담임목사님이 양신역사가 심하여 자신이 중보기도를 해야 한다는 것입니다.

자신만 인정하는 성령이 전에 모시던 담임 목사님을 위하여 중보기도를 하라는 것입니다. 어느날은 새벽 3시 30분에 깨워서 잠을 자지 못하게 하면서 기도하라고 한다는 것입니다. 막 불이 쑥쑥 들어 오기도하고 소름이 끼치기도 하면서 기도하게 한다는 것입니다. 본인은 성령님이 시키신다고 하는데 이는 잘못알고 있는 것입니다. 정말 힘이 들어서 어찌하면 좋겠느냐고 전화로 물어보는 것입니다. 자기가 담임목사님이 영적인 상태가 좋지 못하여 영적으로 깨어나기를 소원하며, 중보기도를 계속해 왔는데 계속 중보기도를 해야 하느냐는 것입니다. 여 집사는 분별력이 없어서 속고 있는 것입니다.

목사님에게 역사하는 영과 솔타이(영의 얽힘)가 된 것입니다. 이런 사람들이 다수가 있습니다. 모두 영적으로 문제가 있는 사람들입니다. 자신이 영적으로 깨어있고 능력이 있다고 자신만이 인정하는 과대망상에 빠진 사람들입니다. 그렇기 때문에 자기관리를 소홀하게 하여 상대에게 역사하는 영에 묶임을 당한 것입니다. 이 여 집사도 자신이 특별한 사람인 것과 같이 자랑을 하는 것입니다. 자신이 5차원의 사람이라는 것입니다.

내가 불쌍해서 자세하게 설명을 해주었습니다. 본인이 상처와 영적으로 문제가 있어서 그것을 빌미로 들어와 역사하는 귀신이라고 알려주었습니다. 빨리 치유 받지 않으면 영적 정신적인 문제와 가정환경에 문제가 발생할 것이라고 알려주었습니다. 그러니까, 자수를 하는데 음란한 생각이 들어서 힘이 든다는 것입니다. 그래서 영적으로 음란하면 육적인 음란도 따라오는 것이니 하루라도 빨리 영적치유와 상처치유를 받으라고 했습니다.

그랬더니 자기가 사는 ○○에는 자신의 문제를 치유하여 줄 목사님이 없다는 것입니다. 그래서 안 되면 서울이라도 올라와서 치유를 받아야 한다고 알려주었습니다. 그러니까, 여 집사가 하는 말이 목사라고 다 목사가 아니었다는 것입니다. 자꾸 자신에게 문제가 있었다는 것을 인정하지 않고 전 담임목사에게 화살을 돌리는 것입니다.

그래서 여 집사에게 원래 집사님이 영적으로 혼탁하고 상처가 많아서 그런 일이 생긴 것이니 목사를 원망하지 말라고 했습니다. 원래 상처가 많고 영적으로 혼탁한 사람들이 자신을 보지 않고 남을 봅니다. 자신은 아는 것이 많으니 다되었다고 생각하기 때문입니다. 영적인 눈이 열리지 않아서 분별능력이 없으니 영적으로나 상처로 고생하는 사람들을 불쌍하게 보고, 자꾸 도와주려고하고, 기도해 주려고하고, 영적인 것에 관심을 많이 갖는 것이라고 일러 주었습니다. 이 여 집사와 똑 같던 여 집사가 우리 교회에 와서 치유 받은 사람도 있습니다. 지금도 다니면서 치유를 받고 있습니다. 지금은 거의 정상으로 화복이 되었습니다. 이런 분은 담임목사가 꿈에 보이면 영락없이 영적으로 고통을 당합니다. 생각이 나도 마찬가지입니다. 이는 내가 임상적으로 체험한 바로는 귀신이 하는 짓입니다. 막 섬뜩 섬뜩하고 열이 오르는 현상이 자주 일어납니다. 빨리 치유를 받아야 합니다.

1. 성경에 기초하는 솔 타이

솔 타이란 말은 성경에 그 기초를 두고 있습니다. 창세기 2장 24절에 남편과 아내와의 관계에 대해 이렇게 기록하고 있습니다. "이러므로 남자가 부모를 떠나 그 아내와 연합하여 둘이 한 몸을 이룰찌로다" 이 말씀에서 '연합하다'는 말의 히브리어는 다바크(dabaq)인데 이 말은 '들어붙다, 접착되다, 단단하게 붙다, 가까이 따르다, 합세하다' 등의 뜻을 가집니다. 성경은 우리가 오직 하나님께만 연합되고 솔 타이 되기를 성령님은 바라시고 계십니다.

2. 성경에 있는 솔 타이의 경우

사무엘상 18장 1절에서 "다윗이 사울에게 말하기를 마치매 요나단의 마음이 다윗의 마음과 연락되어 요나단이 그를 자기 생명같이 사랑하니라"에서 두 사람의 맹세로 솔 타이가 이루어졌음을 봅니다. 솔 타이는 마치 실로 엮듯이 묶이는 것으로 표현하고 있습니다. 부정적인 솔 타이일수록 그 유대는 강하기도 한데 요나단은 아버지보다 다윗을 더 소중하게 생각합니다. 다윗은 그럼에도 불구하고 요나단보다 하나님을 더욱 소중하게 생각했지만 다윗은 하나님과 강한 솔 타이를 맺고 있었으므로 어떠한 경우에도 하나님을 의지했고 붙들었습니다.

룻기에 나오는 룻과 나오미의 솔 타이의 경우는 건강한 유대를 만들었습니다. 늙은 시어머니와 젊은 며느리의 관계는 서로 돕는 관계입니다. 이처럼 솔 타이는 기도 동역자, 종교적 지도자, 종교적인 멘토 사이에 쉽게 형성됩니다. 담임 목사와 성도 사이에 형성되는 솔 타이는 교회를 강하게 만듭니다. 그러나 이와 반대로 이단의 지도자나 영적으로 혼탁한 목회자와의 솔 타이는 그 영혼을 망하게도 하는 것입니다.

3. 부부간의 솔 타이

사람은 하나님께서 남자와 여자로 만드셨습니다. 그래서 인간은 혼자 살 수 없도록 지음을 받았습니다. 간혹 혼자 독신으로 살기도하지만 하나님의 창조의 섭리는 남녀가 부부로 살아가도록 하셨습니다. 성경도 이를 적극 지지하여 두 몸이 한 몸을 이루는 관계라고 말씀하십니다. 그러므로 부부 관계는 솔 타이의 전형을 이루는 관계라고 하겠습니다. 그러한 이유로 인하여 가장 보편적인 관계가 절대적인 유대를 이루어야 하는 부부 관계인 것입니다.

부부관계는 닮아간다는 말이 두 사람사이에 솔 타이가 형성이 되었다는 말입니다. 예를 들어 정직한 성품의 여자가 사기성이 많은 남자와 결혼하였습니다. 그녀는 남편의 사기성을 깨닫고 이를 지적하였고 이 때문에 많은 갈등을 겪었지만 결혼 생활을 계속 이어갔습니다. 처음에는 그러한 남편의 성격이 맞지 않아 부부 싸움이 잦았지만 세월이 흐르면서 그녀는 남편의 그러한 성향을 닮아가기 시작했고 친정 식구들은 남편처럼 변해버린 그녀를 기피하게 되었습니다. 자신도 남편의 사기성을 닮아버렸습니다. 이것이 솔 타이입니다.

또한 부부지간에는 마음은 각기 다르지만 몸은 하나입니다. 그래서 자손을 생산하기도하고 부부 성생활도 하므로 몸이 하나이기에 남편과 아내의 혼(겉 사람)안에 있는 어둠의 악령들과 귀신은 혼의 묶임(솔 타이=soul-tie)이 되어 있어서 남편과 아내의 몸에 상호 이동하면서 거하고 있습니다. 그래서 성령 충만한 어느 한쪽을 축사하면 다른 쪽에 있는 귀신들이 축사가 되기도 하는 것입니다.

4. 부모와 자녀의 솔 타이

자녀는 부모를 거울로 삼아 성장한다고 할 수 있습니다. 그러므로 부모는 모든 면에서 자녀에게 많은 영향을 주는데 좋은 면뿐만 아니라, 나쁜 면도 그대로 영향을 끼치게 됩니다. 자녀에게 지나친 간섭이나 강요는 나쁜 솔 타이를 만들어냅니다. 언어 습관이나 행동을 부모와 똑 같이 행하게 되도록 만듭니다. 따라서 부모가 하나님을 섬기고 순종하는 삶은 자녀가 본을 받게 되어 대대로 가계에 축복이 되는 것입니다. 부모와 자녀는 의지로 솔 타이되어 있습니다. 그래서 어린 애기가 몹시 아플 때에는 아기보다는 그 어머니가 성령이 충만 할 경우 엄마 안에 있는 귀신과 악령을 예수님의 이름으로 쫓고 나면 아기가 금방 낫게 됩니다. 이렇게 의지가 종속이 되어 있습니다, 이것이 솔 타이입니다.

5. 불건전한 관계의 솔 타이

솔 타이는 두 사람 이상의 사이에서 관련된 관계의 산물입니다. 특히 부정적인 면이 강합니다. 특히 가족이나 혼인 관계의 남녀, 사제 간의 관계도 솔 타이가 형성이 됩니다. 하나님이 허락하신 결혼 관계 이외에 성 관계를 가지면 관계를 가진 그 사람들 사이에는 영적 결합(spiritual tie), 영혼의 결합(soul-tie) 및 육신의 결합(body-tie)의 삼중 관계가 형성이 됩니다(고전 6:15-

20). 간음과 음란 행위를 통하여 음란과 정욕의 영이 역사하고, 성적 파트너와 '한 몸'(one flesh)이 됨으로 해서 상대자가 가진 모든 불경건한 영적, 혼적, 육신적인 관계를 그대로 전수받게 됩니다. 어떤 한 사람과 성적 관계를 가지면 그 사람이 이전에 가졌던 모든 성적 파트너의 나쁜 영향력을 그대로 받게 된다는 말입니다. 그래서 이런 경우는 솔 타이를 끊는 기도를 시편118편에 있는 말씀을 인용하여 솔 타이를 끊어야만 합니다.

6. 권위자와의 솔 타이

부모 외에 과거 나의 권위자 (연장자 친척들, 직장이나 군대의 상사나 상관, 교회의 지도자나 목회자들 등)사이에 생긴 불경건한 솔 타이도 끊어야 합니다. 신앙생활에서 절대적인 영향을 끼치는 사람이 바로 목자인 담임 목회자입니다. 어떤 교회에 오래 다니면 그 교회 담임 목회자와 비슷하게 닮아가는 경우를 많이 볼 수 있습니다. 좋은 점뿐만 아니라 나쁜 점도 그대로 닮아가게 되는 것입니다. 반드시 성령의 임재 가운데 찾아내어 해결해야 합니다.

7. 친구 사이와의 솔 타이

우리 한국의 속담에 '친구 따라 강남 간다'는 말이 있듯이 성장기의 자녀들에게 가장 큰 영향을 끼치는 것이 친구 관계입니다, 친구 한 사람 잘못 만나서 인생을 망치는 사람이 있는가 하면 친구 한 사람 잘 만나서 인생의 전기를 만든 사람도 있습니다. 사람들은 친구와 교제하면서 자기도 모르게 닮아가기 때문입니다. 이전에 내가 가진 친구 관계를 점검하면서, 그로 인한 모든 불경건한 솔 타이를 끊을 필요가 있습니다.

8. 동료 신자와의 솔 타이

신자들을 주안의 형제자매로서 사랑 안에서 함께 지어져 가야 합니다(엡 4:16). 그리스도 안에서 신자의 관계는 한 몸에 붙은 각 지체와의 관계입니다. 따라서 신자들은 서로 간에 솔 타이가 생겨서 상호 경건한 영향을 끼치는 것은 바람직한 일입니다. 그러나 이러한 관계들이 잘못될 경우에는 불경건한 관계로 발전되어 마귀에게 틈을 주게 됩니다(고후 2:11). 하나님이 허락하신 경건한 솔 타이는 그리스도 안에서 사랑에 기초한 관계이지만 마귀적인 솔 타이는 탐욕에 그 기초를 둔 것입니다.

9. 죽은 사람과의 솔 타이

가족의 일원이나 친구가 죽었을 때 그 사람과 형성된 연민의 정! 즉 솔 타이를 끊어야 합니다. 그렇지 않으면 그로 인한 슬픔이나 비탄으로 인해 생존자가 고통을 받는 경우가 많으면 영적인 존재인 악령과 귀신은 그것을 매개로 하여 들어오게 되는 것입니다. 성경에 보면 사랑하는 사람이 죽었을 때 애통하는 기간은 보통 7일에서 한 달입니다. 야곱이 죽었을 때 요셉은 7일 동안 애통해 했습니다(창 50:10). 아론이나 모세가 죽었을 때 이스라엘 사람들은 한 달 간 애통해 했습니다(민 20:29; 신 34:8). 너무 오래 동안 애통해 하는 것은 그만큼 솔 타이가 깊게 형성되었음을 의미하며 그럴 때 생존자에게 슬픔의 영, 비탄의 영, 고독의 영이 발판을 삼고 침투할 우려가 많습니다.

실제로 서울에 사는 여성도의 경우 시 어머니가 돌아가시고 나서 자신에게 어떤 강한 기운이 자신에게 덮치는 것을 느꼈다는 것입니다. 목사님에게 물어보니 아무것도 아니니 무시하고 지내라고 해서 무시하고 살았는데 3년 정도 지나니까, 초등학교 다니는 딸이 영적으로 이상한 행동을 하더라는 것입니다. 다른 사람들은 잘 모르는데 자신은 안다는 것입니다. 구역질을 하고 머리가 아프다고 하면서 정상적인 생활을 못할 때가 종종 있다는 것입니다. 지금 치유를 받으러 다닙니다.

10. 당파와 교파와의 솔 타이

교회 내에서 당 짓는 사람들 사이에 솔 타이가 강하게 형성이 됩니다(고전 3:4~5). 특히 주의해야 할 사실은, 내가 오랫동안 신앙생활을 해 온 특정 교파나 특정 교회와도 솔 타이가 형성된다는 사실입니다. 교파나 교단은 몸인 그리스도의 다양한 한 지파로서 하나님을 섬기는 곳이지만, 이 세상에서 어느 것도 완벽한 것은 없기 때문에, 그런 교파나 교회와 나 사이에 솔 타이가 생겨서 다른 교파나 다른 교회를 수용하지 못하는 배타적 성향을 띄기 쉽습니다.

특정 교단에서 신앙생활을 한 사람은 다른 곳으로 이사를 가도 그 교단에 속한 교회에만 출석합니다. 물론 자기가 은혜를 받았고 또한 익숙하고 편한 곳에서 신앙 생활하는 것이 당연하다고 생각할 수 있습니다. 그러나 그런 긍정적인 측면 외에도 솔 타이로 인해 특정 교파나 교회에 나 자신을 제한하여 새로운 가능성에 문을 닫는 것은 현명한 처사라고 할 수 없습니다.

11. 기타 솔 타이가 생기는 경우

서로 비슷한 생각이나 마음을 가질 때 솔 타이가 형성됩니다. 어떤 대상을 불쌍하게 느끼거나 안쓰러운 마음을 가질 때 솔 타이가 형성됩니다. 나쁜 일을 공모할 때, 공모자 사이에 솔 타이가 형성됩니다. 이념이나 사상을 공유할 때 이데올로기 솔 타이가 형성됩니다. 어떤 사람에 대해 특정한 감정을 가질 때 솔 타이가 형성됩니다. 어떤 사람을 미워하거나 증오할 때 솔 타이가 형성됩니다. 어떤 사람과 오랫동안 같이 교제했을 때 솔 타이가 형성됩니다. 어떤 물건, 동물을 좋아할 때 솔 타이가 형성됩니다. 애완동물이나 마스코트 같은 것을 좋아할 때 솔 타이가 형성됩니다. 스포츠, 영화, 오락 등도 지나치면 솔 타이가 형성됩니다. 중독 증세. 마약, 술, 담배. 인터넷, 포르노(음화)등으로 인해 솔 타이가 형성됩니다.

12. 솔 타이를 끊기

상처를 받았으면 상대방을 용서해야 솔 타이가 끊어지게 됩니다. 대상이 불쌍하거나 안쓰럽더라도 하나님께 의뢰할 때 솔 타이가 끊어지게 됩니다. 원수 갚는 것은 하나님께 맡겨야 솔 타이가 끊어지게 됩니다. 무소유로 손에 가진 것을 내려놓을 때 솔 타이가 끊어지게 됩니다. 매사에 자존심을 버리고 겸손할 때 교만의 솔 타이가 끊어지게 됩니다. 이기심을 버리고 공동체 의식을 가질 때 솔 타이가 끊어지게 됩니다.

솔 타이가 형성된 성도는 하루라도 빨리 자신의 죄악과 잘못을 인정하고 성령의 역사가 강한 장소에 가서 상처를 치유하고 귀신을 몰아내야 합니다. 시간이 많이 걸립니다. 자신이 성령으로 장악이 되는 만큼씩 귀신으로부터 자유하게 됩니다. 영안을 열어 자신의 역적인 상태를 바르게 분별하기를 바랍니다. 영적인 눈을 열러 불필요한 고통을 당하지 말기를 바랍니다.

8장 귀신이 모여 있는 비밀 처소를 찾는 법

(갈 5:19-21)"육체의 일은 분명하니 곧 음행과 더러운 것과 호색과 우상 숭배와 주술과 원수 맺는 것과 분쟁과 시기와 분냄과 당 짓는 것과 분열함과 이단과 투기와 술 취함과 방탕함과 또 그와 같은 것들이라 전에 너희에게 경계한 것 같이 경계하노니 이런 일을 하는 자들은 하나님의 나라를 유업으로 받지 못할 것이요"

사람의 몸속에 악귀가 숨어있는 비밀 처소가 있을까요? 얼마 전이 지방에서 올라온 목사님이 상담을 요청했습니다. 내용은 이렇습니다. 내 배속에서 주먹만 한 것이 돌아다닙니다. 그러면서 기도가 잘 안되고 의자가 약해지는 것 같습니다. 분명하게 내 안에 귀신이 있는 것 같습니다. 제가 누우라고 하고 성령의 임재를 요청하고 안수를 했습니다. 그러자 배에서 불룩불룩하는 주먹만 한 것이 드러나는 것입니다. 예수 이름으로 귀신의 견고한 진은 파괴될지어다. 더러운 귀신은 떠나갈지어다. 대장 귀신은 앞서서 나올지어다. 하고 한 삼 십 분간 축귀를 했습니다. 오물을 통하면서 귀신이 떠나갔습니다. 그러자 주먹만 한 덩어리가 없어졌습니다.

지난 6월 초에 내적치유 집회를 하는데 지방에서 사역을 하는 전도사가 치유를 받으러왔습니다. 지방에서 치유를 받겠다고 왔으니 의지가 대단한 것입니다. 집중 치유를 위해 선교 예물을 올렸는데 봉투에다가 자신 안에 있는 상처를 "성령의 불로 태워주시옵소서"하고 적어서 올렸습니다. 내가 성령의 불로 태워서 없어지는 것이라고 누가 알려주더냐고 물었습니다. 대답을 하지 않습니다. 그래서 앞으로는 "성령의 강한 역사로 상처가 떠나가게 하옵소서"하고 기도를 하라고 했습니다. 상처는 태워서 없어지는 것이 아니고 떠나가야 합니다. 절대로 타서 없어지지 않습니다. 기도 시간에 진단을 하니 가슴과 배에 악한 영이 견고한 진을 단단하게 구축하고 있었습니다. 배가 불룩불룩한다고 본인이 말을 하는 것입니다.

지속적으로 성령의 불을 집어넣어 치유를 했습니다. 이틀이 지난 다음부터 서서히 역사가 일어나기 시작을 했습니다. 3일차 태아상처 치유시간에 완전하게 귀신의 견고한 진이 파괴되었습니다. 기침을 말로 표현하지 못할 정도로 했습니다. 가슴에서 배에서 악한 영들이 토하면서 기침을 하면서 떠나갔습니다. 제가 성령님에게 언제 이것들이 들어와 가슴과 배에 견고한 진을 구축했습니까? 하고 물었더니 축귀사역을 할 때 들어와 진을 구축했다는 것입니다. 본인에게 물었더니 축귀사역을 하다가 보니 환경이 꼬이고 가슴이 답답하고 기도가 되지 않아 5년 동안 고통을 당하다가 치유를 받으러 왔다는 것입니다. 이런 경우는 자신이 성령으로 충만하지 못한 상태에서 사역을 하니 악한 영들이 방해 역사를 하는 것입니다. 제가 앞으로는 관리를 하면서 사역을 하라고 했습니다.

　이런 경우를 보아 알 수 있는 것은 사람의 몸속에 귀신의 비밀 처소가 있다는 것입니다. 이것을 인정해야 귀신으로 부터 해방을 받을 수가 있습니다. 이는 정말 이해하기가 힘이 들지만 이해해야 하는 비밀입니다. 영적인 세계는 사람의 이론이나 지식으로는 이해가 불가능하기 때문입니다. 영적인 세계는 참으로 이해하기 힘든 일이 많이 있습니다. 심하게 귀신들리면 정신병자와 같은 증상을 나타냅니다. 성경에 공동묘지에서 생활하는 군대 귀신들린 사람처럼, 아무도 제어할 수 없는 굉장한 힘을 지닙니다. 장정 몇 사람이 다루어야 겨우 제어할 수 있을 정도입니다. 이런 힘이 어디에서 나오는 것일까요? 많은 무리의 귀신이 그 사람을 점령하고 모든 기능을 통제하기 때문입니다. 이렇게 심각하게 귀신들린 사람은 그 사람의 몸속에 귀신의 견고한 진이 있습니다. "귀신의 견고한 진"이라는 말은 성경에 구체적으로 해석되지 않고 언급되어 있지 않지만, 귀신들이 사람의 몸에 무리를 지어 한 곳에 모여 있기 때문에 이렇게 표현하는 것입니다.

　오해하지 마시기를 바랍니다. 귀신이 무리를 지어 사람의 몸에 머물러 있기 때문에 큰 힘을 내게 되는 것입니다. 귀신들도 무리로 모이면 그 속에 질서가 있어서 무리를 통솔하는 우두머리 귀신이 있습니다. 우두머리 귀신은 여러 졸개들을 거느리고 있습니다. 서열이 낮은 귀신은 서열이 높은 귀신에게 절대로 복종하게 되는 위계질서를 가지고 있습니다. 심각하게 귀신들린 사람에게 단순히 '귀신아 물러가라'라고 명령하면 귀신은 물러가지 않고 다만 잠잠하게 됩니다. 축사의 경험이 없는 사람은 이런 모습을 보고 귀신이 쫓겨나갔다고 생각할 것이지만 이는 귀신이 그 사람을 속이는 행위입니다. 성경에 주님이 귀신을 쫓을 때 명령으로 내어 쫓았기 때문에 우리도 명령만 하면 귀신이 쫓겨나간다고 생각합니다. 귀신을 쫓는 능력은 주님의 것이지 우리의 것이 아니기 때문에 그렇다고 주장합니다. 그러나 이런 주장은 현실을 모르는 사람의 일방적인 말일 뿐입니다. 능력은 주님으로부터 부여 받는 것임에는 이의가 없습니다. 그러나 그 능력이 자신에게 주어진 이후에는 자기의 것이 됩니다. 이 능력을 얼마나 효과적으로 개발하고 사용하여야 하느냐 하는 문제는 전적으로 자신에게 달려 있습니다. 잘 사용하면 상급이 있지만, 잘못 사용하면 고통을 당합니다. 주어진 능력이 효과적으로 적용되어 사람들을 살리기 위해서는 남다른 노력이 필요한 까닭이 여기에 있는 것입니다. 반드시 성령의 인도를 받아 바른 영 분별력을 길러야 한다는 말입니다. 주어진 능력을 개발하여 자기 것으로 하는 노력은 그 사람의 몫입니다. 날마다 성령 충만해야 하고 기름부음이 끊이지 않도록 해야 합니다. 그렇지 않으면 그 능력은 쉽게 사라집니다.

　귀신을 내어 쫓기 위해서 명령해야 합니다. 그러나 이 명령은 단순하지만은 않습니다. 주어진 능력의 한계와 상대방의 능력이 어떠하냐에 따라서 적용이 매우 달라집니다. 즉 상황마다 적용법이 달라진다는 것입니다. 단순히 명령만 하면 모든 귀신이 쫓겨나가는 공식적인 것이 아닙니다. 순간순간 성령님과 교통하며 레마를 듣고 명령하고 행동해야 합니다. 귀신은 사람의 몸에 들어와 그를 점령하면 벌이 벌집을 짓듯이 귀신의 견고한 진을 만들기 시작합니다. 이 기간이 사람에 따라서 귀신의 능력에 따라서 다르겠지만 보통 1년에서 2년 정도 걸립니다. 3년 정도 지나면 귀신의 견고한 진은 달걀 크기 정도로 자랍니다. 귀신이 들어온 숫자에 따라 귀신의 견고한 진의 크기가 다릅니다. 숫자가 많으면 직경이 20센티 정도의 크기로 지어집니다. 귀신의 숫자가 10여 개 이하이면 달걀 크기정도가 됩니다. 귀신이 견고한 진을 지으면 그 힘이 강해집니다. 그리고 집이 파괴되지 않는 한 절대로 나가지 않습니다. 귀신을 내어 쫓기 위해서는 이 귀신의 견고한 진을 파괴하는 일부터 해야 합니다. 명령하면 귀신은 이 견고한 진 속으로 숨어버립니다. 그러면 외견으로 보아 귀신이 쫓겨나간 것 같습니다. 환자도 귀신으로부터 자유를 얻은 것처럼 느낍니다. 그러나 귀신의 견고한 진이 파괴되지 않은 상태에서 나타나는 모든 현상은 속임수입니다.

귀신의 견고한 진은 주로 배에 있습니다. 명치끝에 많이 뭉쳐 있습니다. 손을 대지 못할 정도로 통증을 느낍니다. 어떤 분은 가슴에 또는 갈비 밑에 뭉쳐있는 분들도 계십니다. 특이한 것은 병원에서 CT를 찍어도, MRI 검사를 해도 나타나지 않습니다. 병원에서는 원인을 알지 못합니다. 아프기는 아픈데 나타나지를 않습니다. 나타나지 않고 원인을 찾지 못하니 불치병이라고 합니다.

이 귀신의 견고한 진은 단 기간에 치유되지 않습니다. 덩어리가 뭉쳐 집을 짓기까지 상당한 기간이 흘렀기 때문에 그 만큼 치유에 시간이 걸립니다. 집중적으로 2-3일 성령의 역사를 체험하면서 치유하면 부서지기 시작을 합니다. 성령의 역사로 귀신의 견고한 진이 파괴 되어도 일정 기간 동안 통증은 남아있는 것이 보통입니다. 지속적으로 성령의 불을 집어넣으면서 집중 치유를 합니다.

어느 분은 육 개월이 지나니까, 통증이 없어지고 완치되었습니다. 가슴이 아파서 바로 눕지도 못하고 엎드리지도 못하여 옆으로 누워서 잠을 자다가 오셔서 완전하게 치유를 받았습니다. 치유가 되니 가족 모두가 좋아했다고 합니다. 병원에서 불치병이라고 했는데 치유되어 자녀들에게 살아계신 하나님을 체험하게 하는 계기가 되었다고 합니다. 귀신의 견고한 진은 성령의 불세례를 체험하고 깊은 영성과 성령의 권능이 함께하는 사역자가 치유할 때 정체를 드러냅니다. 배에 손을 얹고 기도하면 적어도 10여분 이내에 귀신의 견고한 진이 표면에 나타나게 됩니다. 달걀 크기만 한 동그란 근육덩어리가 배 속에서 솟아나 안수하는 사람의 손을 피해 이리저리 달아납니다. 배 표면을 이리 저리 굴러다니면서 손길을 피하려고 합니다. 이렇게 되면 환자는 극심한 고통으로 인해서 얼굴을 찡그리고 발버둥을 칩니다. 이렇게 귀신의 견고한 진이 드러나면 축사자는 귀신에게 몸에서 떠날 것을 명령합니다. 성령으로부터 지식의 말씀을 받아가면서 축귀를 합니다. 이때 성령께서 알려준 귀신의 이름을 거명하면서 나갈 것을 명합니다. 호명된 귀신은 그 즉시 떠나게 되지만 대장 귀신은 쉽게 떠나지 않습니다. 졸개들이 나가면서 이제 다 떠났다거나 예들어 나가자 하든가, 이놈은 너무 힘이 강해서 우리가 견딜 수 없다. 자~ 모두 나를 따라 나가자 하면서 나갑니다. 그런데 귀신의 견고한 진이 아직 손에 느껴진다면 이는 거짓말입니다. 그럴 때 귀신아 왜 나를 속이려 하느냐 너를 호리병 속에 넣어야겠다고 위협하면 속임수가 들켰기 때문에 더 이상 저항하지 못하고 나가게 됩니다. 귀신이 쫓겨 나가면 귀신의 견고한 진은 그 즉시 소멸합니다. 때로는 도무지 참지 못하게 되면 귀신은 적당히 타협하려고 합니다. 이 타협은 절대로 받아들일 수 없습니다. 환자를 죽이겠다고 위협도 합니다. 그래도 타협해서는 안 됩니다. 귀신의 견고한 진이 대부분 배에 있지만, 드물게 머리에 있는 경우가 있습니다. 머리에 있는 귀신의 견고한 진은 손에 잡히지 않습니다. 배에 있는 귀신의 견고한 진은 축사에 참여한 사람이면 누구나 만져 볼 수도 있고 눈으로 볼 수도 있습니다. 그러나 머리에 있는 귀신의 견고한 진은 만지거나 볼 수는 없습니다. 이 귀신의 견고한 진은 열기나 냉기로 느낍니다. 손에 열기나 냉기가 느껴지면 이 귀신의 견고한 진이 손안에서 벗어나려고 이리 저리 옮겨 다니기 때문에 축사자는 계속 그 느낌을 따라 손을 옮겨야 합니다. 귀신의 견고한 진이 축사자의 손에서 벗어나면 안 됩니다. 계속 추적하면서 안수하고 명령하여 귀신을 쫓아야 합니다. 머리에 귀신의 견고한 진이 있는 환자는 귀신이 들린지 얼마 되지 않아 아직 배에 견고한 진을 마련하지 못한 귀신의 경우이거나, 축사자에게 축사를 당해서 일부는 쫓겨나가고, 잔당의 무리가 머리로 도망해서 머무르고 있는 경우입니다. 머리에 있는 귀신은 명령만 하면 쉽게 사라집니다. 그만큼 근거가 약하기 때문입니다.

귀신들린 사람은 눈으로 외부의 귀신을 불러들여 도움을 청하기도 합니다. 그러므로 눈에 손을 얹어 안수해야 합니다. 한 손은 귀신의 견고한 진에 다른 한 손은 눈에 얹고 기도합니다. 간혹 눈을 심하게 압박하여 실명하게 하는 사고를 저지르는 서툰 사역자가 있어 물의를 빚기도 하는데, 절대로 물리적인 힘을 가해서는 안 됩니다. 오직 영적 힘으로만 귀신을 내어 쫓을 수 있다는 사실을 잊지 마십시오. 어떤 물리적인 힘도 필요 없습니다. 다만 움직이지 못하도록 주변에서 환자의 팔과 다리를 붙잡고 고정해주어야 합니다. 환자를 올라타고 강하게 힘을 주어 제압하려는 행동도 역시 잘못된 것입니다. 사역자는 어떤 물리적인 힘도 사용해서는 안 됩니다. 성령이 역사하게 하여 축사해야 합니다.

귀신의 견고한 진이 손 안에서 스스로 사라지면 귀신은 다 쫓겨나간 것입니다. 그러나 완전히 치유된 것이 아닙니다. 상당한 기간 동안 말씀을 듣고 안수를 받으며 자기 자신이 스스로 싸울 수 있는 권능이 있을 때까지 전문적인 사역자의 지도를 받으며 치유를 받아야 합니다. 저는 우리 충만한 교회 같은 곳에서 최하 일년 동안 집중적인 영성훈련을 받아야 스스로 자립할 수 있다고 믿고 있습니다. 무엇보다 스스로 자립하는 신앙이 중요합니다. 왜냐하면 떠나간 귀신이 신앙이 나태해지면 또다시 침입을 하여 자리를 잡기 때문입니다. 그러므로 천국에 갈 때까지 마음을 놓아서는 안 됩니다.

귀신들린 지 10여년씩 지난 사람의 경우 귀신의 견고한 진은 직경이 10센티 이상입니다. 그리고 매우 딱딱하고 견고합니다. 심지어는 배 전체를 덮는 큰 귀신의 견고한 진도 있습니다. 이런 경우 귀신의 견고한 진이 환자의 복부 전체를 덮어 배 전체가 딱딱한 콘크리트 같습니다. 굳어진 근육 덩어리가 불룩 솟아올라 몇 시간 씩 전혀 꺼지지 않고 있습니다. 힘을 주어 눌러보아도 꿈쩍을 하지 않습니다. 그런데도 환자의 얼굴은 정상적입니다. 일부러 배에 힘을 주어 근육이 솟구치게 하려면 얼굴이 상기되고 호흡을 멈추고 배에 힘을 주어야 가능합니다. 그런데 귀신의 견고한 진은 그런 환자의 힘이 전혀 들어가지 않은 상태에서 나타나 몇 시간씩 솟아오르며 그 근육 덩이가 이리 저리 굴러다닙니다. 3-5살 먹은 아이에게서도 이런 현상이 일어납니다. 저는 많이 체험을 했습니다.

육체적으로는 전혀 불가능한 현상입니다. 배에 힘을 주고 있는 순간은 호흡을 전혀 할 수 없지요. 호흡을 하는 순간 근육은 주저앉고 맙니다. 그런데 귀신의 견고한 진은 사람이 일부러 만들어내는 것이 전혀 아닌 귀신의 힘에 의해서 만들어진 그들의 근거입니다. 이 근거가 부서지지 않고서는 귀신은 나가지 않습니다. 귀신의 견고한 진을 찾아 그 근원을 철저히 깨는 것이 축사 사역자가 할 일입니다. 이 귀신의 견고한 진은 모든 귀신에게 반드시 있습니다.

적어도 1년 이상 심각한 귀신들림으로 고생하고 있는 사람이라면 반드시 있습니다. 이 귀신의 견고한 진을 찾아내는 것은 간단합니다. 배와 머리에 손을 얹고 기도하면 됩니다. 적어도 10분 이내에 손 밑에 동그란 근육덩이가 마치 공 구르듯이 굴러다니는 것이 느껴지고 그 근육덩이가 배 표면으로 솟아올라 눈으로 확인할 수 있을 정도로 불룩하게 올라옵니다. 주변에 있는 다른 사람들이 손으로 만져볼 수 있습니다. 축사 자는 함께 참여한 사람들에게 손으로 느껴보도록 기회를 주는 것도 좋습니다. 처음 이런 것을 경험한 사람들은 신기해합니다. 자신의 손을 피해 이리 저리로 굴러다니는 귀신의 견고한 진이 신기한 것입니다. 그러므로 축귀 사역자는 부단하게 영성을 개발하여 깊은 차원의 사역을 해야 합니다. 두려워하지 말아야 합니다. 반드시 말씀과 성령으로 치유가 됩니다.

9장 귀신이 머무는 장소를 찾는 법

(벧전5:10)"모든 은혜의 하나님 곧 그리스도 안에서 너희를
부르사 자기의 영원한 영광에 들어가게 하신 이가 잠깐 고난을
당한 너희를 친히 온전하게 하시며 굳건하게 하시며 강하게 하
시며 터를 견고하게 하시리라"

하나님은 우리 성도들이 귀신역사를 분별하여 속지 말고 대처
하기를 원하십니다. 귀신의 영향을 받는 사람은 자신이 그것을
구분하기란 결코 쉽지 않습니다. 초기에는 영적 지식이나 경험
이 없기 때문에 구분하지 못하며, 그 후에는 귀신이 이미 자신 속
에 잠재되어 있기 때문에 스스로 떨쳐낼 수 없습니다. 귀신들림
의 초기 단계인 영향을 받는 단계는 대수롭지 않게 여길 수 있지
만 이것이 위험하며, 그대로 방치하면 귀신들리는 불행한 결과
가 오는 것입니다. 귀신의 영향을 받는 사람은 영을 분별하는 능
력을 지닌 사람에게 가면 그 증상이 나타나기 시작합니다. 교회
안에는 반드시 영을 분별하는 능력을 지닌 사람이 있기 마련입니
다. 그러나 담임목사는 그 사실조차 알지 못하며, 이런 분야에 관
심조차 없기 때문에 귀신의 영향을 받는 사람뿐만 아니라 육체의
질병이 들거나 마음에 상처를 지닌 사람들이 고아처럼 버려진 상
태에 있는 것입니다.

귀신의 영향으로 심령이 병든 사람의 특징은 이렇습니다. 마

음이 어두워지고 평안과 기쁨과 감사를 잃어버립니다. 귀신이 사람의 의지를 잡으니까, 일어나는 현상입니다. 귀신에게 눌려서 의지를 발휘하지 못하여 일어나는 현상입니다. 이런 사람을 축사하면 정상으로 돌아옵니다. 미운 생각, 세속적 생각, 교만한 생각, 부정적 생각의 사람이 됩니다. 항상 생각이 부정적이 되어서 정상적인 사람들과의 대화가 되지를 않습니다. 은혜가 소멸되어 성경과 교회가 멀어지고 말씀을 불순종하며 거역합니다. 귀신에게 영이 눌려서 잠을 자니 생명의 말씀이 깨달아지지 않기 때문입니다. 차가운 사람, 불순종의 사람, 거짓을 말하고 증오를 합니다. 마음을 열지 않으니 마음이 차갑습니다. 좋은 이야기를 해도 의심하며 받아들이지 않기 때문에 정상적인 사람들이 대화하기를 꺼려합니다. 양심이 마귀의 화인을 맞아 죄책을 느끼지 못합니다. 그래서 인간으로서는 상상하지 못하는 범죄를 저지릅니다. 요즈음 일어나는 유아 성폭행 등을 들 수가 있습니다. 귀신이 마음을 억압하면 자신을 학대하게 되는데 의욕상실. 우울증. 불면, 패배감. 자포자기, 환각. 환청, 자살충동, 정신이상 등 자신의 본래모습을 상실하고 맙니다. 옛사람이 나타나서 유혹의 욕심을 따라서 정욕으로 행합니다. 우상을 좇습니다. 허영을 좇습니다. 음욕이 불타서 성적인 범죄를 저지릅니다. 술과 탐욕과 쾌락의 노예 되어 낚시에 물린 물고기 같이 귀신에게 끌려 다니다가 지옥 가는 운명을 살게 됩니다. 환경에 지기 때문에 심령이 병드는 것입니다. 환경에는 귀신이 역사하기 때문에 예수를 믿는 성도들은 환경을 이겨야 합니다. 자기(육의 본성)를 이기지 못하기 때문에 심령이 병드는 것입니다. 약속의 말씀과 성령으로 환경과 육의 본성을 이겨야 마귀와의 영적전투에서도 승리할 수 있습니다. 마치 마가복음 5장의 군대 귀신들린 자의 모습(막5:1-20)이 됩니다. 자기 몸에 상처를 내며 사람들에게 공포를 조성하는 사람이 됩니다. 이렇게 더러운 귀신이 들어오면 인격과 신앙과 생활이 더럽게 되어 버립니다.

가정 중심에서 벗어납니다(막5:3). 가정에서 함께 지내지 못합니다. 군대 귀신 들린 자는 무덤 사이에서 거처했습니다. 엄청난 힘이 나타납니다(막5:3-4). 귀신의 영향으로 힘이 장사라 사람들이 제압할 수가 없습니다. 귀신의 영향 아래 있는 자는 주체할 수 없는 탐식과 정욕 등이 나타납니다. 고래고래 고성을 지릅니다(막5:5). 부부싸움 중 인격이 돌변되어 나타나는 고함, 술 먹고 노래방 등에서 질러대는 괴성의 노래 등도 이런 영향 아래 있는 경우가 많습니다. 자해를 합니다(막5:5). 조폭들만 자해를 하는 것이 아닙니다. 귀신의 영향 아래 있는 자해의 형태는 부부싸움에서의 폭력이나 파괴하는 행동이나 문신이나 지나친 성형수술 등도 이에 포함됩니다. 옷을 벗고 지내기도 합니다(막5:15). 여성에게 귀신이 역사하면 다른 남자가 있어도 옷을 벗고 있습니다. 아담 타락 후 사람의 본능은 죄의 몸을 가리게 되었습니다(창3:7). 그러나 귀신의 영향 아래 있으면 옷을 벗으면서도 부끄러운 줄을 모릅니다. 신령합니다(막5:6-7). 그래서 무당이나 점쟁이가 되는 것이며, 양신 역사 아래 있는 자들 중에는 예언하는 예수무당도 있음을 알고 경계를 해야 합니다. 점치는 영의 영향으로 예언 받기 좋아하는 성도는 분별력을 길러야 합니다(겔 13:17-19).

사람 속의 귀신과의 대화가 가능합니다(막5:8-9). 귀신이 말을 못하게 하니 사역자에게 말을 하지 않는 환자도 있습니다. 귀신도 간구합니다(막5:10). 귀신은 사람이나 짐승 속에 수천씩이나 들어갈 수 있으며(막5:9), 많은 귀신이 들어가면 미쳐버립니다(막5:13). 귀신이 나가면 온전해집니다(막5:15). 귀신이 나가고 은혜가 들어오면 전도를 합니다(막5:20). 전도는 강력한 성령의 역사에 의한 은혜 운동이며, 성령의 전폭적 지지를 받기 때문에 구원받은 성도들은 전도 사명에 전력해야 합니다.

귀신에게 눌려서 귀신의 조종을 받는 성도의 생활을 살펴보면 이렇습니다. 첫째, 교회생활입니다. 외모에 신경을 많이 쓰고 짙은 화장과 시선을 끌만한 옷을 입습니다. 무엇이든지 교회직분을 맡으려고 하는데…. 진정한 봉사가 아닌 자기 자랑거리로 직분을 탐합니다. 봉사는 성령으로 해야 합니다. 온갖 기도회는 모두 참석하여 깊은 영의기도를 하지 않고 눈을 뜨고 고개를 돌리면서 기도하는 사람들의 모습을 살핍니다. 말이 갑자기 애교스러워지며(상냥해지며) 간드러지게 말을 하고 남자(여자)를 홀리듯이 쳐다봅니다. 남, 여 선교회나 각종 회의시 가결한대로 따르지 않고 꼭 자기의 의견을 덧붙입니다. 자기 의견이 무시될 때는 갑자기 직분이나 사회경력으로 무시하려고 합니다.

목사님 설교나 회의시 자기나 자기 가족문제와 비슷하다고 생각되면 말로 대적하기 시작합니다. 목사님이 말씀으로 자기를 친다고 떠들고 다닙니다. 목사님이나 장로님의 허물을 지적하면서 공공연하게 말하는 것을 스스로 자랑스러워합니다. 성령 세례 받고, 성령 충만 받은 자, 항상 성령으로 기도하는 사람과 눈을 맞추지 못합니다. 교회 안에서 만나고 어울리는 사람의 폭이 좁습니다. 자기와 영이 통하는 사람과 어울리기 때문입니다. 자신에게 어떤 영이 역사하는지 쉽게 알려면 자신과 잘 통하는 친구를 보면 알 수가 있습니다. 봉사나 헌신을 하면서도 꼭 자신의 얼굴에 빛이 나는 것만 하려고 합니다.

둘째, 가정생활입니다. 교회에서는 성도 같은데 집에 오면 말이나 생활이 다른 사람으로 돌변합니다. 남편이나 아내에게 말을 함부로 하고, 심지어 쌍욕을 하는데 교회 가는 날만 조용합니다. 술과 고기를 탐하며 심지어 담배까지 피우며 찬송가 대신 유행가를 흥얼댑니다. 아내나 자식 심지어 이웃 사람이 놀러와 있는 데에도 교회 비판과 주의 종 욕을 합니다. 불신자들과 자주 어울리고 고스톱 포커 등으로 시간을 보냅니다. 가정에서 예배는 아예 관심도 없고, TV나 컴퓨터 앞에 앉아 시간을 보냅니다. 안목의 죄(음란물, 포르노 사이트)에 휩싸여 있으면서 성경 말씀 읽는 것과는 거리가 멉니다. 혈기를 자주 부리고 흉측하고 폭력적인 행동을 하며 거짓말을 쉽게 합니다.

셋째, 사회생활입니다. 남편이나 아내 외에 외도하는 여자나 젊은 남자를 둡니다. 헌금은 아까워하면서도 자기를 위한 약을 사거나, 술을 마시거나, 술집에서는 돈을 물 쓰는 것과 같이 사용합니다. 예배시간은 잘 지키지 못하면서 친구들과 먹고 마시는 시간은 꼭 지킵니다. 불신자들과 어울릴 때는 신앙의 티를 전혀 내지 않습니다. 샤머니즘적인 신앙을 끊지 못하고, 사주팔자, 무당, 점쟁이를 찾아가며, 그런 것을 무척 흥미로워합니다. 스스로 사람 만나기를 피하며…. 어두운 곳을 좋아하며…. 늘 입으로 죽고 싶다고 합니다. 돈을 무척이나 밝히고 돈에 손해가 나거나 돈이 궁색해지면 우울증이 발병합니다.

집안(건물과 장소)에 머무는 귀신이 있습니다. 만약에 당신의 집안에 머무는 귀신이 있다면 자기와 체질적으로 맞는 사람을 찾지 못했거나 주변 여건이 맞지 않아서 사람에게 침입하여 접신을 하지 못한 것입니다. 이 귀신들은 집안에 있는 사람에게 언제라도 들어갈 준비가 되어있습니다. 이 귀신들로 인하여 집안에 피해를 입습니다. 특별히 이사를 간 직후에 일어납니다. 교통사고가 빈번하게 일어납니다. 제가 병원에 능력전도 다닐 때 이사 온 지 6개월이 되었는데 교통사고를 세 번이나 당한 사람도 만났습니다. 교통사고에 놀라 심장병이 발생하여 병원에 입원했다가 저에게 안수기도 받고 치유되어 퇴원한 성도도 있습니다. 또 이사 온지 석 달이 되었는데 아이들 둘이 번갈아 병이 발생하여 두 번이나 병원에 입원 했다가 저에게 안수기도 받고 치유 되어 퇴원한 경우도 있었습니다. 매사가 잘 안 풀립니다. 집안에 우환이 생기게 합니다. 까닭 없이 부부간에 자주 싸우고, 이유 없이 자녀가 가출을 하거나, 부모 말에 순종하지 않고 반항하며, 부모와 싸우게 합니다. 또 컴퓨터 게임에 빠지는 등 이해가 되지 않는 행동을 하기도 합니다. 특히 잠을 자고 일어나면 머리가 아프고, 숙면을 취하지 못해 몸이 나른하고, 피곤할 뿐만 아니라, 악몽을 꿉니다. 그리고 가위에 눌립니다. 원인이 없는 문제는 없는 법입니다. 집안에 귀신이 머물고 있으면 음산한 기운 때문에 건강이 나빠지고, 언제 가족에게 침입하여 들어올지 모르므로 항상 위험을 안고 사는 것입니다. 이사를 갔는데 원인 모를 이상한 일들이 반복적으로 일어납니다.

제가 우리 교회 권사님의 집에서 실제로 이런 일이 일어난 것을 체험했습니다. 전도를 하러갔는데 권사님 집을 방문하라고 성령께서 감동하시는 것입니다. 그래서 권사님의 집을 방문했습니다. 아파트 2층이기 때문에 집에 도착하여 초인종을 눌렀더니 권사님이 누구냐고 합니다. 강 목사입니다. 하고 집 안으로 들어갔습니다. 차를 주시기에 받아서 마시고 있었습니다. 권사님이 이러시는 것입니다. 목사님! 저의 남편 집사님이 어제 화장실에서 볼일을 보다가 가위눌림을 두 번을 당했습니다. 막 숨도 제대로 쉬지 못하고, 소리를 지르지 못하다가 제가 이상해서 화장실 문을 열었더니 도망을 쳤습니다. 참으로 이상합니다. 그래서 제가 화장실에 귀를 기우리고 차를 마시면서 들으니까, 화장실에서 버스럭 버스럭 하는 소리가 나는 것입니다. 화장실 문을 열고 성령이여 임하소서! 내가 나사렛 예수 이름으로 명하노니 화장실에서 역사하는 귀신은 떠나갈지어다. 명령했더니…. 권사님이 하시는 말씀이 아~ 이제 알았습니다. 목사님! 우리 아들이 이 아파트에 이사 오기 전날 밤에 청소를 하고 잠을 자는데 부스럭 부스럭 하는 소리 때문에 밤새 싸우느라고 잠을 자지 못했답니다. 그런데 그것이 우리 집사님 목을 누른 것 같습니다. 그래서 식구들을 모아놓고 예배를 드리면서 성령의 임재를 충만하게 하고 귀신들을 몰아낸 일이 있습니다. 그 후 한 번도 그와 같은 잘못된 일이 일어나지 않았습니다. 만약 당신의 가정에 이런 일이 일어난다면 지체하지 말고 성령이 충만한 예배를 드리면 떠나가는 것입니다. 반드시 성령의 역사를 일으켜 귀신을 몰아내야 합니다.

마귀는 끊임없이 우리의 생각 속에 하나님과 어긋나는 생각들 즉 이기적이고 탐욕적인 생각들을 불어넣습니다. 그런데 이것이 교묘하게 위장될 뿐만 아니라, 타당한 근거를 지닌 내용처럼 보이기 때문에 속기 쉬운 것입니다. 하나님의 말씀으로 판단의 기초를 제대로 갖추지 못하면 우리는 그런 부분에서 마귀의 유혹에 휘말리게 됩니다. 우리의 그릇된 분별과 판단을 이용하여 마귀는 자신들이 하고자 하는 일을 하게 됩니다. 마귀는 각 그룹마다 자신들의 독특한 특징을 지닙니다. "종교의 영"은 거짓 종교체계를 따르도록 우리를 유혹하며, "발람의 영"은 권세와 물질을 더 좋아하게 만들며, "이세벨의 영"은 우상을 숭배하게 만듭니다.

그 밖에 "게으른 영"은 모든 것을 내일로 미루도록 만들며, "분리의 영"은 항상 부정적으로 비판하게 만들어 분리하게 합니다. "다툼의 영"은 사소한 일도 크게 만들어 다툼이 일어나며, 이런 영을 가진 사람이 모임에 들어오면 반드시 싸움이 생깁니다. 수많은 영적 기능들이 있는데 이 마귀들이 접근함에 따라서 우리의 생각이 그 특성을 드러내기 시작하는 것입니다. 마귀는 우리 영속에 자신들의 특성적인 신호를 보내면 우리의 지각은 이것을 분석하여 받아들이게 됩니다. 말씀에 미약한 사람은 이 신호를 분별하지 못하고 자신의 생각인 것으로 여겨 그대로 행동하게 되는 것입니다.

떠오르는 생각 가운데 우리 영의 생각, 성령의 생각, 천사의 생각, 마귀의 생각이 있습니다. 이처럼 우리의 생각은 온갖 영의 생각들이 복잡하게 드러나는 싸움터입니다. 이런 생각들의 출처를 확실하게 구분할 줄 아는 것이 영적 분별력이며, 기술이기 때문에 배워서 익혀야 합니다. 우리의 생각을 멋대로 내버려 두어서는 안 됩니다. 하나님의 말씀으로 무장하고 분별력을 높여 하나님의 음성을 더 잘 들도록 노력합시다. 귀신은 우리의 육체를 점령하여 그 가운데 거처를 삼고자 기회를 엿봅니다. 마음의 상처나, 고통스런 사건을 경험하여 심령이 극심하게 허약해져 있어 분별력이 없을 때 침투하게 됩니다. 극심한 사건이 없다 하더라도 영이 강건하지 못한 경우, 귀신은 접근을 시도합니다. 우리가 영적인 일에 무지하고 믿음이 약할 때 역시 공격을 시도하는데 귀신의 공격목표는 우리의 육신입니다. 그러므로 귀신이 접근하면 먼저 우리의 영이 이 사실을 깨닫게 되며, 그 신호를 육체에게 보냅니다. 육체가 느끼는 다양한 신호 가운데 가장 많이 나타나는 것이 소름끼치는 것입니다. 가슴이 조여들고 현기증이 나고 불쾌한 생각이나 두려운 생각, 썩은 냄새, 머리카락이 서는 강한 공포 등의 신호를 우리 감각기관에 보냅니다. 검은 물체가 보이거나, 어두운 분위기와 짓누르는 것 같은 압박감 등도 나타나며, 어둡고 불쾌하며 두려운 생각이 짓누르고 가위눌려 몸을 움직이지 못하게 되며, 악몽에 시달리며, 짐승들의 울부짖는 것과 같은 소리가 날카롭게 들립니다.

방언이 거칠고 날카롭게 나오며, 짐승소리 비슷하게 변합니다. 공중에서 급하게 바람이 휘몰아 가는 것 같은 느낌이 들며, 날카로운 바람 소리가 들립니다. 무당들이 점을 칠 때 내는 독특한 휘파람 소리 같은 소리가 스쳐지나 가며, 뱀이 낙엽 위로 사삭거리면서 지나가는 것과 같은 소리와 느낌이 듭니다. 때로는 발자국 소리가 들리기도 하고 문이 열려 있어서 냉기가 스며드는 것 같아 누가 문을 열어두었나 하고 살피게 됩니다. 귀신은 공포를 동반하는데 이 모든 것이 일차적으로는 우리의 영이 우리 자신에게 알려주는 신호입니다. 귀신은 자신의 존재를 나타내려고 하지 않지만, 우리의 영은 이 사실을 알기 때문에 이런 다양한 신호를 우리에게 보냅니다. 귀신이 자신에게 접근해 오면 우리의 영이 이를 알고 느끼기 시작하며, 때로는 성령께서 이 사실을 우리에게 알게 해 주십니다.

마귀와 귀신의 접근은 마치 감기처럼 누구에게나 오는 것입니다. 우리의 몸과 영은 이 두 차원의 악한 존재들로 인해서 항상 싸움터가 되며, 이 영적 전쟁에서 이기기 위해서는 성령으로 깨어 기도해야 합니다. 마귀는 우리가 하나님의 사랑을 더 많이 받을 수 있는 길목을 지키다가 적당한 때가 이르면 모조품을 먼저 우리 앞에 내어놓습니다. 마귀는 우리의 약점을 너무도 잘 압니다. 성령께서는 자신의 약점이 무엇인지를 알기 원하십니다. 누구든지 한 가지 이상의 약점을 지니고 있으며, 그 약점은 우리가 하나님 앞에서 겸손하게 하기 위한 은혜의 수단이기도 합니다.

10장 숨었던 귀신이 정체 드러내는 시기

(막 9:25-27)"예수께서 무리가 달려와 모이는 것을 보시고 그 더러운 귀신을 꾸짖어 이르시되 말 못하고 못 듣는 귀신아 내가 네게 명하노니 그 아이에게서 나오고 다시 들어가지 말라 하시매 귀신이 소리 지르며 아이로 심히 경련을 일으키게 하고 나가니 그 아이가 죽은 것 같이 되어 많은 사람이 말하기를 죽었다 하나 예수께서 그 손을 잡아 일으키시니 이에 일어서니라"

하나님은 우리 성도들이 귀신역사를 분별하여 속지 말고 대처하기를 원하십니다. 그러나 많은 그리스도인들이 의외로 마귀나 귀신에 대한 지식이 거의 없다는 사실을 인식하지 못하는 채로 살아가고 있습니다. 기독교인이 귀신하면 이단이라고 생각을 하는 성도들도 있습니다. 이는 목회자들이 그렇게 생각을 하도록 교육한 결과입니다.

귀신 이야기 하면 이단이라고 말하고 아는 대는 근본 원인이 있습니다. 귀신을 쫓던 아무개 목사를 교계에서 이단이라고 정죄했습니다. 이를 한 단계 깊고 신중하게 알아보면 귀신 쫓은 것이 이단이 아니라, 귀신을 무속신앙에다가 결부를 시켜서 이단이 된 것입니다. 바르게 알지 못하고 귀신 쫓는 것이 이단이라고 인식을 해서 아예 귀신에 대하여 관심을 멀리 한 것입니다. 잘못하면 이단이라고 정죄를 당하니 아예 귀신축사를 기피해 버린 것입니다. 세상은 마귀의 영향 속에 있기 때문에 많은 사람들이 마귀와 귀신을 기피하는 것은 어쩌면 당연한 일일 것입니다. 그러나 교회는 그런 세상의 속임수를 따라가서는 안 되는 것은 물론이고, 나아가 적극적으로 마귀와 귀신의 정체를 드러내어 그 일들을 멸해야 할 의무가 있습니다. 성경은 "하나님의 아들이 나타남은 마귀의 일을 멸하려 함이라"고 기록하고 있습니다. 그러므로 무엇이 마귀와 귀신의 일인지를 분명하게 밝혀낼 수 있는 곳은 오로지 성령이 역사하는 교회 밖에 없는 것입니다. 성령의 역사로 귀신이 정체를 드러내기 때문입니다.

그리스도인에게 우선으로 해야 할 일이 마귀와 귀신의 영향을 제대로 인식할 있어야 한다는 사실입니다. 여기에서는 마귀보다 비교적 단순한 귀신의 영향을 먼저 살펴보고자 합니다. 귀신이 어떤 상황에서 침입을 하고, 어떻게 잠복하고 숨어 있다가 어느 시기에 정체를 드러내는지 알아보겠습니다. 귀신은 우리의 육체를 멸하기 위해서 그리스도인이든 불신자이든 상관없이 접근해서 육체를 지배하여 자신들이 하고자 하는 일을 하려고 합니다. 귀신은 삼킬 자를 찾기 위해서 두루 다니면서 많은 사람들에게 영향을 끼칩니다.

그리고 기회를 엿보면서 종으로 삼을 사람이 어떤 충격이나 깊은 상처를 받는 사건이 일어나면 그것을 발판으로 들어오게 됩니다. 귀신은 무작위로 사람들에게 영향을 줍니다. 이것은 침투할 가능성을 엿보기 위해서 시험하는 것인데, 마귀의 시험에 대해서는 성경이 여러 부분에서 기록하고 있지만 귀신의 시험에 대해서 다룬 부분이 별로 없습니다. 성경은 이 부분에 대해서 거의 취급을 하지 않으며, 귀신 들리게 되는 배경이나 과정에 대해서도 자세하게 다루고 있지 않습니다. 단순히 하나님의 영광을 위해서 귀신들리게 될 수 있음을 지적하고 있는 정도입니다. 귀신은 우리의 육체를 점령하기 위해서 우리의 육체에 자극을 주기 시작합니다. 귀신은 영적 존재이지만, 그 특유의 성향으로 인해서 우리 영과 접촉할 때 그 성격이 드러나게 됩니다. 이것을 귀신의 영향이라고 설명할 수 있습니다.

귀신이 접근해서 영향을 끼치는 경우 가장 먼저 영이 이 사실을 알게 됩니다. 그러나 일반적으로 영적인 세계에 대한 지식이 부족하고, 특히 영이 강하지 못한 사람에게는 이 느낌이 단순한 육체적 또는 정서적인 변화일 것으로 오인하고 대수롭지 않게 여길 수 있습니다. 특히 영적인 것에 거의 경험이나 지식이 없는 일부 목회자들에게 있어서 이런 현상은 정신적인 스트레스나 심리적인 강박감 때문이라고 생각합니다. 이런 사람들은 성경을 따르지 않고 세상이 만들어놓은 심리학이나 정신분석학의 입장을 따라서 그렇게 생각하는 것입니다.

귀신의 영향을 받으면 우선 자신에게 영향을 주고 있는 귀신의 존재가 지니고 있는 독특한 영적 분위기가 전달되어옵니다. 그렇게 되면 영적 감각이 무디어지기 시작하는데, 귀신은 우리 몸을 점령해서 육신을 파괴하기 위한 목적이기 때문에 몸이 무기력해지고 답답해지기 시작합니다.

귀신의 영향을 받는 사람은 자주 어두운 분위기에 휩싸입니다. 까닭 없이 기분이 가라앉고, 자주 우울해지며, 조그마한 말에도 혈기가 나는 등 그 강도가 점점 심해집니다. 자주 불안해지고 초조해지며, 식은땀이 나는 전율도 경험하게 됩니다. 알 수 없는 어떤 영적 존재 같아 보이는 검은 물체나 기운이 자신을 향해서 스며들거나 다가오는 것 같이 느껴지기 시작하며, 잠들기 직전에 가위 눌림과 같이 답답함을 느끼며, 심해지면 바람과 같은 차가운 기운이 스며들거나, 어두운 물체가 자신의 몸속으로 들어오는 것 같이 느껴집니다. 때로는 불같이 뜨거운 기운이 자신에게 덮어 지기도 하고, 몸 안으로 들어오기도 합니다. 실제로 귀신이 들어오면 이 감각은 실제가 되어 몸이 마비되고, 악령이 바람처럼 마치 흡입구에 빨려 들어가는 것 같이 자신의 몸이 그 영을 빨아들이는 것을 느낍니다. 자신에게 침투할 때 마치 공포영화나 전설의 고향에서 듣던 효과음 같은 음산하면서 뱀이 지나가는 것 같은 사악 하는 소리가 들립니다.

초겨울 황량한 바람소리처럼 그렇게 스산한 분위기를 자아냅니다. 때로는 이와 반대로 매우 화려하고 밝은 분위기 속에서 아주 신비한 형상을 한 존재가 다가오는데 그 얼굴은 검고 형체를 알아볼 수 없습니다. 밝은 분위기는 빛으로 인해서 밝은 것이 아니라, 인위적인 조명으로 인해서 밝은 것 같습니다. 주님의 임재나 천사가 등장할 때 나타나는 밝음은 그 조명이 어떤 방향을 지니고 있지 않으며, 밝음 속에 그냥 파묻혀 있는 것 같은데, 귀신이 가장해서 보여주는 밝음은 무대 조명과 같이 느껴지며, 그 밝음은 깊이가 없으며 외부에서 비춰주는 밝음입니다. 주님의 밝음은 방향도 없으며, 주님 자체가 빛이시므로 그 모습에서 퍼져 나오는 밝음은 세상의 빛과 분명히 다르다는 느낌을 받습니다.

귀신은 이와 같이 때로는 빛의 천사를 가장하는데 그 정도가 너무 지나쳐서 오히려 어설프게 보입니다. 우리가 귀신을 경험하게 되면 귀신은 매우 유치하고 치졸하다는 것을 곧 알게 됩니다. 마귀와는 달리 귀신은 무척 어설픕니다. 그 행위가 유치하며, 천박합니다. 고상한 면이 거의 없으며, 마치 삼류 연예인들의 화장술 같아서 품격이 떨어지고 화려하고 원색적이어서 곧 그 위장이 드러나게 됩니다. 주님을 경험하지 못한 사람에게는 이런 화려함이 오히려 눈을 끄는 대단한 경험처럼 여겨질 수 있을 것입니다. 그러나 진짜를 경험하게 되면 얼마나 유치하고 조잡한지를 알게 됩니다. 귀신은 천박하기 때문에 귀신의 영향을 받게 되면 행동이 천박해지고 본능적이 됩니다.

겉으로 보면 인격적인 사람 같은데 실제의 삶을 들여다 보면 본능적이고 동물적인 삶을 사는 사람들이 많습니다. 귀신의 영향을 받으면 삶의 태도가 거칠어지고 천박해지기 시작합니다. 언어가 거칠고, 행동이 지저분해지며, 가치관이 속물적으로 변하기 시작합니다. 귀신의 영향은 그에게 다가와 있는 영의 존재의 직무가 무엇이냐에 따라서 다르게 나타날 수 있습니다. 더러운 귀신이 영향을 주기 시작하면 씻는 것을 게을리 하고 주변이 더러워 집니다. 심지어 24시 목욕탕에서 잠을 자고 나와도 머리를 감지 않습니다. 치우지 않아도 불편함을 느끼지 못합니다. 서서히 불결해지기 시작하는 것입니다. 속이는 귀신의 영향을 받으면 뻔히 들통이 날 거짓말을 자기도 모르게 불쑥하게 되며, 말을 하고 난 직후 후회하는 일이 거듭됩니다. 그러면서 차츰 거짓말에 익숙해지기 시작하고 양심이 무디어 집니다.

귀신은 초인적이기 때문에 자신이 장악하고 있는 사람의 지능을 초월하지 못합니다. 극히 제한적이라는 것입니다. 그렇기 때문에 귀신은 자신이 영향을 받고 있는 사람을 떠나려고 하지 않는 것입니다. 다른 곳에 가면 모든 것이 생소하여 살아갈 수가 없기 때문입니다. 사람이 귀신의 영향을 받으면 이상하게 변합니다. 이런 변화를 사람들은 단순한 습관이나 정서적 장애 정도로 보려고 하는 것은 세상이 귀신들 편이기 때문에 하나님은 물론이거니와 영적 존재 전체를 부인함으로써 귀신을 경계하지 못하게 하려는 마귀의 의도입니다.

특히 지식이 많다고 생각하는 사람들에게 귀신의 존재는 기억에서 사라진 옛날이야기가 됩니다. 이들은 철저하게 세상(사단)이 만들어놓은 거짓 학문 체계에 속아서 살아갑니다. 그것이 지성인이 취할 태도라고 여기기 때문이지요. 높은 차원의 마귀는 세상의 학문을 장악해서 그들이 의도하는 방향으로 사람들을 몰아갑니다. 철저히 하나님을 부인하고 영의 세계를 부인하도록 하는 것입니다. 이런 사단의 의도에 다수의 목회자들도 휘말려 영적인 일에 깊이 관여하는 것을 두려워하게 됩니다. 귀신의 영향을 받는 사람은 자주 거짓 영적 경험들을 하게 됩니다. 그것을 성령께서 주시는 것으로 착각하고 분별하려고 하지 않고, 그냥 받아들이게 됩니다. 성령의 나타나심과 악령의 영향을 구분하지 못하기 때문에 모든 영적 경험을 다 받아들이게 됩니다. 귀신이 거짓으로 보여주는 환상과 영적 감흥을 많이 받게 되며, 방언 역시 귀신으로부터 오는 악령의 소리가 섞여서 나오게 됩니다.

귀신의 영향을 받는 사람은 자신이 그것을 구분하기란 결코 쉽지 않습니다. 초기에는 영적 지식이나 경험이 없기 때문에 구분하지 못하며, 그 후에는 귀신이 이미 자신 속에 잠재되어 있기 때문에 스스로 떨쳐낼 수 없습니다. 귀신들림의 초기 단계인 영향을 받는 단계는 대수롭지 않게 여길 수 있지만 이것이 위험하며, 그대로 방치하면 귀신들리는 불행한 결과가 오는 것입니다.

귀신의 영향을 받는 사람은 성령으로 영을 분별하는 능력을 지닌 사람에게 가면 그 증상이 나타나기 시작합니다. 교회 안에는 반드시 영을 분별하는 능력을 지닌 사람이 있기 마련입니다. 그러나 담임목사가 영적인 분야에 관심이 없으면 귀신의 영향을 받는 사람뿐만 아니라, 육체의 질병이 들거나 마음에 상처를 지닌 사람들이 고아처럼 버려진 상태로 믿음생활을 할 수 있는 것입니다. 담임목사의 관심이 매우 중요한 것입니다. 상처가 있고, 영적인 문제를 가지고 있는 성도는 목회자를 잘 만나야 합니다.

귀신의 영향으로 심령이 병든 사람의 특징은 이렇습니다. 마음이 어두워지고 평안과 기쁨과 감사를 잃어버립니다. 귀신이 사람의 의지를 잡으니까, 일어나는 현상입니다. 귀신에게 눌려서 의지를 발휘하지 못하여 일어나는 현상입니다. 이런 사람을 말씀과 성령으로 내적치유하고 축사하면 정상으로 돌아옵니다. 미운 생각, 세속적 생각, 교만한 생각, 부정적 생각의 사람이 됩니다. 항상 생각이 부정적이 되어서 정상적인 사람들과의 대화가 되지를 않습니다. 은혜가 소멸되어 성경과 교회가 멀어지고 말씀을 불순종하며 거역합니다. 귀신에게 영이 눌려서 잠을 자니 생명의 말씀이 깨달아지지 않기 때문입니다.

　　차가운 사람, 불순종의 사람, 거짓을 말하고 증오를 합니다. 마음을 열지 않으니 마음이 차갑습니다. 좋은 이야기를 해도 의심하며 받아들이지 않기 때문에 정상적인 사람들이 대화하기를 꺼려합니다. 양심이 마귀의 화인을 맞아 죄책을 느끼지 못합니다. 그래서 인간으로서는 상상하지 못하는 범죄를 저지릅니다. 요즈음 일어나는 유아 성폭행 등을 들 수가 있습니다. 귀신이 마음을 억압하면 자신을 학대하게 되는데 의욕상실, 우울증, 불면, 패배감, 자포자기, 환각. 환청, 자살충동, 정신이상 등 자신의 본래모습을 상실하고 맙니다. 옛사람이 나타나서 유혹의 욕심을 따라서 정욕으로 행합니다. 우상을 좇습니다. 허영을 좇습니다. 음욕이 불타서 성적인 범죄를 저지릅니다. 제가 그동안 상담과 전화 상담을 통해서 득문한 사실은 지금 교회에 음욕이 불타는 성도들로 인해서 성적인 문제가 다수 일어나고 있습니다. 담임목사가 저에게 전화를 해서 어떻게 하면 음란의 귀신을 축귀할 수 있느냐고 상담하는 분들이 다수입니다.

술과 탐욕과 쾌락의 노예 되어 낚시에 물린 고기 같은 귀신에게 끌려 다니다가 지옥 가는 운명을 살게 됩니다. 환경에 지기 때문에 심령이 병드는 것입니다. 환경에는 귀신이 역사하기 때문에 예수를 믿는 성도들은 환경을 이겨야 합니다. 자기(육의 본성)를 이기지 못하기 때문에 심령이 병드는 것입니다. 약속의 말씀과 성령으로 환경과 육의 본성을 이겨야 마귀와의 영적전투에서도 승리할 수 있습니다. 마치 막 5장의 군대 귀신들린 자의 모습(막5:1-20)이 됩니다. 자기 몸에 상처를 내며 사람들에게 공포를 조성하는 사람이 됩니다.

이렇게 더러운 귀신이 사람에게 침입하면 인격과 신앙과 생활이 더럽게 되어 버립니다. 가정 중심에서 벗어납니다(막5:3). 가정에서 함께 지내지 못합니다. 군대 귀신 들린 자는 무덤 사이에서 거처했습니다. 엄청난 힘이 나타납니다(막5:3-4). 귀신의 영향으로 힘이 장사라 사람들이 제압할 수가 없습니다. 귀신의 영향 아래 있는 자는 주체할 수 없는 탐식과 정욕 등이 나타납니다. 고래고래 고성을 지릅니다(막5:5).

부부 싸움 중 인격이 돌변되어 나타나는 고함, 술 먹고 노래방 등에서 질러대는 괴성의 노래 등도 이런 영향 아래 있는 경우가 많습니다. 자해를 합니다(막5:5). 조폭들만 자해를 하는 것이 아닙니다. 귀신의 영향 아래 있는 자해의 형태는 부부 싸움에서의 폭력이나 파괴하는 행동이나 문신이나 지나친 성형수술 등도 이에 포함됩니다. 옷을 벗고 지내기도 합니다(막5:15). 여성에게 귀신이 역사하면 다른 남자가 있어도 옷을 벗고 있습니다. 아담 타락 후 사람의 본능은 죄의 몸을 가리게 되었습니다(창3:7). 그러나 귀신의 영향 아래 있으면 옷을 벗으면서도 부끄러운 줄을 모릅니다. 신령합니다(막5:6-7). 그래서 무당이나 점쟁이가 되는 것이며, 양신 역사 아래 있는 자들 중에는 예언하는 예수 무당도 있음을 알고 경계를 해야 합니다. 점치는 영의 영향으로 예언 받기 좋아하는 성도는 분별력을 길러야 합니다(겔13:17-19).

　사람 속의 귀신과의 대화가 가능합니다(막5:8-9). 귀신이 말을 못하게 하니 사역자에게 말을 하지 않는 환자도 있습니다. 귀신도 간구합니다(막5:10). 귀신은 사람이나 짐승 속에 수천씩이나 들어갈 수 있으며(막5:9), 많은 귀신이 들어가면 미쳐버립니다(막5:13). 귀신이 나가면 온전해집니다(막5:15). 귀신이 나가고 은혜가 들어오면 전도를 합니다(막5:20). 전도는 강력한 성령의 역사에 의한 은혜 운동이며, 성령의 전폭적 지지를 받기 때문에 구원받은 성도들은 전도 사명에 전력해야 합니다.

　이러한 귀신은 태아시절에 침입을 하기도 합니다. 유아시기에도 침입을 합니다. 성인이 되어 직장에서 해고와 부도, 이혼 등 강한 스트레스를 받으면 침입을 합니다. 시기에 관계없이 자신이 감당하기 힘든 충격적인 사고와 스트레스가 지속되어 마음의 상처를 받게 될 때 침입을 합니다. 이렇게 침입한 귀신이 언제 정체를 드러냅니까? 첫째, 성령의 강한 역사에 정체를 폭로합니다. 제일 좋은 것입니다. 우리 성도들은 성령이 충만한 예배를 드리면서 자신의 영적진단을 해야 되는 것입니다. 미리 예방을 할 수가 있기 때문입니다. 그래서 우리 충만한 교회는 주일날 40-50분씩 뜨겁게 기도하며 성령으로 충만 받는 것입니다. 이때 숨어 있던 귀신들이 정체를 드러내는 경우가 많습니다. 이 때 정체를 드러내는 귀신은 떠나가려는 것입니다.

둘째, 충격을 받아 침입한 상황과 같은 상황이 2차 3차로 거듭되어 의지를 제대로 행사하지 못할 때 정체를 드러냅니다. 예를 든다면 이렇습니다. 초등학생 시절 시체를 보고 놀란 경험이 있습니다. 체력적으로 정신적으로 정상 이였기 때문에 그냥 지나갑니다. 그런데 학업이나 직장일로 인하여 스트레스가 심할 때 또다시 시체를 보고 놀라게 됩니다. 영-혼-육의 상황이 좋지 않기 때문에 최초 놀랄 때 들어온 귀신이 밖으로 나타납니다. 그래서 불안과 두려움에 휩싸이게 됩니다. 밤에 잠을 자지 못합니다. 시간이 흐름에 따라 귀신이 의지를 장악해버리는 것입니다.

셋째, 사업 파산, 결혼실패, 직장해고 등 자신이 감당할 수없는 충격을 받거나 장기간 스트레스를 받아 체력이 급속이 저하되었을 때 밖으로 나타납니다. 그래서 저는 균형 잡힌 영성이 되어야 한다는 말을 많이 합니다. 영-혼-육이 균형이 잡혀야 정상적인 생활을 할 수가 있다는 말입니다.

체력이 약해진 상태에서 정신 적인 스트레스를 받으니 갑자기 간질을 합니다. 간질이 갑자기 발생하니까, 경험이 없는 사람들이 귀신의 영향으로 간질이 발생했다고 단정을 짓습니다. 그래서 이 목사, 저 목사에게 귀신축사를 받으러 다닙니다. 이러다가 치유의 시기를 놓쳐서 심각한 상태로 진전이 되기도 합니다. 필자는 이런 분들을 다수 치유한 경험이 있습니다. 우리가 스트레스를 받으면 체력의 소모가 많이 됩니다. 체력이 떨어지니 자신 속에 잠재하여 있던 영육의 문제가 드러나는 것입니다. 그래서 간질을 하기도 합니다. 어떤 분들은 가위눌림을 당하기도 합니다. 그래서 영적인 문제라고 단정하고 축사만 받으려고 합니다.

　그러다가 영적인 분야를 잘 알지 못하는 사역자를 만나 금식도 합니다. 그러나 금식은 금물입니다. 체력이 소진되어 문제가 발생했는데 금식을 하면은 기름 탱크에 불을 붙이는 것과 마찬가지입니다. 더 악화된다는 것입니다. 이때에는 당황하지 말고 환자를 안정을 시키고 우선 체력을 보강해야 합니다. 빠른 시간에 체력을 보강할 수 있는 보약이나 다른 보양 식품을 먹여야 합니다. 그래서 체력을 회복시켜야 합니다. 안정을 취하게 해야 합니다.

　그러면서 정신적인 문제를 바르게 전문으로 치유하는 사역자에게 가서 말씀과 성령으로 치유를 받으면 바로 정상이 됩니다. 치유는 무조건 축귀만 한다고 치유가 절대로 되지 않습니다. 환자 스스로 말씀 듣고 기도를 하도록 해야 합니다. 본인의 영의 힘으로 일어서게 해야 합니다. 환자가 영적 자립을 해야 하므로 시간이 걸립니다. 급하게 생각한다고 빨리 치유되는 것이 절대로 아닙니다. 축사만 하면 당시에는 치유가 된 것 같은데 시간이 지나면 재발을 합니다. 영적 자립능력이 없기 때문입니다.

그런데 이와 같은 전문적인 치유를 일반 성도들이나 목회자는 잘 이해하지 못합니다. 그래서 영적치유를 받겠다고 1년 이상 돌아다니면서 이 사람 저 사람에게 안수와 축귀만 받으면서 돌아다니게 됩니다. 이러다가 치유의 시기를 놓쳐서 환자가 사람 노릇을 못할 정도로 심각해 질수가 있으니 주의 하지 않으면 안 됩니다.

침입한 귀신은 나이에 상관없이 정체를 드러냅니다. 17살(고1)에 제일 많이 드러냅니다. 학업에 스트레스가 심하기 때문입니다. 20살에 드러냅니다. 24살에 드러냅니다. 결혼하여 잦은 부부불화가 있을 때 드러냅니다. 27살, 32살, 36살, 38살 등등 한 번 침입한 귀신은 인내하며 기다리다가 취약한 시기가 되면 반드시 정체를 드러냅니다. 말씀과 성령의 역사로 정기적인 영적 진단과 내적치유와 축귀하는 예방 신앙이 중요합니다.

상처가 있고 영적으로 깔끔하지 못한 가계력을 가진 분들은 교회를 잘 정해야 합니다. 성령의 역사가 강한 교회에서 신앙생활을 하면서 미리 영적 진단하여 치유해야 하기 때문입니다. 예방 신앙이 중요합니다. 숨어있던 귀신은 자신들이 원하는 시기가 되면 반드시 정체를 드러내기 때문입니다.

11장 축귀시 성령의 인도를 따르는 법

(고전 2:10-12)"오직 하나님이 성령으로 이것을 우리에게 보이셨으니 성령은 모든 것 곧 하나님의 깊은 것까지도 통달하시느니라. 사람의 일을 사람의 속에 있는 영 외에 누가 알리요 이와 같이 하나님의 일도 하나님의 영 외에는 아무도 알지 못하느니라. 우리가 세상의 영을 받지 아니하고 오직 하나님으로부터 온 영을 받았으니 이는 우리로 하여금 하나님께서 우리에게 은혜로 주신 것들을 알게 하려 하심이라"

귀신을 축귀하려면 성령으로 세례를 받고 성령의 은사가 나타나야 합니다. 모든 은사는 성령의 세례를 체험한 이후에 나타납니다. 성령세례를 체험하려면 성령으로 능력기도를 해야 합니다. 성령으로 세례를 받을 때 분명한 체험을 하는 것이 보통입니다. 왜냐하면 성령의 세례는 강력한 능력과 그로인한 변화를 가져오는 것이 분명합니다. 오순절에 성령께서 임할 때에 분명한 현상들이 나타났습니다. 급하고 강한 바람소리가 온 집에 가득했습니다(행 2:2). 불의 혀같이 갈라지는 것이 저희에게 보였습니다(행 2:3). 각 사람이 성령의 역사를 따라 다른 방언을 말하기 시작하였습니다(행 2:4). 성령께서는 각가지 은사를 부여하시고(고전 12: 7-11), 담대함을 주시어 하나님의 말씀을 능력 있게 전하도록 하기도 합니다(행 4:31). 지금도 성령은 성령의 세례를 주시고 은사가 나타날 때 신비한 체험을 하게 하십니다.

　교회사나 우리 충만한 교회에서 성령의 세례를 받고 성령은사를 받은 분들이 체험한 성령의 역사는 이렇습니다. 성령이 임재해서 성도를 장악하면 뜨거움을 체험합니다. 뜨거움은 성령의 임재를 상징하기 때문입니다. 성령님이 전인격을 장악하시면 쓰러지는 현상이 나타날 때가 많습니다. 이는 성령 안에서 육신의 이성적 기능이 잠깐 동안 멈추는 현상입니다. 그래서 성령의 이끌림에 의한 깊은 임재(입신)에 들어가서 여러 가지 신비한 것들을 체험하는 분들도 많습니다. 환상을 보고 예수님을 만나서 말로 표현 할 수 없는 이야기를 듣기도 합니다.

　어떤 경우에는 하나님을 찬송하기를 몇 시간이나 쉬지 않고 계속하는 현상이 나타나기도 합니다. 어느 분은 잠을 자다가도 찬양을 했다는 간증을 하기도 합니다. 성령의 임재로 방언이 터지기도 합니다. 많은 분들이 방언통역의 은사가 같이 임하기도 합니다. 성령이 임재하여 역사하기 시작하면 여러 가지 이해 할 수 없는 현상이 우리 교회 집회 때에 일어납니다.

　손발을 움츠리면서 게발처럼 되거나 얼굴을 찌푸리며 몸이 경직되는 현상이 나타납니다. 이는 특정한 죄를 해결하게 되는 경우입니다. 몸이 뒤틀리거나, 호흡이 가빠지거나 빨라지기도 합니다. 슬픔이 솟구치며 울음이 터집니다. 가슴을 찌르는 아픔, 위장이나 아랫배 부근에서 뭉치가 움직이고, 큰소리가 터지고, 가슴이 답답해지고 기침을 합니다. 하품이나 트림이 나오고, 심한 구토현상, 멀미하는 것처럼 속이 울렁거리며 토할 것 같은 현상이 일어나기도 합니다. 몸 안에서 무엇인가 빠져나가는 느낌이 생깁니다. 이는 귀신이 떠나가는 경우와 상처가 치유되는 현상이기도 합니다.

때로는 사람들에게 마음과 몸이 술에 취했을 때와 같이 몸이 흔들리는 현상이 일어나기도 합니다. 그래서 의자에 앉아 있지 못하고 의자에서 내려와 드러눕기도 합니다. 이런 술 취함을 체험한 후에 몸이 가벼워져서 걸음걸이가 비틀거리며 말까지 더듬게 되는 경우도 있습니다. 그리고 말로 표현할 수 없는 환희를 체험했다고 간증하기도 합니다.

지금까지 설명한 것은 분명하게 나타나는 현상이지만 미세하게 나타나는 현상도 있습니다. 그래서 우리가 성령께서 임하심을 영으로 깨닫지 못한 채 지나치게 되는 경우도 있습니다. 즉, 몸이나 눈까풀의 미세한 떨림, 깊은 호흡, 약간의 땀 흘림, 가슴이 울렁거리는 증상이 있습니다. 커피를 많이 마신 것과 같은 현상이 나타납니다. 때로는 가슴이 짓눌리는 것 같은 기분이 들거나 공기가 답답하게 느껴지기도 합니다.

많은 분들이 이러한 현상을 느꼈다고 성령을 체험했다고 나름대로 단정하고 계시는 분들이 있다는 것입니다. 반드시 밖으로 축출하는 체험을 해야 된다는 것을 아시기를 바랍니다. 그런데 더 큰 문제는 많은 분들이 이런 현상이 나타나면 두려워하거나 자리를 이탈하려고 합니다. 그러나 참고 인내해야 성령의 세례를 체험하고 성령으로 자신의 심령이 장악을 당할 수가 있습니다. 만약에 성령이 역사하여 자신을 사로잡을 때 두려움을 견디지 못하고 성령의 역사를 거부하고 자리를 이탈하면 성령의 역사를 훼방하는 행동이 될 수도 있습니다.

성령의 은사를 받고 축귀하려면 불같은 성령으로 세례를 체험해야 합니다. 부디 불같은 성령으로 세례를 체험하고 성령으로 충만하여 성령의 은사를 나타내어 하나님의 축복의 도구들이 되시기를 바랍니다.

더 많은 성령의 역사에 대해서는 "**성령의 불로 불 세례 받는 법**"과 "**성령의 불로 충만 받는 법**"을 읽어보시기를 바랍니다. 성령의 은사가 나타나게 하려면 기도를 해야 합니다. 기도도 성령의 이끌림을 받는 영의기도를 해야 합니다. 방언기도를 영의기도라고 말하는데 꼭 그렇게 단정할 수가 없습니다. 방언기도를 하지 못해도 성령으로 세례 받은 분들이 있습니다. 방언기도를 못해도 성령의 이끌림을 받는 영의기도를 할 수가 있습니다.

방언기도를 통해서 다양한 은사가 나타나게 됩니다. 성령의 은사 사역에 따라 다양한 방언을 말할 수 있다는 점이 독특합니다. 각종 방언이라고 기록한 성경말씀에서 보듯이 은사로서의 방언은 다양한 방언을 말할 수 있습니다. 치유를 위한 방언과 축귀를 위한 방언이 다릅니다. 성령이 임재해서 말씀하시는 방언도 다릅니다. 자신이 평소에 하던 방언과 전혀 다른 음색과 억양과 사용되는 단어가 다릅니다. 방언의 은사를 받은 사람은 한 가지 방언을 말하지 않고 때에 따라서, 성령사역의 목적에 따라서, 방언이 바뀝니다. 은사 사역의 주체가 바뀔 때마다 방언이 수시로 다르게 나옵니다. 통역을 위한 방언, 즉 예언적 방언의 경우 통역이 되며, 방언의 은사는 자신을 위한 것도 되지만, 교회를 섬기기 위한 것도 되기 때문에 방언기도를 통하여 치유, 축사, 예언, 지식의 말씀, 지혜의 말씀, 영분별 등과 같은 은사들을 더욱 강력하게 나타나게 하는 역할을 합니다.

각종 은사를 제대로 활용하기 위해서 성령의 이끌림을 받는 영의 기도는 물론이거니와 그 은사가 지니는 독특한 성향을 드러내기 위해서 방언은 필수적인 것입니다. 다른 은사를 행할 때 우리의 의지와 지식으로 하는 것이 아니라, 주님이 주신 능력으로 하는 것이기 때문에, 그 능력을 가져온 영과의 대화를 위해서 각각 다른 방언을 하게 되는 것입니다.

이런 사실은 방언 통역을 통해서 알 수 있는 것입니다. 방언이 통역될 때 우리는 천사와 대화가 가능하다는 사실을 알게 되며, 주의 영과 대화할 수 있는 것입니다. 이런 경우에 우리는 방언의 은사로서 가능하며, 단순히 우리 영의 기도인 개인적인 방언은 우리를 세우기 위한 것이며, 우리 영이 하나님에게 기도하는 단순한 개인적인 기도입니다.

대부분의 성도들이 하고 있는 방언은 이런 목적으로 주어진 것이며, 방언이 자신에게 임하기 위해서는 무엇보다 사모하는 마음이 있어야 하고, 하고자 하는 열정이 있어야 합니다. 은사로서 주어지는 방언은 자신의 의지와는 전혀 상관이 없이 달란트, 사명, 기질에 따라 하나님의 주권적역사로 나타납니다. 개인적인 영을 강건하게 하기 위한 방언은 구하고 사모하는 마음이 있어야 합니다. 우리의 유익을 위한 요소들은 대부분이 우리가 열심히 구해야 하는 법칙의 적용을 받습니다. 믿음도 강해지기 위해서는 구해야 합니다. 성경은 우리에게 믿음을 더해 주시기를 간구해야 함을 분명히 하고 있습니다(눅 17:5, 고전 12:31). 이렇듯이 구해야 하지만 억지로 흉내 내듯이 일부로 만들어서 해서는 안 됩니다. 인위적으로 방언을 흉내 내어 하는 것은 바람직하지 못합니다.

그러면 은사적인 방언기도는 어떻게 나타나는 것인가 입니다. 저는 예배나 집회를 인도하기 전에 방언으로 기도를 많이 합니다. 호흡을 들이쉬고 내쉬면서 마음으로 하는 방언기도를 많이 합니다. 내 속에서 성령의 불을 밖으로 나타나게 하기 위해서입니다. 성령으로 충만하기 위해서입니다. 여기까지 방언은 기도의 방언입니다. 기도의 방언으로 성령이 충만해지면 이제 은사의 방언으로 이끌어 가십니다. 방언으로 기도하여 성령이 충만한 가운데 강단에 서서 말씀을 전하면 성령이 감동을 주십니다. 원고를 준비하여 말씀을 전해도 그때그때 성령께서 필요한 지식의 말씀과 지혜의 말씀을 주셔서 전하게 하십니다. 이것이 성령으로 충만하여 성령께서 저를 사로잡고 은사를 나타내면서 이끌어 가시는 것입니다. 그리고 말씀을 전하고 나면 일으켜 세

워서 찬양을 하라! 그냥 기도하게 하라! 이렇게 감동을 하십니
다. 그러면 저는 성령께서 감동하신대로 순종합니다. 저는 청중
들에게 전심으로 기도를 하게한 후에 강단 아래로 내려가서 일
일이 안수를 하면서 치유와 은사 사역을 합니다. 이때 저는 방언
으로 기도를 합니다. 그러면 성령께서 저에게 은사의 방언으로
역사하십니다. 방언기도하며 안수할 때 저에게 성령께서 감동을
하십니다. "이 사람은 마음이 갑갑하여 영이 잠자고 있다. 영이
깨어나게 하라!" 그러면 제가 순종합니다. 다른 사람을 안수하면
"이 사람은 서러움의 상처가 있다. 서러움의 상처가 치유되게 하
라!" 그러면 제가 조치를 합니다. "이 사람은 귀신이 역사한다.
축귀를 하라!" 그러면 축귀를 합니다. "이 사람은 자아가 너무 강
하게 시간이 오래 걸리겠다! 이 사람은 아직 성령이 장악을 못했
다! 이 사람은 앞으로 데리고 나가서 기도하라!" 성령께서 감동
하시는 대로 안수를 합니다. 이렇게 방언기도하면서 안수를 하
면 성령께서 알려주십니다.

심방의 예를 든다면 심방을 가면서부터 마음의 방언으로 기도
를 합니다. 그러면 대략적인 가정의 상태를 알게 하십니다. 가정
에 도착하면 성령께서 감동을 하시기 시작을 합니다. "이 가정을
영적으로 많이 눌려있는 가정이다! 이 가정은 부부간에 문제가
있다! 이 가정은 자녀문제로 고통을 당한다! 이 가정은 물질문제
를 어렵게 하는 영이 역사한다! 이 가정은 질병이 많이 있다!" 이
렇게 감동을 합니다. 저는 성령께서 감동하신대로 영적인 조치

를 취합니다.

상담을 할 때도 마찬가지입니다. 마음으로 방언을 하면서 성령과 교통하는 것입니다. 성령님 문제가 무엇입니까? 그러면 지식의 말씀에 은사로 역사하여 문제를 알게 합니다. 성령님 문제의 원인은 무엇입니까? 그러면 원인을 알게 하십니다. 어떻게 조치를 합니까? 생각하지도 못한 지혜를 주십니다. 그래서 문제를 해결하게 하십니다. 이것이 은사적인 방언입니다. 방언기도에 대하여는 "방언기도에 숨은 비밀"을 참고하시기를 바랍니다.

귀신은 한 영혼을 고통의 수렁으로 빠뜨리고 파멸시키는 일을 하지만, 마귀는 개인을 사로잡거나 이용하여 교회 공동체를 무너뜨리는 일을 합니다. 개인을 이용하거나 사로잡아 집단을 자기 손아귀에 넣기 위해서 그 역할을 수행할 도구로 이용할 개인을 공격합니다. 마귀는 귀신과 달리 사람의 몸을 점유하는 것이 아니라, 그 영과 정신을 점유하거나 자신의 영향권 속에 넣으려고 합니다. 마귀는 약점을 보이는 사람에게 접근하여 끈덕지게 유혹하여 그 사람을 자기편으로 만들어 사용하는 것입니다.

마귀는 어떤 사람에게 접근하여 끈질기게 유혹하여 자기 도구로 삼게 되는 데 이 유혹을 이기지 못하면 서서히 마귀의 영향권 속으로 빨려 들어가게 되고 마침내는 마귀의 종노릇을 하게 되는 것입니다. 마귀는 우리에게 영향을 주기 위해서 우리의 약점을 파악하고 그 약점을 집중적으로 공격하게 됩니다. 이런 마귀의 공격에 대해서 적절한 대응을 하지 못하면 서서히 마귀의 수

중에 빠지게 되는 것입니다.

마귀 역시 약점 있는 사람을 선택하여 상당기간 동안 교묘한 방법을 동원해서 집요하게 유혹하게 됩니다. 이런 유혹을 이기기 위해서 우리는 어떻게 대응해야 할까요. 영의 눈을 열고 영적인 사고를 하면서 귀신의 머리 위에 올라앉는 것입니다.

마귀는 우리의 약점을 공격합니다. 자신의 약점이 무엇인지를 파악하고 있어야 합니다. 자신의 아킬레스건이 무엇인지를 안다는 것이 마귀를 물리칠 수 있는 첫 번째 요령입니다. 자신의 취약점은 자신이 가장 잘 알면서도 그것을 극복하기란 쉽지 않습니다. 자신의 취약점을 극복하려면 대단한 노력이 필요합니다. 보통 사람들은 극복할 수 없습니다. 그러므로 극복하려는 노력보다는 경계하는 것이 더 효과적입니다. 이것이 두 번째 요령입니다. 자신의 약점이 위협 받을 수 있는 자리를 될수록 피하는 것입니다. 이길 힘이 없으면 달아나는 것이 상책입니다. 조금은 소극적으로 보일지 몰라도 이것이 안전한 방법입니다.

성령 충만은 가장 적극적인 방법입니다. 이것이 세 번째 요령입니다. 항상 성령에 충만한 삶을 살기란 희망 사항일 뿐이지 실천하기란 역시 어렵습니다. 그러나 이것이 자신의 약점을 극복할 수 있는 가장 효과적이고 쉬운 방법입니다. 주기적으로 성령 충만을 받을 수 있는 영성 집회에 참석하는 것이 좋은 방법입니다. 힘껏 기도하고 찬양하고 성령 충만한 사람들과 어울리는 시간을 주기적으로 갖는 것이 성령 충만을 유지하는 매우 좋은 방법입니다.

　요즈음 우리나라 교회가 사람들이 잘 모이지 않는다는 이유로 금요철야예배(Friday Vigils)를 거의 하지 않고 있는데 이는 참으로 안타까운 일입니다. 우리 충만한 교회는 목요일 날 예배를 드립니다. 단 한 사람이라도 참석한다면 그 영혼을 위해서 철야예배를 해야 할 것입니다. 경건한 무리가 모여 밤이 깊도록 은혜를 나눔으로써 성령 충만한 삶을 살 수 있고 이에 따라서 마귀의 유혹을 이기는 수단이 된다면 얼마나 좋겠습니까? 물론 철야예배를 해야만 성령 충만이 이루어지는 것이라는 말은 아닙니다. 그러나 일상적인 예배의 틀을 벗어나 하루 정도는 힘껏 부르짖어 기도하고 박수 치면서 찬양하고 방언으로 기도하고 신령한 노래로 영광을 돌리며, 예언과 계시가 임하는 예배를 경험하는 것이 삶에 큰 활력이 되는 것입니다.

　우리 충만한 교회는 주일날을 이용하여 성령 충만한 예배를 드립니다. 오전에 35분 이상 기도하면서 성령 충만을 받습니다. 오후 예배는 50분 이상 기도하면서 성령 충만을 받습니다. 저는 성도들을 일일이 안수하여 성령의 역사가 일어나도록 합니다. 영의통로가 열리도록 안수를 합니다. 이때에 수많은 상처들이 치유되고 귀신들이 축사됩니다.

　성령 충만은 혼자 있을 때보다 경건한 무리가 함께 모일 때 더 강하게 임합니다. 그런 충만은 더 오래 지속되는 것입니다. 성령 충만은 마귀의 유혹을 이기는 무기입니다. 이 무기로 무장하여야 마귀의 불화살을 막을 수 있는 것입니다.

마귀는 우리 곁에서 항상 기회를 엿보고 있습니다. 그리고 서서히 은밀하게 영향을 주기 시작합니다. 곁에 마귀가 있는데도 불구하고 알아차리지 못하면 마귀는 자신 곁을 결코 떠나지 않고 여러 가지로 영향을 주기 시작합니다. 마귀는 사람들 사이로 두루 다니면서 영향을 줄 수 있는 사람을 찾습니다. 그렇게 찾아진 사람 곁에 머물면서 영향을 주기 시작하는 것입니다. 당사자는 이것을 눈치 채지 못하면 그때부터 마귀의 영향권 속으로 빨려 들어가게 됩니다.

마귀는 각각 가지고 있는 직무가 다릅니다. 예를 들어 "분리의 영"(spirit of division)이 자신 곁에 와 있다면 그는 무슨 일이든지 편을 가르고 싶어 하게 됩니다. 공동체를 갈라놓기 위해서 갖가지 수단을 다 동원합니다. 항상 판을 깨고 사람들을 이간해서 갈라놓는 것을 좋아합니다.

이런 사람이 목회자면 교단을 갈라놓는 일에 앞장섭니다. 정치인이면 당을 쪼개려고만 합니다. 분당과 파당의 앞잡이 노릇을 합니다. 성도라면 교회를 갈라놓은 일에 앞장섭니다. 우리는 이런 사람을 보면 그 사람이 기질적으로 그런 사람이라고 생각합니다. 그가 마귀의 영향권 속에 빠져 그런 일을 한다고 생각하는 사람이 별로 없습니다. 현대 사회는 마귀의 존재를 점점 망각하게 하고 있습니다. 마귀, 귀신은 자신의 존재가 드러나는 일을 매우 싫어합니다. 그래서 교회 안에서도 귀신을 말하면 사람들이 싫어합니다. 주님은 우리 가운데 오셔서 하신 일 가운데 하나가 마귀의 일을 멸하는 일이었습니다. 주님은 우리에게 마귀가 있다는 사실과 그 마귀에게 속지 말 것과 마귀에게 대항해서 싸울 것을 가르쳤습니다.

우리는 주님으로 인해서 마귀의 존재를 알게 되었고, 우리의 삶은 바로 마귀와 싸우는 영적 전쟁의 삶이라는 사실을 알게 되었습니다. 그런데 이 마귀의 실체를 이야기하는 것을 마치 미신적인 이야기를 하는 것처럼 여기고 싫어하는 사람이 있습니다. 이런 사람들은 분명히 마귀의 영향을 받고 있는 사람일 것입니다. 우리의 대적은 마귀입니다. 그러므로 우리는 이 마귀에 대해서 잘 알아야 합니다. 그래야 마귀의 올무에 빠지지 않을 것입니다. 마귀는 우리 곁에 와 있다는 사실을 먼저 인식하고 이것을 점검해야 합니다. 마귀는 물리치지 않고 가만히 있으면 절대로 떠나지 않습니다. 우리 곁에서 마치 없는 것처럼 아주 은밀하고 교묘하게 자신의 존재를 숨깁니다.

마귀는 자기에게 주어진 직무에 따라서 행동합니다. 그러므로 우리에게 어떤 일정한 생각이 지속적으로 들어온다면 이는 자신 곁에서 마귀가 영향을 주고 있다고 파악하고 물리쳐야 합니다. 예수님은 베드로로 위장하여 접근하여 십자가를 거부하도록 부추기는 마귀를 알아차리고 즉시 물리쳤습니다. 베드로의 입을 통해서 나온 마귀의 유혹은 예수께서 반드시 행하여야 할 하나님의 뜻과 정면으로 대치되는 내용이었습니다. 이것을 알아차린 주님은 마귀를 물리쳤습니다.

　나쁜 생각이나 감정이 처리되지 않고 계속 일어난다면 이는 분명 마귀가 곁에 있는 것입니다. 마귀는 쉽게 우리 곁을 떠나지 않습니다. 떠났다가도 언젠가는 다시 돌아옵니다. 이는 우리에게 약점이 있기 때문입니다. 자신에게 있는 약점은 일생동안 사라지지 않는 것입니다. 이 약점을 우리 스스로 인식하고 경계해야 합니다. 물론 이 약점을 의지로 극복하는 사람이 있지만 이런 사람은 소수이고 대부분은 극복하지 못한 채 살아갑니다. 약점을 안고 살아가는 것이 우리들입니다. 그러므로 마귀는 그 약점을 언제라도 다시 건드릴 수 있음을 알아야 합니다. 우리 곁을 떠난 마귀는 잠시 떠났을 뿐 언젠가는 다시 올 것입니다.

　마귀가 우리의 약점을 건드리지 않으면 우리의 약점은 해로운 것이 아닙니다. 그 약점 자체도 우리의 일부이니까요. 그런데 마귀가 이 약점을 건드리고 자극합니다. 이럴 때 우리는 약점으로 인해서 고통에 빠지게 되는 것이지요. 우리의 약점이 마귀로 인해서 시험 받고 충동될 때 우리는 즉시 마귀를 쫓아야 합니다.

　"예수 이름으로 명하노니 귀신아 내 곁에서 떠나라" "마귀, 귀신아 내 곁에서 떠나라" "사단아 물러가라" 성령의 임재 하에 선포하는 이 단순한 명령으로 우리는 마귀로부터 이길 수 있고 우리의 약점은 보호될 수 있습니다. 마귀와 귀신과 영적전쟁을 하기 위해서 성령으로 충만함이 필수입니다. 목회자는 성도들은 성령으로 충만하도록 관심을 가지고 예배를 인도해야 합니다.

성도들은 어찌하든지 성령으로 충만하도록 깊은 영의기도를 무시로 하는 습관을 들여야 합니다. 앞으로 세상은 더욱 복잡해집니다. 복잡한 세상을 살아가려면 스트레스를 피할 수가 없습니다. 예수를 믿는 성도들도 스트레스에 무관하지 못합니다. 이 스트레스를 이기려면 영성이 깊어야 합니다. 영성이 깊어지려면 기도해야 합니다. 기도도 성령으로 깊은 영의기도를 해야 합니다. 깊은 영의기도를 숙달하시기 바랍니다. 깊은 영의기도를 숙달하려면 "**깊은 영의기도 숙달하는 비결**"을 참고하시기를 바랍니다.

하나님은 귀신에게 고통을 당하는 성도를 해방하여 주시기를 원하십니다. 지금 교회에는 축귀에 대한 올바른 지식이 없어서 영육으로 고통을 당하는 성도가 많습니다. 귀신축사는 사람의 힘으로 하는 것이 아닙니다. 반드시 성령의 권능을 힘입어야 가능한 일입니다. 성령의 권능은 축사를 하는 사역자도 힘입어야 합니다. 귀신으로 고통을 당하는 성도도 성령으로 장악이 되어야 합니다.

그러므로 축귀사역의 성공은 성령의 권능을 힘입는 것입니다. 사역자 자신이 어떻게 하면 성령의 권능을 힘입을 수 있는지를 알아야 합니다. 또, 사역자 자신에게 임재 하여 계시는 성령의 역사를 피 사역자에게 전이 시켜 환자를 성령으로 장악하게 하는 비결도 터득하고 있어야 합니다. 이를 위해서 사역자는 성령의 깊은 임재를 체험해야 합니다. 성령의 임재는 사역자에게 역사하는 성령의 역사만큼 환자에게 전이되기 때문입니다. 그러므로 사역자가 깊은 임재를 체험했다면 축귀사역을 좀 더 수월해질 것입니다.

절대로 단번에 축사가 되지 않습니다. 단번에 축사하려고 밤을 새워서 사역을 하는 분들이 있습니다. 그러나 날이 새도록 안수하고 명령해도 귀신을 모두 떠나가지 않는다는 것입니다. 얼마 전에 인천에서 목회하시는 여 목사님이 우리 교회에 오셔서 치유 받고 능력이 나타났습니다. 영적인 사역에 관심이 많아서 그런데 목사님 교회에 영적으로 문제가 있는 분들이 많이 찾아오신다는 것입니다. 그래서 이분들은 대상으로 사역을 한다는 것입니다. 하루는 이렇게 말하는 것입니다.

목사님! 귀신역사가 나타나서 모두 몰아내려고 저녁 8시부터 시작하여 다음날 6시까지 날이 새도록 안수를 했는데 결국 모두 몰아내지 못했습니다. 제가 이렇게 대답을 했습니다. 날이 새도록 축귀해서 모두 떠나간다면 얼마나 좋겠습니까? 절대로 그렇게 마음대로 귀신을 쫓아낼 수가 없습니다. 환자가 영적으로 자라는 만큼씩 귀신이 떠나가는 것입니다. 영적인 진리를 알고 스스로 깊은 영의기도를 할 수 있는 만큼씩 귀신은 떠나가는 것입니다.

목사님이 하시는 것과 같이 사역을 하다가 보면 영적손실이 찾아오고 지나면 탈진이 찾아올 수가 있습니다. 주의 하셔야 합니다. 영적 탈진이 오면 이러한 현상이 일어납니다. 영적 탈진에 빠지지 않도록 사역자 자신의 영성관리를 하여야 합니다. 이런 영적 손상은 악령의 공격에 의해서 영적 능력이 급격히 소진되었을 경우에 나타나게 되며, 간혹 충분한 기도와 성령의 역사 없이 인간적인 욕심으로 혼적인 사역을 행한 결과 영적 능력이 상당히 소진되어 버렸기 때문에 나타나는 현상입니다. 저는 이렇게 사역을 하시다가 체력과 영력이 소진되어 사역을 하지 못하는 목회자를 많이 치유하여본 경험이 있습니다. 이런 분들의 공통적인 특징이 목회를 할 수 없을 정도로 탈진을 경험한다는 것입니다.

영적 탈진은 과도하게 능력을 소모했거나, 자신이 감당하기에 벅찬 악한 영으로부터 충격을 받았을 경우 나타납니다. 마귀의 집요한 공격을 받게 되면 영적 탈진이 일어나, 영적인 일이 시들해지거나, 무기력해져서 무덤덤한 신앙생활을 하게 되는 경우가 있습니다. 성령 충만이 사라지고 육신적으로 신앙생활을 해야 하기 때문에 교리적이고, 형식적인 신앙생활에 빠지게 됩니다. 그리고 기도가 되지 않고, 몸이 이곳저곳 아프기도 하고, 힘이 없고 피곤하기만 합니다. 짜증이 심해지기도 합니다. 이것이 일반적인 성도들과 경험이 부족한 사역자들이 경험하게 되는 영적 탈진의 현상입니다.

영적 사역자들이 경험하는 영적 손상으로 인한 능력의 소진은 점진적으로 나타나는 것이며, 악령으로부터 지속적으로 공격을 받게 되면 영적 능력이 소멸되어가게 됩니다. 일부 사역자들이 이런 증상을 영적 전이로 오해하게 되어 자신에 대한 축사를 하지 않게 되어 지속적으로 악령의 공격을 받게 되며, 그럴 때마다 영적 탈진이 일어나고, 마침내는 더 이상 사역을 할 수 없는 지경에 이르게 되는 것입니다. 체력도 소진되고 여러 영육의 문제가 발생하여 더 이상 사역을 하지 못하게 되는 것입니다. 일 년을 치유해도 회복이 되지 않는 사역자도 있습니다.

악한 영에 의해서 발생한 질병이나 문제를 다룰 때는 반드시 악령으로부터 공격을 받게 됩니다. 그러나 경험이 부족하거나 이에 대한 지식이 부족한 사역자의 경우 단순한 질병이나 문제로만 여기고, 주님이 주신 영적인 권세로 축사를 제대로 하지 못하고, 성령께서 치유하시거나 해결해주시기만을 간구하는, 치유하여 주시옵소서하는 나약한 기도를 하게 됩니다. 이런 경우에도 치유가 일어나고 문제가 해결될 수도 있지만, 사역자는 자신도 모르는 사이에 악한 영으로부터 심각한 영육의 훼손을 받게 되는 것입니다.

영적 손상을 받게 되면 육신적으로 힘이 빠지고, 쑤시고 아파서 환자처럼 눕게 되거나, 머리가 어지럽고, 매스꺼우며, 정신이 혼미해지고, 힘이 빠져 행동할 수 없게 됩니다. 몸은 매를 맞은 듯이 쑤시고, 이곳저곳 아프며, 머리가 어지러운 현기증 증상에 시달리게 되며, 이명 현상(tinnitus)이 나타나 정신을 차릴 수가 없습니다.

때로는 정신이 맑아져 잠을 잘 수 없게 되어, 불면증에 시달리

기도 합니다. 환상이 보이고 환청이 들리며, 육신이 고단해져서 신음소리를 내기도 합니다. 이런 육신적 고통을 단순히 영적 전이로만 이해한다면 문제가 생길 수도 있습니다. 왜냐하면 축사를 받은 후에 나타나는 증상과 비슷하기 때문에 속기 쉽습니다. 일반적으로 축사를 받을 후 며칠 동안은 힘이 없는 경우가 많습니다. 그래서 특히 축사사역에 있어서 영적 능력을 가늠하는 것이 중요합니다. 자신이 감당할 수 있는 악령의 수준이 있는 것입니다. 성령이 앞서서 하시게 해야 합니다. 그리고 강력한 영권으로 무장하여 대적기도를 해야 합니다.

감당하지 못할 강한 악령을 만나게 되면 심각한 타격을 받게 될 뿐만 아니라, 심하면 귀신 들리게 될 수도 있습니다. 능력도 없는 스게와의 일곱 아들들이 함부로 귀신을 쫓으려다가 봉변만 당하였듯이, 능력이 되지 않는 상태에서 귀신을 섣불리 상대하려고 하다가 불행한 일을 당하는 경우가 있습니다. 귀신들린 청년을 불쌍히 여기고 믿음으로 귀신을 쫓아주려던 사모가 귀신 들려 고생한 경우가 있었습니다.

축사 사역자의 경우에 기본적으로 어느 정도의 귀신들은 감당할 수 있는 능력이 있지만, 계속 되는 영적 전투에서 많은 능력과 체력을 소진할 수 있습니다. 그런 경우에 더 강력한 악령을 만나게 되면 심각한 손상을 받을 수 있습니다. 악한 영의 공격을 단순히 영적 전이로 오해하여 사역자 자신에 대한 적절한 축사를 하지 않으면 계속 탈진을 경험하게 됩니다. 악한 영에 의해서 생긴 문제를 다룰 때마다, 심각한 영적 탈진을 경험하게 되면 자신에 대해 축사를 해야 합니다.

영적전이와 영적손상에 대하여 자세하게 알고 싶은 분은 "**하나님의 복을 전이 받는 법**"을 읽어 보시기를 바랍니다. 이 책은 성도님들이나 목회자들이나 모두 꼭 읽어야 하는 아주 중요한 책입니다.

우리 교회는 매주 토요일 집중치유를 하고 있습니다. 집중 치유는 정기적인 집회에서 치유 받지 못하고, 능력이 나타나지 않는 분들과 지방에 사셔서 시간이 없는 분들을 대상으로 2시간 30분 동안 사역을 합니다. 집중 치유 사역시 말로 표현할 수 없는 성령의 역사가 일어납니다. 상황을 요약해서 정리하면 이렇습니다. 안수기도를 하고 30-60분 사이에는 상처가 치유되었습니다. 악~악~악~ 하면서 분노가 터져 나왔습니다. 40대 중반의 여성은 손가락을 입어 넣고 빨면서 엄마를 찾았습니다. 야~ 이 새끼야~ 그래 잘났다. 잘 났어! 하면서 욕을 해대는 여성도 있었습니다. 으흐응~ 으흐응~ 으흐응~ 하면서 앓는 소리를 하는 70대 여성도 있었습니다. 이렇게 상처가 치유가 되었습니다. 상처가 치유되고 70분정도 되니, 이제 세대의 영들이 축사되었습니다. 아이고~ 아이고~ 아이고~ 곡을 하면서 떠나는 귀신도 있었습니다. 나갈게 나가면 되잖아~ 하면서 떠나는 귀신도 있었습니다. 손발이 오그라들면서(중풍) 떠나가는 귀신도 있었습니다. 아이고~ 아이고~ 내가 지금까지 여기에서 살았는데 어디로 가라는 거야! 하소연을 한동안 하다가 떠나가기도 했습니다. 그래 간다. 이 새끼야~ 가면 되잖아 하면서 떠나기도 했습니다. 오십견을 일으키던 귀신은 악~ 악~ 하면서 어깨통증을 일으키며 떠나갔습니다. 현장에서 오십견, 허리디스크, 근육통 복부통증 등등이 치유가 되었습니다. 허리와 근육에 강한 통증을 유발하며 떠나갔습니다. 약 90정도까지 세대의 영들이 별별 희한한 행동과 소리를 하면서 떠나갔습니다. 늦은 분들은 120분까지 악한 영들이 떠나갔습니다. 제가 이 사역을 하면서 깨달은 것은 성령이 충만한 사람들에게도 귀신이 역사하고 있다는 것입니다. 이 귀신들이 떠나가는데 90-120분 정도의 시간이 걸린다는 것입니다. 그래서 성령께서 감동하신 2시간 30분이 맞는다는 것입니다. 그러므로 축사를 하려면 2시간 이상 깊은 임재기도를 해야 한다는 것입니다. 한마디로 쉬운 사역이 아니라는 것입니다. 성령이 역사하여 성도를 장악하니 귀신들이 쉽게 떠나가더라는 것입니다. 그러므로 성령의 깊은 임재가 축사 사역에서는 무엇보다도 중요하다는 것입니다. 축귀는 시간이 걸리는 사역입니다. 그러므로 성령께서 하시는 데로 따라가는 것이 좋습니다.

   다시 강조합니다. 축귀사역은 반드시 성령의 인도를 따라야 합니다. 축귀는 성령의 사역이기 때문입니다. 축귀는 자신의 욕심이나 의지로 하는 것이 절대로 아닙니다. 성령께서 보증하여 주시고 함께 하셔야 하는 사역입니다.

12장 축귀는 성도의 필수불가결한 사역이다.

(벧전1:7)"너희 믿음의 시련이 불로 연단하여도 없어질 금보다 더 귀하여 예수 그리스도의 나타나실 때에 칭찬과 영광과 존귀를 얻게 하려함이라."

하나님은 믿는 우리가 영적 전쟁에 승리하기를 원하십니다. 현대사회는 점점 더 기계화, 비인간화 되어갑니다. 또 이와 동시에 영적인 면에 관심을 가지는 시대이기도 합니다. 악한 영이 더욱 강하게 역사하는 시대입니다. 영적전쟁은 마귀와의 싸움이기도 하고, 자신과의 싸움이기도 하며, 자신의 이성과의 싸움이기도 합니다. 지속적인 싸움입니다.

마귀는 꼭 영적으로만 싸움을 걸어오는 것이 아니라, 경제적인 문제나, 자녀와 건강 등 여러 면에서 싸움을 걸어오고 있습니다. 기독교의 생명력은 영적인 부분입니다. 그런데 영적인 부분이 외면을 당하고 있습니다. 그냥 물질의 축복만 추구하고 있습니다.

(약 4:7-8)"그런즉 너희는 하나님께 복종할지어다. 마귀를 대적하라. 그리하면 너희를 피하리라.하나님을 가까이하라. 그리하면 너희를 가까이하시리라. 죄인들아 손을 깨끗이 하라 두 마음을 품은 자들아 마음을 성결하게 하라"

이 말씀은 영적 전쟁의 기본이 되는 말씀입니다. 영적 전쟁의 기본은 하나님께 순복하는 것, 즉 이 세상의 그 어떤 것보다, 그 어떤 존재보다 하나님을 더 귀하게 여기는 것입니다. 하나님을 제일로 여기는 것이 마귀를 쫓아낼 수 있는 근원적인 힘이 됩니다.

하나님은 로마서 12장 2절에서 "너희는 이 세대를 본받지 말고 오직 마음을 새롭게 함으로 변화를 받아 하나님의 선하시고 기뻐하시고 온전하신 뜻이 무엇인지 분별하도록 하라." 하십니다.

예수님의 승리가 확실함에도 불구하고 대적들은 살아서 활동하고 있습니다. 사단의 마지막 항복, 악한 세력의 포로로 남아 있는 이들이 자유로워지는 것, 사단의 세력을 꺾고 무저갱에 넣는 일들은 아직 앞으로 일어날 일들입니다. 명목상으로 우리의 승리가 선포되었으나 실제로는 우리의 삶에 아직도 악한 영들이 장악하고 있는 부분이 많이 있습니다. 영적전쟁이란 바로 이러한 부분에 대한 권리를 주장하고 악한 영들을 물리치는 것입니다.

영적전쟁의 목적은 하나님의 자녀들이 이 세대를 본받지 않고 말씀을 새롭게 함으로 변화를 받는 것입니다. 크리스천은 거듭나는 순간에 서류 적으로는 하나님의 자녀로 변화되었으나, 실제의 삶에서는 아직 변화를 받지 못하고 있습니다. 영적전쟁은 바로 이 실제의 삶에서의 변화를 추구하는 것입니다. 악한 세력은 우리가 거듭나는 순간에 우리를 잃었으나 계속해서 우리의 삶에 영향을 미침으로 더럽게 하고 변화되지 못하게 합니다. 이러한 악한 세력과 싸워서 이기고 실제의 삶이 변화 받게 하는 것이 영적

전쟁의 목적입니다.

골로새서 3장 9-10절에"너희가 서로 거짓말을 말라 옛사람과 그 행위를 벗어버리고 새 사람을 입었으니 이는 자기를 창조하신 자의 형상을 좇아 지식에까지 새롭게 하심을 받는 자니라."말씀하십니다. 거짓말을 하지 않는 것, 옛사람과 그 행위를 벗어버리고 새 사람을 입는 것, 새롭게 하심을 받는 것이 영적전쟁의 목적입니다.

에베소서 2장 10절에 "우리는 그의 만드신 바라 그리스도 예수 안에서 선한 일을 위하여 지으심을 받은 자니." 말씀하십니다. 우리로 하여금 선한 일을 하지 못하게 막는 악한 세력들과의 싸움에서 이기고 하나님의 선한 일을 하게 되는 것이 영적전쟁입니다. 영적 중풍병에 걸린 크리스천으로 하여금 자리를 차고 일어나 하나님의 일을 하게 만드는 것입니다.

영은 살았으나 몸이 영의 말을 듣지 못하고 있는 상태에서 온전히 영의 지배를 받게 만드는 것이며, 하나님의 영으로 온전히 인도를 받는 삶을 살게 하는 것입니다. 불평과 근심과 두려움은 우리를 약하고 악하게 만듭니다. 마귀는 우리에게 불평, 근심, 두려워하는 마음을 주어서 하나님을 대적하게 만듭니다.

마귀가 직접 하나님을 대적하는 것이 아니라, 하나님의 자녀의 마음에 더러운 것을 집어 넣어줌으로 하나님의 자녀가 하나님을 대적하게 만듭니다. 영적전쟁을 통하여 불평과 근심을 몰아내고 기쁨을 우리 마음속에서 끌어내어야 합니다. 우리는 하나님이 주시는 기쁨을 솟구쳐 오르게 함으로 우리를 강하게 만들어야 합니다. 마귀가 막고 있는 기쁨의 샘을 터뜨려야 합니다.

마귀는 하나님과의 교제의 길을 막으려고 애를 씁니다. 그리고 마귀와의 교제의 통로를 넓게 하려고 합니다. 그래서 우리의 신앙이 실낱같이 겨우 명맥만을 유지하고 있는 것입니다. 크리스천들은 이것을 이겨야 합니다. 나날이 더 하나님에게로 가까이 하고, 더 깊고 더 두텁고 넓고 밀접한 관계가 되어야 합니다.

하나님의 영향을 받고, 하나님을 느끼는, 참으로 하나님에 대해 예민한 관계가 되어야 합니다. 세상이 아니라, 돈이 아니라, 하나님에 대한 예민함이 있어야 합니다. 이것이 바로 영적전쟁의 목적입니다. 구원의 기쁨을 회복시켜주는 것이 영적전쟁의 목적입니다. 첫사랑의 회복이 영적전쟁의 목적입니다.

1.영적전쟁을 해야 하는 이유

1) 우리의 관심은 악한 영이나, 축사 사역 기술이 아니라, 하나님의 자녀라는 사람입니다. 하나님께서 사랑하시는 대상도, 하나님께서 자유롭게 해주시기를 원하시는 대상도 사람입니다. 사람 성도가 평안을 찾는 데 목적과 관심을 둡니다. 하나님의 사람으로 변하는데 목적을 두어야 합니다.

2) 보혈의 공로와 예수를 영접함으로 하나님의 자녀가 되었지만 아직도 우리는 악한 영적 존재들의 권한(제한적) 아래 있으며 영향력을 받고 있습니다. 축사 사역은 악한 존재들로부터의 영향력 아래서 빼앗긴 자유 함과 기쁨을 되찾아 누리는 것입니다. 하

나님의 자녀가 누릴 수 있는 특권을 되찾는 것입니다.

3) 절대로 어떤 문제의 원인을 찾을 때 단순히 영적, 감정적, 또는 육체적인 것, 악한 영에 의한 것이라고 단정하지 말아야 합니다. 우리의 영-혼-육은 서로 밀접하게 연관되어 있습니다. 문제를 영의 눈으로 복합적, 입체적으로 보려고 해야 합니다.

4) 축사사역의 대상이 되는 악한 영들은 사람의 내부에 있는 상처, 문제에 숨어삽니다. 이러한 것들이 악한 영들의 먹이가 되는 영적 쓰레기입니다. 그러므로 축사사역은 먼저 감정적, 영적 쓰레기의 제거, 즉 내적 치유로부터 시작되어야 합니다. 단순한 축사가 아니라, 온전한 치유가 목적입니다. 성도로 하여금 영적인 자립을 하게 하는 것입니다. 하나님, 자신, 다른 사람과의 관계가 깨어짐으로 입은 깊은 상처에 대한 성령님의 치유가 이루어지지 않고는 온전한 치유가 되지 않습니다.

5) 생명의 탄생은 본인의 노력이 아닌 생명의 신비와 산모의 진통으로 이루어집니다. 그러나 시간이 점차 지나면서 본인의 노력에 의하여 성숙과 성장이 이루어지는 것처럼, 내적치유와 축사사역은 본인과 사역자의 강하고 지속적인 의지와 노력이 필요합니다.

2. 귀신 축사 사역의 목적

1) 우리를 깨끗이 보존하고 거룩하게 하며, 하나님을 닮아 가는 삶을 통한 성령의 열매를 거두는 것입니다.

2) 하나님의 자녀의 삶이 자유 함, 소망, 사랑 가운데 사는 삶이 되게 하는 것입니다. 삶 자체가 악한 세력과의 투쟁입니다.

3) 그리스도의 군사를 만들기 위함입니다. 우리는 예수를 믿는 자로 만족해서는 안 됩니다. 그리스도의 군사가 되어야 합니다. 군사는 훈련을 받아야 합니다. 영적전쟁은 이론만이 아니라, 능력이 있어야 합니다. 이를 위해서 훈련을 받아야합니다.

4) 티와 흠이 없게 하여 그리스도의 신부로 단장하게 하기 위해서 함입니다. 영적전쟁은 우리 안에 있는 죄와 죄성을 공격하여 우리를 깨끗케 하는 것입니다.

골로새서 1장 22절 "이제는 그의 육체의 죽음으로 말미암아 화목하게 하사 너희를 거룩하고 흠 없고 책망할 것이 없는 자로 그 앞에 세우고자 하셨으니" 말씀하십니다.

영적전쟁은 귀신이 구축한 담을 헐고 하나님과 화목케 하는 것입니다. 하나님은 우리와 친하고 화목하며, 행복하고 재미있으며, 나눌 수 없는 관계로 지내기를 원하십니다. 영적전쟁은 하나님과 가까워지는 것입니다. 그러면 세상과 마귀는 멀어지게 됩니다. 하나님과 멀어지면, 하나님은 믿으나 귀찮은 존재로 여겨지게 됩니다. 이러한 것을 깨는 것이 영적전쟁입니다.

베드로전서 1장7절에 "너희 믿음의 확실함은 불로 연단하여도 없어질 금보다 더 귀하여 예수 그리스도께서 나타나실 때에 칭찬과 영광과 존귀를 얻게 할 것이니라" 말씀하십니다.

말세에는 적당히 믿는 믿음은 없게 됩니다. 믿음의 양극화가 나타납니다. 마귀는 성도를 불로 연단합니다. 참 성도는 이러한 때에 오직 하나님만을 선택하여야 합니다. 그렇지 않으면 마귀가 우리를 선택하게 됩니다. 구원은 하나님의 선택하심으로 얻게 되지만, 성화는 우리의 선택으로 이루어집니다.

악한 세력들은 자꾸 우리에게 불순물을 넣어줍니다. 영적전쟁은 이러한 것들을 자꾸 뽑아내는 것입니다. 우리의 신앙을 갉아 먹는 것들을 자꾸 제거함으로 맑게 해주는 것입니다. 그래야 하나님 앞에 서게 될 때, 바로 서게 됩니다.

베드로전서 2장 11절에 "사랑하는 자들아 나그네와 행인 같은 너희를 권하노니 영혼을 거슬려 싸우는 육체의 정욕을 제어하라" 말씀하십니다. 우리는 이 세상의 행인입니다. 세상의 것은 결국은 없어질 것입니다. 이러한 것들 때문에 우리의 영혼이 더럽힘을 받아서는 안 됩니다. 우리는 하늘의 것에 우리의 삶을 투자하고 우리의 소망을 걸어야 합니다. 세상의 것은 한번 쓰고 버리는 일회용 물품과 같은 것들입니다. 이러한 것들을 정리해버리는 것이 영적 전쟁입니다.

이러한 영적 전쟁은 한번으로 끝나는 것이 아니라, 하나님 앞에서는 날까지 지속되어야 하는 것입니다. 지속적인 하나님에 대한 순복함으로 싸워야 합니다. 대충 살다가, 적당히 살다가 가서는 안 됩니다. 하나님 앞에 무가치한 존재가 되어서는 안 됩니다. 하나님 앞에서는 날이 그리 멀지 않습니다. 이를 위해서 준비해야 합니다.

갈라디아서 5장 16-17절에"내가 이르노니 너희는 성령을 따라 행하라 그리하면 육체의 욕심을 이루지 아니하리라. 육체의 소욕은 성령을 거스르고 성령은 육체를 거스르나니 이 둘이 서로 대적함으로 너희가 원하는 것을 하지 못하게 하려 함이니라"말씀하십니다.

세상은 우리에게 자꾸 자극을 줍니다. 우리의 관심을 끌려고 노력합니다. 이성은 이러한 자극이나 유혹을 이길 수 없습니다. 이성은 육체에 이끌려 갈 수밖에 없습니다. 이러한 자극이나 유혹을 이길 힘은 오직 영으로부터 나옵니다. 우리 영과 함께 하시는 하나님의 영으로부터 나오는 힘만이 이러한 것들을 이길 수 있습니다.

요한계시록 19장 8절에"그에게 허락하사 빛나고 깨끗한 세마포를 입게 하셨은 즉 이 세마포는 성도들의 옳은 행실이로다"말씀하십니다. 마귀는 우리의 입은 세마포를 더럽게 하고 초라하게 만든다. 이를 싸워 이겨야 합니다. 그래야 우리의 입은 옷이 빛나고 깨끗하게 됩니다.

3. 영적전쟁과 축사사역의 범위

축사사역의 범위는 상당히 넓고 깊습니다.

1) 완연히 들어 나는 귀신 들림의 증세의 치유.

2) 정신병 증세와 관련된 질병: 우울증, 피해망상증, 과대망상 증상의 치유.

3) 귀신 들림으로 인하여 생기는 질병: 질병은 다 마귀, 귀신이 가져다준다고는 할 수 없으나, 모든 질병은 직접적이던 간접

적이던 마귀와 어떤 식으로든 관계가 있습니다. 질병의 70%정도가 귀신의 영향으로 발생합니다. 질병의 원인이 전에는 육체적이었으나, 이제는 감정적, 심리적인 것이 많습니다. 이러한 질병은 약으로 쉽게 치료되지 않습니다. 감정과 심리를 치유하지 않기 때문입니다.

4) 고정관념, 편견, 이기주의, 강박관념과 같은 심리적인 묶임: 마귀는 우리를 이러한 것으로 묶어놓고 있습니다. 자유롭지 못하게 하고 있습니다.

5) 미움, 분노, 염려, 마음의 상처와 같은 상한 감정: 끓어오르는 미움을 그냥두면 미움에 사로잡히게 됩니다. 이러한 감정이 들어오는 것은 우리의 마음이라는 귀한 장소에 들어오는 악한 것들이요, 악한 세력의 앞잡이요, 우리 마음을 차지하려는 강도와 절도들입니다. 이러한 것들이 계속 들어오도록 버려두지 말아야 합니다.

이러한 것들은 결국 내 입으로 나오게 되고, 그것들은 다시 내 마음속으로 들어오게 되어 내 마음이 더욱더 악한 세력들에게 사로잡히게 됩니다. 마귀가 이 악순환의 바퀴를 돌리고 있습니다. 기도로 이러한 마귀를 공격해야 합니다. 깊은 영의 기도로 평안이 마음속에 계신 성령으로 부터 올라와야 합니다. 마귀의 공격에 놀아나는 것은 자해행위입니다. 마귀와의 싸움은 결국 이러한 자신의 감정과의 싸움입니다. 감정이 터지지 못하게 해야 합니다. 이러한 것이 영적 전쟁입니다. 마귀와의 싸움입니다.

6) 세속적인 믿음: 성장하지 못하는 믿음은 마귀의 공격 때문

입니다. 만족하지 못하는 믿음, 이곳저곳 돌아다니면서 만족을 찾으려는 행동의 치유입니다.

7) 알코올중독, 마약, 도박, 흡연: 기도하지 않고 이러한 것들로 스트레스를 풀려고 하는 것도 마귀의 작전입니다. 이러한 것들의 유혹에 절제하지 못하게 만드는 것이 마귀의 공격입니다. 이 모든 것을 절제할 수 있어야 합니다. 절제하지 못하게 만드는 세력과의 싸움이 바로 영적 전쟁입니다. 영적으로 악한 세력들이 절제하지 못하게 우리의 취약점을 물고 늘어지고 있는 것입니다.

8) 하나님에 대한 잘못된 인식: 하나님의 진정을 오해하게 만드는 것도 마귀의 작전입니다.

9) 교회의 분쟁, 비난, 원망, 불평: 교회가 이러한 것들의 온상이 되게 만드는 것도 마귀의 교묘한 작전입니다. 마귀는 교회 안에서 가장 무섭게 날뜁니다. 마귀는 교회 안에서 이러한 분쟁, 비난, 원망, 불평을 무섭게 전염시키고 퍼뜨립니다. 교회 안에서 웬만한 것은 수용할 수 있어야 합니다. 이것이 마귀를 대적하는 것입니다. 불평을 퍼뜨리는 것은 마귀와 내가 합작하는 것입니다. 합작하여 하나님을 대적하는 것입니다. 마귀는 직접 하나님을 대적하지 못함으로 하나님의 자녀를 자기편으로 끌어들이려고 합니다. 자신의 속을 넓혀야 합니다. 마음을 넓혀야 합니다. 집 평수를 넓히려고 하지 말고 마음을 넓히려고 해야 합니다. 이것이 바로 영적 전쟁입니다.

승리하는 영적 전쟁을 통해서는 우리의 삶에 늘 하나님의 평강과 은혜, 능력, 자유 함, 기쁨, 빛이 속에서부터 우러나와야 합니다. 이러한 하나님의 은총이 함께 하는 삶을 살아야 합니다. 이 땅에서도 마음에 천국을 이루는 것입니다. 마음 천국을 이루려면 하나님의 능력으로 영육이 치유되어 자유 함을 얻는 것입니다.

4. 마귀 귀신이 교회에서 하는 일.

1) 축사사역에 대한 부정적 인식: 마귀에 대해 관심을 가지지 못하게 하거나, 존재를 부인하게 만들기도 합니다. 또는 마귀를 두려워하게 만들며, 축사사역을 두려워하게 하거나 귀찮은 사역, 또는 이단시하게 합니다. 마귀는 두려운 존재이나, 무서워 할 존재는 아닙니다. 그러나 상대를 알아야 싸워 이길 수가 있습니다. 육체적 힘만 가지고는 안 됩니다. 우리가 가진 영적 권세를 알아야 합니다. 적을 알아야 이깁니다. 우리가 마귀에 대하여 잘 모르는 동안 마귀는 우리를 잘 알고 있으며, 또 아는 만큼 쉽게 우리를 공격합니다. 내 인생에 나보다 더 크게 영향을 끼치시는 분은 성령님이시지만, 마귀도 내 인생에 큰 영향을 미칠 수 있습니다. 악한 마귀는 사랑해야할 사람을 덤덤한 사람으로 만들어버리고, 열심을 내야할 일에 열심내지 못하게 만들고, 애착을 가지지 말아야 할 일에 집착하게 만듭니다.

하나님에게는 미지근하게 만들고 세상과 물질에 대해서는 애착하게 만듭니다. 우리의 감정을 자극해서 그렇게 합니다. 나도 내 의지를 가지고 내 마음대로 하지 못한다는 것은 내가 이러한 마귀의 존재에 영향을 받는다는 것입니다. 그러면 어떻게 해야 합니까? 하나님에게 순복하는 것입니다. 하나님이 주시는 빛의 능력으로 마귀를 이겨야 합니다. 마귀는 우리의 자아, 정신세계에까지 침입하여 우리에게 영향을 끼칩니다.

성공하는 인생에 가장 필요한 것이 성품입니다. 성공은 외부로 나타나는 것이고, 성품은 그것을 외부로 나타나게 하는 내적요인입니다. 성공하려고 집중하지 말고 성공할 수 있게 만드는 내적요소인 성품관리에 집중해야 합니다. 내면을 튼튼하게 하고, 내면에 하나님의 은혜를 채워야 합니다. 이것이 영적전쟁이고, 마귀가 우리 내면에서 활동하지 못하게 하는 것입니다.

2) 미혹: 우리가 마귀에 대하여 관심을 가지고 있지 않으나 마귀는 교회와 성도들에게 특별한 관심을 쏟고 있으며 자신들이 보유한 능력을 활용하여 목회자의 목회관심을 하나님이 원치 않는 세속적인 방향으로, 또 성도들이 하나님의 나라보다는 세상에서 즐기는 낙을 더 사모하게 만듭니다.

3) 분쟁: 교단, 교회, 목사와 교인, 교인과 교인을 서로 이간질 시키며 당을 지으며, 권력다툼과 같은 파벌을 만드는 행위를 하게 합니다.

4) 잘못된 교리: 성경에서 독자적인 교리를 신학화하여 자신의 지식, 체험을 극대화시켜서 하나님의 능력을 제한시킵니다.

5) 극단적 교리: 성경의 한 부분을 너무 강조하거나 극단적인 부분에만 집착합니다. 구원, 재림, 회개, 전도, 귀신, 천사, 능력, 또는 삼위일체의 어느 한 분에게 만 집착하거나, 삼위 중 어느 한 분을 제외시키는 것 등.

6) 세속적인 교회: 교회가 성령의 인도함에 따라 움직이지 않고 조직, 프로그램에 의하여 움직이게 만듭니다. 사람들을 즐겁게 해주는 사람들의 모임이 되게 합니다. 교회를 성령의 역사에 의한 치유하며 영적 전쟁하는 교회보다 사회의 단체처럼 운영하게 하고, 성도 개개인에 대한 관심보다 설교와 프로그램 위주가 되게 합니다. 외형 중심으로 보이는 면에 치중하게 합니다.

삶에 필요한 실제적인 설교보다 신학적으로 설교하게 하고, 율법으로 설교하게 하고, 문제를 하나님에게 기도하여 스스로 해결하는 권세 있는 성도로 만들기보다, 목회자의 그늘에 들어와 사는 성도가 되게 하며, 외면에 치중하기보다, 내 속을 성령님으로 채우는 것에 관심을 가져야 합니다. 마귀는 우리의 관심을 자꾸 밖으로 빼어 돌립니다. 돈, 물질, 외형에 관심을 쏟게 합니다. 내면으로 들어가면 하나님을 만나기 때문에 마귀는 어떻게 하든지 우리가 내면으로 들어가지 못하게 합니다. 외형적인 것으로 우리를 자꾸 유혹합니다. 40일 금식기도, 작정기도, 산상기도 등등으로 우리를 유혹합니다.

7) 분리: 자신들의 주장, 교리, 전통, 체험을 주장하며 타 교단과 분리, 분파, 파벌을 조성하여 그리스도의 몸을 나눕니다.

8) 교회 지도자의 물질적, 성적 타락을 통해 교회와 성직자의 권위를 땅에 떨어뜨림으로 믿음이 약한 성도를 교회에서 떠나게 하며, 전도의 문을 막습니다. 목회자의 정욕을 자극하는 것이 바로 마귀의 공격이고, 성결한 삶을 사는 것이 영적 전쟁을 하는 것입니다.

3부 전문적인 축귀사역 기술

13장 귀신 쫓는 권능을 개발하는 비결

(막 16:17-18)"믿는 자들에게는 이런 표적이 따르리니 곧 그들이 내 이름으로 귀신을 쫓아내며 새 방언을 말하며, 뱀을 집어 올리며 무슨 독을 마실지라도 해를 받지 아니하며 병든 사람에게 손을 얹은즉 나으리라 하시더라."

귀신을 쫓는 권능은 우리가 생각하는 것처럼 화려한 능력은 결코 아닙니다. 대중 집회에서 귀신에게 명령하여 내어 쫓는 모습을 보았을 것입니다. 귀신의 정체가 드러나고 축사하는 사람에게 꼼짝하지 못하다가 명령하면 겁에 질려 쓰러지는 모습을 보면서 축사가 간단하다고 생각하기 쉽습니다. 멀쩡하게 보이는 사람이 갑자기 귀신 들린 모습을 하고, 그 입에서 귀신 소리가 나오면서 얼굴이 일그러집니다. 축사하는 사람을 두려워하다가 명령이 떨어지면 땅에 고꾸라지는 모습을 우리는 대중 집회에서 흔히 목격하는 일입니다. 그러나 이런 일은 진정한 축사의 모습은 아닙니다. 이것은 사람들에게 귀신의 정체를 보여주기 위한 것이며, 귀신은 그렇게 간단하게 쫓을 수 있는 대상이 아닙니다. 물론 그런 방법을 통해서 쫓을 수 있는 귀신들도 있습니다. 그러나 대부분의 귀신들은 그런 단순한 방법으로는 쫓아지는 것이 아님을 우선 알아야 합니다.

귀신은 마귀의 낮은 계급에 속하는 무리들입니다. 이들은 천상의 계급 가운데 가장 낮은 계급인 천사들과 같은 부류에 속한 무리들이었습니다. 이들이 타락해서 귀신이 되었지요. 이 귀신은 지역을 장악하는 '지역 귀신'과 사람의 육체를 장악하는 '육체 귀신'으로 크게 나뉩니다. 축사의 권능을 받은 사람은 이 두 가지 귀신을 다 다룰 수 있는 사람이 있지만, 때로는 어느 한 가지만 다루는 사람도 있습니다. 축사의 권능이 임한 사람이 그 사실을 깨닫게 하는 증거는 크게 두 가지가 있습니다. 영적 감각이 예민해져서 도처에서 귀신의 존재를 인식하게 됩니다. 감각은 신체적인 것과 정신적인 것이 있는데 이 두 가지를 통해서 깨닫게 하십니다. 신체적 감각이란 귀신이 있는 사람을 만나거나 장소에 들어가면 오싹하거나 소름이 끼치고 속이 거북하거나 눌리는 압박감을 느끼는 것입니다. 머리가 순간 어지럽거나 뱃속이 거북하거나 소름이 끼쳐 닭살이 돋고 피부에 전기가 흐르는 느낌을 받습니다. 초보 축귀 사역자의 경우 구역질이 올라오기도 합니다.

시궁창 냄새가 나고 역겨워지며, 썩는 냄새가 나고 중압감을 느껴 답답해집니다. 몸으로 느끼기 시작하면서 몸이 괴로워지고 피곤해집니다. 도처에 귀신들이 있으므로 그런 곳에 갈 때마다 몸으로 그런 현상들이 나타나기 때문에 달갑지 않습니다. 초기에는 집중적으로 이런 형태의 느낌이 강하게 나타나는데 이는 자신에게 귀신을 쫓는 권능이 임했음을 깨닫게 하려는 주님의 배려인 것입니다. 소름이 끼치고 닭살이 돋고 심하면 정신이 혼미해지며, 어지러움을 느끼고 전신이 전율하는 진동을 느끼며, 두려운 생각이 들고 공포가 밀려들어옵니다. 이런 일을 처음 경험하는 초보 축사 사역자에게는 달가운 일이 아닙니다. 몸에 벌레가 기어가는 이물감을 느끼고 때로는 쑤시고 아프기도 합니다.

이런 육체적 증상과 더불어 정신적(영적) 증상도 나타납니다. 수시로 검은 물체가 눈에 띄기 시작합니다. 아주 불쾌한 기분과 함께 때로는 섬뜩한 기분이 들면서 자신의 주변에 검은 존재가 접근하는 것을 느낍니다. 귀신 들렸거나 영향을 받고 있는 사람을 만나면 그 주변에 검은 그림자가 드리워져 있는 것을 보거나 느끼게 됩니다. 역겨운 냄새가 나고, 눈에 귀신의 형상이 보입니다. 이런 환상을 보면 절대로 즐겁지 않습니다. 수시로 자신의 주변을 배회하는 악한 영들을 느끼거나 보게 됩니다. 마귀의 시험에 들어있는 사람을 만나면 그들이 받고 있는 악한 영의 영향을 그대로 느끼게 됩니다. 당사자는 모르지만 축사의 은사를 받은 사람은 느끼고 압니다. 그들이 생각하는 생각의 근원이 어디서 온 것인지를 알게 되며, 그 생각이 어떤 것인지도 알게 되어 불쾌해집니다.

이런 형태의 영적 느낌은 축사 사역자를 피곤하게 만듭니다. 불쾌한 생각과 냄새들로 인해서 정신적으로 피곤해지고 몸으로 느껴지는 소름으로 인해서 결코 축사가 달가운 권능이 아님을 깨닫게 됩니다. 환상에 귀신의 모습이 나타나고 그들의 위협을 느끼게 됩니다. 축사하는 사람은 자신이 감당할 수 있는 영적 능력의 한계를 알게 됩니다. 자신에게 주어진 능력의 한계가 넘어서는 악령의 대상에 대해서는 느낌을 받을 수 없습니다. 이것은 마치 우리의 귀가 들을 수 있는 데시벨의 한계가 있는 것처럼, 초음파는 우리의 청각이 감지하지 못하지요. 이와 같은 이치로 인해서 자신에게 주어진 한계 안에서 귀신의 존재를 느끼게 됩니다.

축사의 능력을 받은 사람은 육체적으로 영적으로 다양한 경험을 하게 되고 신호를 깨닫는 기능을 경험하게 됩니다. 보편적으로 성령의 세례를 받고 성령의 권능으로 자신 안에서 역사하는 귀신을 스스로 축사하면서 여러 가지 영적인 현상을 체험하게 됩니다. 이런 경험은 이후에 축사 사역을 본격적으로 행할 때 유효하게 사용되는 기능들이므로 초보 시절에 거치는 이런 경험을 더욱 풍성해지기를 소망해야 합니다.

저는 항상 이렇게 강조합니다. 하나님께서 성령의 은사를 주신 것은 자신을 치유하면서 영적 전쟁하는 기술을 습득하라고 주신 것입니다. 자신을 치유하면서 여러 가지 영적 전쟁하는 기술과 영적인 세계를 알게 되는 것입니다. 축귀는 영적인 세계를 보는 눈이 열려야 할 수 있는 사역입니다. 귀신을 쫓는 일은 편하고 쉬운 일이 아닙니다. 모든 은사가 다 그렇습니다. 모르는 사람들은 보기에 화려해 보이지만, 그것을 전문적인 영역에서 감당하게 되는 사역자에게는 엄청난 노력과 헌신이 필요한 일입니다. 항상 성령으로 충만해야 하기 때문에 성령으로 기도를 해야 합니다. 환자에 대한 긍휼의 마음이 있어야 합니다. 환자의 고통을 어떻게 해서라도 해결하여 주겠다는 사명감이 있어야 합니다.

축사자는 악한 영과 마주치는 전쟁판에 들어가는 사람들입니다. 악령에 사로잡힌 한 영혼을 구원하는 일을 자신의 몸과 마음을 다해서 감당해야 하는 힘들고 어려운 일입니다. 귀신은 다양하고 복잡한 통로를 통해서 그 사람에게 침투했으므로 쉽게 떠나려고 하지 않습니다. 할 수만 있다면 모든 수단을 다 해서 사역자를 속이려고 합니다. 그 속임수는 교묘해서 익숙하지 않으면 속을 수밖에 없습니다. 쉽게 나가는 귀신은 없습니다. 단 한 마디의 명령으로 자신들이 만들어놓은 바탕을 포기하고 쉽게 달아나는 그런 존재가 아닙니다. 그들은 끈질기며 자신들이 쫓겨나면 물 없는 사막과 같은 고통스런 환경이 기다리고 있다는 사실을 잘 알기 때문에 일시적으로 달아나는 것처럼 속여서 잠시 그 위기를 모면하려고 합니다.

축사자가 끈질기게 쫓아내지 않으면 그들은 다시 돌아오게 되고 그 형편은 처음보다 더 심하게 망가지는 것입니다. 대중 집회에서 귀신은 쉽게 달아나는 모습을 보입니다. 그러나 그들은 대부분 다시 돌아옵니다. 반드시 돌아오게 되어 있습니다. 다른 대상을 찾기보다는 이미 만들어놓은 대상에게 다시 돌아오는 일이 더 쉽기 때문입니다. 축사자는 이런 귀신들의 간교하고 끈질긴 속성을 깨달아야 합니다. 절대로 쉬운 일이 아님을 알게 하기 위해서 주님은 힘들고 어려운 축사과정을 거치게 하십니다. 대부분 자신에게 역사하는 귀신을 축귀하면서 귀신이 쉽게 떠나가지 않는 다는 것을 알게 하십니다. 저는 저에게 역사하는 귀신이 있다는 것을 알고 약 7개월 동안 밤낮으로 기도하며 귀신과 싸웠습니다. 제가 저를 축귀하면서 터득한 기술은 성령으로 깊은 영의기도를 하면서 하나님에게 물어보는 것입니다. 계속해서 저

의 하나님에게 증상을 물어보니 하나님께서 하나하나 깨우쳐주
서서 회개하고 성령의 권능으로 명령하니 떠나갔습니다. 성령
의 임재가 깊어지니 하나님께서 귀신이 침입한 상황을 알려주시
어 원인을 해결하니 귀신이 힘없이 떠나갔습니다. 떠나간 다음
에 다시 침입하지 않았습니다. 그러므로 복잡하게 얽힌 귀신들
의 침투 경로에 대한 이해를 제대로 하지 않으면 성공적인 축사
가 이루어질 수 없습니다.

원망과 상처를 통해서 들어온 귀신들은 그들의 발판이 견고하
기 때문에 쉽게 나가지 않습니다. 그들에게 통로가 되어준 쓴 뿌
리와 원망과 상처를 회복시키지 않으면 안 됩니다. 이런 통로를
통해서 들어온 귀신에 대한 정보를 얻어내는 일도 쉽지 않습니
다. 주님은 축사의 은사를 받은 사람들이 이런 부분에 대한 지식
을 얻기를 소망합니다. 그래서 다양하고 폭넓은 영적 경험들을
거치게 하십니다. 육신적으로 영적으로 경험하는 초기의 수단들
은 자신이 이후에 다루어야 할 귀신들의 등급과 속성들에 대한
이해를 얻게 하기 위한 주님의 인도하심입니다. 이 경험들은 처
음 겪는 사람들에게는 다소 힘들고 두렵고 불쾌한 것들입니다.
하루 종일 귀신들만 보인다면 어떻겠습니까? 세상이 온통 귀신
천지처럼 느껴질 것입니다.

축사 사역자는 바른 분별력을 가져야 합니다. 잘못하면 모든
영육의 문제를 귀신과 결부 시킬 수가 있기 때문입니다. 잘못하
면 병도 귀신으로 말미암았고, 인간의 모든 문제는 귀신으로 말
미암았다고 단정할 수가 있습니다. 자신에게 오는 모든 환자들은

다 귀신들려서 생긴 결과로 볼 것입니다. 그래서 온통 귀신천지고, 모든 병의 근원이 귀신인 것처럼 느껴질 수가 있는 것입니다. 전문적인 영적 지식이 없기 때문에 많은 실수를 하는 것입니다.

그래서 저는 영적인 사역자는 박식해야 한다고 강조하는 것입니다. 사람의 전인격을 종합적으로 분석하여 원인을 찾는 것입니다. 그렇게 함으로 실수를 하지 않는 것입니다. 우리가 알아야 할 것은 전도자는 말씀을 가지고 전하는 사람이 있는가 하면, 이처럼 성령의 권능을 가지고 성도를 치유하면서 군사를 만드는 사역자가 따로 있는 것입니다. 복음 전하는 자는 단순하고 무지한 것이 특징이기 때문에 복잡하고 깊이 있는 주제를 다룰 수 없는 것입니다. 성도를 치유하는 영적인 사역자는 전문적인 것을 알고 대처하는 것입니다. 성도를 치유하여 영적으로 바꾸어서 하나님의 군사를 만들기 때문입니다. 그래서 조직 신학에도 정통해야 합니다. 그래야 성도들을 바른 길로 안내할 수 있습니다. 불신자에게 복음을 전하는 사람은 복잡한 조직신학이 필요하지 않습니다. 그런 복잡한 조직신학을 따질 필요도 없는 것입니다. 단순하고 명료해야만 불신자들이 이해할 수 있기 때문에 주로 보여주는 능력을 위주로 하는 것입니다. 복음 전하는 자는 그런 역할로 부르심을 받았습니다.

그러나 성도를 치유하여 영적인 군사로 만드는 사역자는 반드시 조직신학을 고려해야 합니다. 이런 영적인 지식이 부족한 사역자가 자기가 알고 체험한 바로 축사사역을 접근하면 결국 씻을 수 없는 오류를 범할 수가 있는 것입니다. 성도들에게 불필요한 고통을 당하게 할 수가 있습니다. 축귀 사역자는 다양한 영적지식을 습득하여 전문가가 되어야 합니다. 반드시 말씀과 신학적인 교리를 중심으로 하여 축사사역을 해야 합니다. 온통 귀신만 보이는 사역자에게는 귀신을 떠나서는 생각할 수 없는 것은 당연한 결과입니다. 장사를 하다 보면 초보시절에는 자신이 다루는 물건만 눈에 보입니다. 신발장사는 사람들이 신고 다니는 신발만 보이고, 옷 장사는 옷만 보이며, 안경장사는 안경만 보입니다.

　이와 같은 이치로 축사 사역자가 모든 문제를 귀신으로 말미암은 것으로 본다면 얼마나 피곤하겠습니까? 그 달갑지 않은 대상이 날마다 눈에 보이니까 스트레스를 많이 받습니다. 이것은 마치 의사들이 눈만 뜨면 환자만 보이고 날마다 피를 보면서 지내니까 참으로 스트레스를 많이 받는 것과 같습니다. 적성에 맞지 않으면 절대로 할 수 없는 일이지요. 이와 같이 축사 사역자는 날마다 귀신들만 만나기 때문에 주님에 대한 헌신하는 마음과 귀신들린 영혼을 불쌍히 여기는 마음이 없으면 절대로 계속할 수 없는 일입니다. 한마디로 축귀 사역을 즐기는 사역자가 되어야 합니다.

　저는 항상 이렇게 말합니다. 성도들을 치유하여 군사를 만드는 사역은 확고한 사명이 없으면 하지 못한다는 것입니다. 아무나 못한다는 뜻도 되지요. 대중 집회에서 귀신을 들어내고 명령하여 쫓는 일은 축사사역의 본질과는 다른 부분입니다. 그 일은 엄격히 말하면 축사사역이 아니라 능력을 행하는 일입니다. 이것을 혼동해서는 안 됩니다. 집회에서는 "나가라"라는 말 한 마디에 귀신들린 사람이 쓰러지면서 귀신이 나가는데 자신은 그렇게 하지 못한다고 해서 주눅들 필요는 없습니다.

축사 사역은 전문적인 사역입니다. 귀신의 정체를 알아야 하고 그 침투 경로를 알아야 하며, 어떤 능력을 가진 존재인지를 파악해야 하며, 환자의 상태와 가족력과 과거의 문제들에 대해서도 알아야 합니다. 다양한 경로를 통해서 들어온 귀신의 발판이 되는 죄와 상처와 분노와 쓴 뿌리와 교만 등과 같은 문제의 본질을 다루어야 합니다. 그리고 드러난 원인을 말씀과 성령으로 해결하지 않으면 귀신은 떠나가지 않습니다. 반드시 성령의 임재가운데 해결해야 합니다. 문제가 영의 차원에서 생긴 것이므로 원인을 알았으면 성령의 임재 하에 영의 차원에서 해결해야 되는 것입니다.단순하게 떠나가라고 명령했다고 해서 다 달아나는 것이 아닙니다. 귀신은 겁쟁이가 아닙니다. 원인에 대한 치유가 제대로 되어 발판이 제거되었을 때 그 명령에 굴복하여 떠나게 되는 것입니다. 결코 쉽지 않은 일이기 때문에 많은 것을 배워야 합니다. 축귀를 많이 하여 임싱적인 경험도 많이 축척해야 합니다. 축사의 권능을 처음 받은 사람들은 우선 자신에게 주어진 은사를 발견하고 그 비중을 파악해야 하며, 그 기능들을 하나씩 익히는 오랜 인내의 기간이 필요합니다.

귀신은 영체지만 살아있는 존재입니다. 떠나가면서 눈으로 볼 수 있는 어떤 현상을 일으키면서 나갑니다. 누가복음 9장은 이런 말씀으로 시작합니다. "예수께서 열두 제자를 불러 모으사 모든 귀신을 제어하며 병을 고치는 능력과 권위를 주시고" 이 말씀을 보면 예수께서 12제자들에게 주신 능력 가운데 우선 귀신을 쫓는 능력부터 언급하고 있다는 점에 주목할 필요가 있습니다. 그리고 능력이라는 단어 하나만 사용하지 않고 "능력과 권위"라는 두 가지 단어를 사용하고 있음도 주목할 필요가 있습니다.

우리가 흔히 언급하고 있는 '은사'라는 단어는 바울적 표현이라는 이론으로 알고 있을 것입니다. '은사'라고 하면 우리는 일반적으로 아무런 노력도 하지 않았음에도 불구하고 은혜로(공짜로) 주시는 것이라는 점에 강조를 두기 쉽습니다. 그래서 우리로 하여금 수동적인 사람이 되게 하기 쉬운 것입니다. 그러나 이것은 바울 자신이 너무도 큰 은혜를 받은 사람이기에 이 점을 강조했음을 알아야 할 것입니다. 바울을 제외한 그 누구도 은사라는 말을 즐겨 사용하지 않았고, 은사라는 말 대신에 권세 또는 권능 그리고 권위라는 말을 사용했습니다. 누가복음 9장의 권위라는 단어를 우리말 성경은 '권세'라고 번역했습니다. 이 권세는 하나님의 아들이 된 그리스도인에게 주어지는 신적 권능을 의미하는 것입니다. 따라서 귀신을 쫓아내는 능력은 누가의 입장에서는 권세인 것입니다. 이는 그리스도께서 가지신 그 권세와 전혀 다르지 않음을 지적하고 있습니다.

주님께서 믿는 자에게 주신 이 권세를 우리가 사용할 수 있기 위해서는 많은 것들을 알고 체험하고 있어야 합니다. 누가가 귀신을 쫓는 권세부터 언급한 까닭은 그 권세가 복음 확장에 있어서 가장 핵심적인 사항이기 때문입니다. 즉 마귀의 나라를 멸하고 하나님의 나라를 세우기 위해서는 반드시 귀신을 쫓아야 하기 때문입니다. 도적을 몰아내는 일은 하나님 나라의 회복에 있어서 필수적이기에 우선 귀신을 쫓는 일부터 언급하고 있는 것입니다. 따라서 모든 권능이 다 소중하지만 그 가운데 귀신을 쫓는 권세는 더욱 중요하다고 할 것입니다.

그런데 우리가 귀신을 쫓아낼 때 과연 귀신이 나갔는지를 어떻게 알 수 있겠는가 하는 문제가 있습니다. 성경에서 귀신을 쫓아낼 때 나가는 모습을 아주 구체적으로 기술한 부분이 있습니다. 그 장면을 여기에 옮겨보면 아래와 같습니다.

> (눅 9:39)"귀신이 그를 잡아 갑자기 부르짖게 하고 경련을 일으켜 거품을 흘리게 하며 몹시 상하게 하고야 겨우 떠나가나이다."
>
> (행 8:7)"많은 사람에게 붙었던 더러운 귀신들이 크게 소리를 지르며 나가고"
>
> (막 9:26)"귀신이 소리 지르며 아이로 심히 경련을 일으키게 하고 나가니 그 아이가 죽은 것 같이 되어 많은 사람이 말하기를 죽었다 하니"
>
> (막 1:16)"더러운 귀신이 그 사람으로 경련을 일으키게 하고 큰 소리를 지르며 나오는지라."
>
> (눅 4:11)"여러 사람에게서 귀신들이 나가며 소리 질러 이르되 당신은 하나님의 아들이니이다."

귀신이 쫓겨나가는 장면을 우리의 눈으로 확인이 되어야만 사역을 종결할 수 있는 것입니다. 위의 예를 보면 '갑자기 부르짖다' '경련을 일으키다' '거품을 흘리다' '몹시 상하다' '크게 소리 지르다' '죽은 것 같이 되다' 등이 기록되어 있습니다. 성경은 귀신이 쫓겨나가는 현상을 이와 같이 묘사하고 있지만, 현실적으로 이를 알아차리는 일이 간단하지 않습니다. 우리가 운동을 할 때 처음에는 실력이 좋은 사람의 시범을 보고 따라 하게 됩니다. 능숙한 솜씨로 시범을 보이는 선수의 모습을 보면서 할 수 있을 것 같은 자신감이 생기지만 막상 하려고 하면 맘대로 되지 않습니다.

　보면 쉽게 할 수 있을 것 같은데 막상 하려고 하면 제대로 되지 않는 것처럼, 성경에 이렇게 기록되어 있으니, 이런 현상을 보면 귀신이 쫓겨나간 것으로 확인할 수 있겠다고 생각하게 되지만, 실제 축사의 현장에서는 도무지 감을 잡을 수 없을 정도로 혼란스럽기 마련입니다. 귀신은 여유를 주지 말고 쫓아내야 합니다. 귀신에게 틈을 주면 자신들이 방어할 구실을 찾아내어 교묘하게 사역자를 속이게 됩니다. 그러면 축사에 실패할 수밖에 없습니다. 귀신은 축사하려고 오는 사역자의 능력이 어느 정도인지 알지 못하며 축사자도 역시 귀신의 능력이 어느 정도 강한지 알지 못합니다. 그래서 서로의 탐색전이 시작되고, 그렇게 십여 분이 지나면 본격적인 영적 싸움이 시작됩니다. 귀신이 약하다면 그 때부터 위장술을 펴면서 어떻게 해서든지 이 순간을 모면하고 살아남으려고 갖은 수단을 다 사용합니다. 그 중에 거짓으로 나간 척 하는 것이 일반적으로 많이 사용하는 귀신들의 위계입니다.

　소리도 지르고 경련도 하고, 부르짖고, 거품도 뿜어냅니다.

이런 모습을 보고 귀신이 나갔다고 판단하고 섣불리 축사를 마무리하게 되면 사역자가 떠난 다음에 다시 들어와 괴롭히게 되며, 이렇게 위장술로 모면한 귀신은 더 강한 귀신들을 불러들려, 그 환자의 사정이 전보다 더 나빠지게 되는 것입니다. 그 다음 다시 쫓으려고 하면 쉽게 나가지 않고 결국 실패하게 되는 결과가 됩니다.귀신은 더 이상 견딜 수 없게 되면 소리를 지르는데, 경험이 없는 사람은 도대체 어떤 소리를 어떻게 지르는지 알지 못합니다. 큰 소리로 "아악~~~"하고 지르기도 하고, "아이고 나 죽네~~~"하기도 하고, '악!'하고 단발마적으로 지르기도 합니다. 때로는 '끄응!'하고 신음하듯 하기도 하고, "제발 이러지 말아!"라면서 애원하듯 하기도 합니다. 어떤 경우에는 입을 악물고 얼굴이 일그러지면서 아무 소리도 내지 않는 경우도 있습니다. 이런 모든 형태를 다 포함하여 성경은 "소리 지르며 나간다"라고 서술하고 있습니다.경련을 일으키는 경우, 온몸을 부르르 떨듯이 진동합니다. 억울한 일이 있으면 사람들은 몸을 떨고, 흉악한 일을 목격하면 분노해서 사지를 떨지 않습니까? 그처럼 부르르 떱니다. 여러 차례 몸을 떨 때 얼굴은 몹시 일그러지고 괴로워합니다. 상체만 떨기도 하고 온 몸을 떨기도 합니다. 때로는 그 떠는 힘이 강해서 잡고 있던 사람들이 튕겨 나가기도 합니다. 몸을 떨 때 강력한 영적 진동이 일어나 곁에 있던 사람들이 혼절하여 쓰러지거나 넘어지기도 합니다.

거품을 흘리는 경우, 입이 찢어지도록 하품을 하기도 하고, 위 속에 있는 음식물을 토하기도 하며, 거품이 일어나면서 썩은 냄새를 뿜어내기도 합니다. 입에 게거품을 품듯이 부글거리기도 하지만 기침을 할 때 가래를 토해내듯이 하는 경우도 있습니다. 이런 경우 역시 얼굴이 일그러지고 몸은 요동하며, 경련을 일으키고 소리 지르면서 토해냅니다. 이 모든 행위가 복합적으로 그리고 동시에 일어나기도 하고 분리되어 일어나기도 합니다.

몹시 몸을 상하게 하는 경우, 축사자는 조심하지 않으면 안 됩니다. 머리를 바닥에 찧고 손으로 할퀴고 갖은 자해행위를 하면서 눈동자는 희게 뒤집어지고, 물건을 내던지기도 합니다. 무릎을 갑자기 강렬하게 꿇어 쿵 소리가 날 지경입니다. 흉기를 들고 설치며 위협하기도 합니다. 식식거리면서 분난 사람이 이성을 잃고 나다니는 것 같아서 무척 위험합니다. 성경은 '몹시'라는 단어로 이를 강조하고 있습니다. 귀신은 쫓겨나가지 않기 위해서 사역자를 이와 같은 자해 행위를 하면서 위협하는 것입니다. 이런 귀신의 상하게 하는 행위에 주눅이 들면 축사는 실패하게 됩니다.

죽은 것 같이 되는 경우, 역시 사역자는 크게 놀라지 않을 수 없을 것입니다. 간혹 어설픈 축사자들이 축사를 흉내 내다가 사람을 죽이는 경우가 있지 않습니까? 이런 사례 때문에 축사자는 환자가 죽은 것처럼 되어버리면 덜컥 겁을 먹게 됩니다. 축사 사역에서 가장 위험한 것이 겁을 먹는 일입니다. 축사자가 겁을 먹으면 귀신은 절대로 나가지 않습니다. 그래서 축사자로 하여금 겁을 먹고 위축되게 하려고 몹시 상하게 하거나 갑자기 죽은 자처럼 되는 속임수를 사용하는 것입니다.

죽은 것처럼 되어버린 모양을 보고 겁먹고 축사를 더 이상 진행하지 않으면 실패할 수 있습니다. 축사는 마무리가 고비입니다. 99% 귀신이 항복할 때 나타나는 증상이 이와 같은 현상들인데 이를 완전히 축사가 되었다거나 겁을 먹었다거나 해서 축사를 서둘러 마무리하게 되면 다 죽어가던 귀신이 기사회생하게 되어버리고 그렇게 되면 쫓아내는 일이 무척 어려워집니다.

축사는 마무리가 중요합니다. 귀신이 모두 쫓겨나갔는지를 확인해야 하는데, 우선 환자의 눈을 살펴야 합니다. 귀신이 충만했을 때는 눈동자가 미친 사람 눈 같지만 귀신이 쫓겨나가면 눈동자가 맑아집니다. 초점이 흐리던 눈동자에 선명한 초점이 생기고 맑아집니다. 그런데 어느 정도가 맑은 눈인지는 설명할 수 없고 실제로 경험해야만 알 수 있는 것입니다. 따라서 여러 차례 경험을 하게 되면 분별력이 생기기 마련입니다.

일그러진 얼굴에 평안이 깃들게 되고 피부가 밝아집니다. 그러나 이런 차이는 미묘하기 때문에 많은 경험이 필요합니다. 이 단계에서도 귀신은 위장을 할 수 있기 때문에 역시 면밀한 주의가 필요합니다. 따라서 초보 축사자는 반드시 경험이 많은 노련한 축사자 곁에서 배울 필요가 있습니다. 섣불리 다루면 귀신은 더욱 강해져 쫓아내기가 점점 어려워질 뿐입니다. 돌팔이 의사가 사람을 상하게 하듯이 경험이 미천한 사역자는 귀신을 더욱 강하게 만들어 치유할 수 있는 소중한 기회를 잃게 할 수 있습니다.

그러나 많은 축귀사역 체험 앞에서는 귀신도 어쩔 수 없습니다. 강력한 성령의 도우심과 경험으로 무장되면 귀신은 쫓겨 나가기 마련입니다. 그러나 너무 오랫동안 귀신이 들렸던 사람은 회복하는데 많은 시간과 노력이 필요합니다. 귀신은 쫓겨나갔지만 그 후유증이 오래 갑니다. 후유증은 귀신들린 상태와 별로 다를 바가 없기 때문에 가족들은 귀신이 쫓겨나가지 않았다고 생각합니다.귀신이 없어도 상당기간 동일한 행동을 하게 됩니다. 귀신이 들렸던 기간에 비례해서 그 후유 장애가 남기 마련이며, 이를 치유하기 위한 회복 치유는 축사와는 전혀 다른 관점에서 다루어야 합니다. 이것이 귀신들림이 오래 진행된 환자의 경우 완쾌를 방해하는 요인이 됩니다. 귀신을 축사할 때와 같은 성령이 충만한 믿음 생활을 지속해야 합니다. 귀신이 떠나서 평안해졌다고 종전과 같은 안일한 믿음 생활을 하면 며칠이 안 되어 다시 침입하게 됩니다. 무엇보다 축사할 때와 같은 영성을 유지하는 것이 중요합니다. 이는 마치 격렬한 사건 현장에서 충격을 받은 사람들이 겪는 '외상후장애' 처럼 '후유장애'가 귀신을 축사 후에도 나타날 수가 있는 것입니다.

그러므로 축귀 후에 지속적인 영성관리가 중요합니다. 성령으로 충만한 생활을 위하여 성령으로 기도해야 합니다. 자신이 스스로 영성을 유지하지 못하면 일정기간 성령으로 충만한 전문 사역자의 도움을 받는 것이 중요합니다. 귀신을 스스로 축사할 능력이 생길 때까지 지속해야 합니다. 자신이 자신을 축귀하는 것은 그리 쉬운 일이 아닙니다. 축귀 사역자는 이런 영적인 것을 바로 알고 대처를 잘하도록 환자를 지도해야 합니다. 환자는 귀신이 축귀되면 다된 줄 착각하기 때문입니다. 자기의 영을 자기가 지킬 수 있는 권능을 소유하도록 지도해야 합니다.

14장 축귀사역자가 알아야 하는 지식

(눅 9:38-42)"무리 중의 한 사람이 소리 질러 이르되 선생님 청컨대 내 아들을 돌보아 주옵소서 이는 내 외아들이니이다. 귀신이 그를 잡아 갑자기 부르짖게 하고 경련을 일으켜 거품을 흘리게 하며 몹시 상하게 하고야 겨우 떠나가나이다. 당신의 제자들에게 내쫓아 주기를 구하였으나 그들이 능히 못하더이다. 예수께서 대답하여 이르시되 믿음이 없고 패역한 세대여 내가 얼마나 너희와 함께 있으며 너희에게 참으리요 네 아들을 이리로 데리고 오라 하시니 올 때에 귀신이 그를 거꾸러 뜨리고 심한 경련을 일으키게 하는지라 예수께서 더러운 귀신을 꾸짖으시고 아이를 낫게 하사 그 아버지에게 도로 주시니"

하나님은 우리가 영적인 일에 전문가가 되기를 원하십니다. 귀신을 쫓기 전에 충분한 성경적인 지식과 믿음을 갖게 하는 것이 귀신을 쫓는 것보다 더 중요합니다. 특히 충분한 상담을 하고, 피 축귀자의 마음에 어떠한 마음의 상처들(쓰레기)이 있는지를 확인하고, 회개와 용서의 자세로 쓰레기를 치워서 쥐가 있을 곳을 제거하는 것이 중요합니다.

상담을 통하여 쓰레기를 제거하기도 하며, 축귀 중에 귀신으로부터 정보를 캐내어 회개를 시킬 수도 있습니다. 귀신은 예수의 이름 앞에서는 속이지를 못하고 다 털어 놓습니다. 축귀 중에 심하게 귀신이 반항을 한다면 이는 쓰레기와 상처들이 많은 것이니, 다시 상담을 하여 회개와 용서를 하게 합니다. 특히 가문에 흐르는 조상의 마귀의 저주와 우상숭배의 내력 등을 확인하고, 이러한 것들이 있으면 회개하게 하고, 예수의 이름으로 차단한 후에 축귀를 해야 합니다.

1.축귀 전에 확인할 사항

구원의 확신이 있는가를 알아보아야 합니다. 예수님을 사랑하는 지, 치유 받을 수 있다고 생각하는지, 예수를 영접했는지, 필히 확인을 해야 합니다. 귀신의 의지와 자신의 의지를 분리하는 내용을 알려주는 상담과 교육을 시켜야 합니다. 배에서 나오는 소리를 내고, 숨을 쉬고, 정신을 차리고, 귀신의 의지에 동참하지 말라고 교육을 합니다. 마음을 평안하게 하고 믿음을 갖게 해야 합니다. 마음의 문이 열려야 축귀가 됩니다. 절대로 물리적인 힘을 가하지 말아야 합니다. 가볍게 안수만을 해야 합니다. 축귀는 전적으로 성령의 일입니다. 본인의 의지가 꺾이고 성령의 역사에 몰입하게 해야 합니다. 귀신의 존재를 인정하되 그 능력을 부인하게 해야 합니다. 성령 안에서는 아무런 힘도 없는 존재입니다. 성령의 임재를 유지하며 귀신의 정체를 드러내야 합니다. 눈을 뜨거나 감거나 자유롭게 선택하면 됩니다. 저는 눈을 감게 하고 축귀를 합니다. 성령께서 알려주시는 레마를 받아 예수 이름으로 명령합니다. 그들의 계획 등을 말하면 됩니다. 예를 든다면 물질 문제를 일으키고, 질병을 일으키고. 가정 불화를 일으키는 악한 영은 정체를 밝히고 떠나가라. 축귀사역자는 기도를 많이 하고 환자에 대한 긍휼과 사랑을 가져야 합니다. "이르시되 기도 외에 다른 것으로는 이런 유가 나갈 수 없느니라 하시니라."(막9:29).

귀신을 심하게 꾸짖어야 합니다. 더러운 영아! 하고 권위 있게 명령하세요! 귀신이 잘 안 나가면 귀신 들린 사람의 부정적인 생각을 회개시켜야 합니다.! 두려움, 사역자의심, 불안 등등… 잘 안 나가려고 할 때 특히 회개나 용서하게 해야 합니다. 귀신이 떠나면 힘이 쑥 빠진다는 것을 알려줘야 됩니다. 몇 칠씩 힘이 없을 수가 있습니다. 한 달이 가는 성도도 있습니다. 뒤로 넘어져도 다치지 않습니다. 넘어지면 성령께 맡기고 감사하게 해야 합니다."귀신이 소리 지르며 아이로 심히 경련을 일으키게 하고 나가니 그 아이가 죽은 것 같이 되어 많은 사람이 말하기를 죽었다 하나 예수께서 그 손을 잡아 일으키시니 이에 일어서니라."(막9:26-27). 귀신을 축귀할 때 세워서 하는 것은 삼가는 것이 좋습니다. 저는 세워놓고 축귀하지 않습니다. 그냥 자연스럽게 앉거나 눕게 하여 사역합니다. 그래도 성령의 임재만 되면 다 떠나갑니다. 세워놓고 넘어지게 하면서 자신이 특별한 사람인 것같이 행세하려고 하지 말아야 합니다. 성령께서 하시는 일입니다. 세워서 사역을 할 때는 꼭 뒤에서 도와주는 보조 사역자가 있어야 합니다. 나는 많은 인원을 한꺼번에 축귀할 경우 세워서 합니다. 그러나 꼭 의자 앞에 서라고 합니다. 왜냐하면 뒤로 넘어져도 의자에 앉으면 되기 때문입니다.

절대 귀신 쫓을 때 자신이나 사역자가 한 말을 부끄럽거나 수치스럽게 여기면 귀신은 다시 틈탄다는 것을 알려주고 알아야 합니다. 감사하며 간증하게 해야 합니다. 물질로도 감사하게 해야 합니다. 귀신이 떠나려는 순간의 행동에 대하여 감사하고 성령을 의지하게 해야 합니다. 경련을 일으키고, 소리를 지르고, 옷을 찢고, 심하게 울고 등등 이 일어날 수 있습니다. 이를 사전에 알려주어야 합니다. 축귀사역이 항상 소리치거나 과격하게 진행되는 것은 아닙니다. 저의 경우는 쓰레기가 치워지면(내면의 영육의 문제가 해결되면) 조용히 차분하게 축귀가 진행되는 경우가 더 많이 생깁니다. 기침한번하고 귀신이 떠나갑니다. 그러므로 축귀사역을 두려워하지 말아야 합니다. 성령님이 언제나 주관하시는 것입니다.

귀신으로 신앙이 분열되거나 예수님의 능력사역이 위축되어서는 안 됩니다. 중요한 점은 마귀와 미혹의 영들과 귀신들은 신자들을 괴롭히고 병들게 하는 영적인 적이므로 주님의 명령에 따라서 안수하고 축귀해야 할 것입니다.

생업(직장)을 하던 사람은 그대로 생업(작장)에 종사하며 영적 싸움을 하는 것이 좋습니다. 저의 개인 의견으로는 생업을 포기하는 것은 좋지 않다고 생각합니다. 생업을 하면서 귀신과 싸우는 것입니다. 시간이 걸리는 일입니다. 영적으로 돕는 사람이 필요합니다. 영적으로 깊은 사역자를 만나는 것은 참으로 복중에 복입니다.

2. 축귀 사역자들이 알아야 할 사항.

귀신은 성령의 임재 하에 예수의 이름으로 명령할 때, 성령의 권능 앞에서 정체를 드러내게 되는 것입니다. 성경에 보면 귀신이 예수님의 앞에서 진실을 말한 경우도 있습니다. "이에 물으시되 네 이름이 무엇이냐 이르되 내 이름은 군대니 우리가 많음이니이다 하고."(막 5:9). 그렇다고 귀신하고 대화를 하라는 것은 아닙니다. 경남에서 치유를 받으려온 목사님의 이야기를 빌리자면 이렇습니다. 자기 교회에서 능력이 있다는 기도원 원장을 초청하여 부흥회를 했답니다. 그런데 악한 영의 역사가 있는 성도를 불러내어 귀신하고 대화하다가 한 시간을 다 허비 했다고 합니다. 이것은 거짓말쟁이하고 대화하여 시간을 낭비한 것입니다. 차라리 이때 영적인 말씀을 전하여 성도들이 스스로 자신의 영적인 상태를 진단하게 하는 편이 훨씬 유익합니다. 이런 영적인 사역자 때문에 영적사역자들이 도매금으로 넘어가 욕먹고 무식하다는 말을 듣는 것입니다. 절대로 귀신하고 말하지 말아야 합니다. 저는 말을 하려고 하면 입 다물고 나와! 하고 명령하면서 본인에게 절대로 귀신의 의지에 끌려가지 말라고 합니다. 저도 축귀 사역을 하면서 피 사역자가 정신을 차리고 성령의 역사를 돕도록 인도하여 축귀를 합니다.

또 어떤 사람들은 귀신이 나갈 때 뒤로 넘어져서 잠잠해지니, 최면술로 그렇게 한다고 말합니다. 넘어지는 것은 성령의 초자연적인 능력에 의하여 귀신이 나가면서 일시적으로 육체의 힘이 빠지니까, 생기는 현상입니다. 최면이란 사람을 눈감게 하고 잠을 재워서 하는 방법이나 우리가 하는 축귀는 정신이 온전한 상태에서 성령으로 축귀를 하는 것입니다. 최면의 상태에서는 아무리 능력 있는 사역자라도 귀신을 축귀하지 못합니다.

최면이란 세상적인 방법입니다. 만일 교회에서 최면술로 한다면 악한 영의 역사에 의하여 사람들을 현혹시키는 일이니 멀리하기를 바랍니다. 이들은 절대로 성령의 역사가 없이 악한 영의 역사이니 멀리해야 합니다. 최면으로 사역하는 사람을 축귀하면 귀신이 떠나가서 최면을 걸지 못합니다. 그리고 성령의 권능으로 넘어지면 눈에 보이는 현상이 나타나는 것입니다. 호흡을 급하게 한다든지, 진동을 한다든지, 방언기도가 열린다든지, 발작을 한다든지, 소리를 지른다든지 현상이 분명하게 나타납니다. 그런데 넘어져서 아무런 현상이 일어나지 않는 것은 잘못된 것입니다. 성령의 권능으로 넘어지면 반드시 보이는 현상이 나타납니다.

어떤 사람들은 귀신을 쫓을 때 마귀야 나가라. 예수님 병마가 나가게 하여 주시옵소서. 간접적으로 명령합니다. 그러나 주님은 직접적으로 귀신아 나오라고 하셨습니다. 떠나가라, 과감하게 직접적으로 명령을 하기를 바랍니다. 내가 예수 이름으로 명령한다. 더러운 귀신아 떠나가라. 저주의 자리를 걷고 물러가라. 완전하게 회복시키고 떠나가라. 다시는 오지 말지어다. 무저갱으로 들어갈지어다.

성도는 귀신에 영향을 받지 않는다고 가르치는 사람들이 있습니다. 물론 성도는 구원을 얻은 영을 가지고 있기에 그 영에는 성령님이 계십니다. 그러므로 성도의 영에는 귀신이 들어갈 수가 없으나 육체와 신경계통, 또는 정신까지는 들어가 장악할 수가 있는 것입니다. 정확하게 알고 바르게 배우고 알려주어야 합니다. 아니면 불필요한 고통을 받을 수가 있습니다. 성도라고 해도 하나님의 말씀을 어기고 불순종을 하면 귀신에게 눌리게 됩니다. 그러므로 자범죄는 반드시 회개를 해야 귀신을 쫓아낼 수 있습니다. 회개하고 그때 들어온 귀신을 쫓아내기 바랍니다.

어떤 이들은 절에 중도 귀신을 쫓아낸다고 하며, 예수 이름의 축귀를 과소평가하는 사람들이 있습니다. 그러나 성경에서는 마귀와 한 편인 중이나 무당은 귀신을 쫓을 수가 없다고 성경에서 기록했습니다. 마태복음 12장 24-26절에 "바리새인들은 듣고 가로되 이가 귀신의 왕 바알세불을 힘입지 않고는 귀신을 쫓아내지 못하느니라 하거늘 예수께서 저희 생각을 아시고 가라사대 스스로 분쟁하는 나라마다 황폐하여질 것이요 스스로 분쟁하는 동리나 집마다 서지 못하리라. 사단이 만일 사단을 쫓아내면 스스로 분쟁하는 것이니 그리하고야 저의 나라가 어떻게 서겠느냐."말씀하십니다.

어떤 이들은 귀신을 쫓는다고 하면서 손으로 환자를 때려서 시퍼렇게 멍을 들게 하는데 이는 절대로 금해야할 것입니다. 때려서 상처를 주면 귀신은 오히려 더 좋아합니다. 경남 어느 교회에서 귀신의 영향으로 심하게 발작을 하는데 경험과 지식이 없는 권사들이 환자의 배를 눌러서 장이 터져 죽은 사건이 발생하여 담임 교역자가 감옥에 다녀온 일이 있었습니다. 가볍게 손을 얹고 명령하며 대적기도를 하면 성령의 역사로 귀신이 떠나갑니다. 절대로 인간의 완력으로 축귀사역을 하지 말아야 합니다. 성령께서 하시도록 성령의 역사를 일으키는 비결을 알아야 합니다.

어떤 이들은 귀신은 우리를 보는 데 우리는 귀신을 볼 수가 없으니 어떻게 합니까? 라고 두려워합니다. 성령이 밝히 보여주십니다. 성령의 능력을 받으면 됩니다. 그래서 우리는 예수의 이름으로 귀신아! 나오라! 하며 쫓아내야 합니다. 예수님은 귀신이 보이면 쫓아내라고 말씀하시지 않았습니다. 보이지 않아도 그냥 믿음으로 쫓으면 성령이 하십니다.

처음엔 반응이 없는 듯해도 성령의 임재를 유지하며 예수 이름으로 꾸짖으면 반응을 보이고 정체를 드러냅니다. 예수 이름 앞에서는 산천초목도 움직인다는 믿음을 가져야 합니다. 귀신은 인간의 육체를 쉬는 장소로 삼으려고 합니다. 성경에서 귀신은 사람의 육체가 쉬는 장소라고 했으니 철저히 쫓아내야 합니다. 마태복음 12장 43-45절에"더러운 귀신이 사람에게서 나갔을 때에 물 없는 곳으로 다니며 쉬기를 구하되 쉴 곳을 얻지 못하고 이에 이르되 내가 나온 내 집으로 돌아가리라 하고 와 보니 그 집이 비고 청소되고 수리되었거늘 이에 가서 저보다 더 악한 귀신 일곱을 데리고 들어가서 거하니 그 사람의 나중 형편이 전보다 더욱 심하게 되느니라. 이 악한 세대가 또한 이렇게 되리라." 이 말씀을 바르게 해석하여 이해해야 합니다.

3.귀신은 어떻게 알 수 있는가?

귀신은 더러운 영적 존재라 보이지 않으나 다음의 경우를 통하여 알 수가 있습니다. "이에 저희가 소리질러 가로되 하나님의 아들이여 우리와 당신과 무슨 상관이 있나이까 때가 이르기 전에 우리를 괴롭게 하려고 여기 오셨나이까 하더니."(마8:29). 영적 존재는 눈으로 볼 수가 없기에 사람들이 부인하려고 합니다. 그러나 복음서에서 주님은 귀신을 쫓아내니 귀신이 들어간 돼지가 물속에 들어가 몰사를 했습니다. 이는 귀신이 직접 보이지를 않으나 귀신이 이동한 상태를 시각적, 감각적으로 알 수가 있는 증거가 됩니다. 귀신이 들어온 것을 자신의 감정, 생각, 직관, 영감을 통하여 알 수가 있습니다.

갑자기 불안하거나 혈기와 미움이 생기거나 가슴이 답답하거나 초조할 때, 더러운 생각 등(롬1:28~32)이 나면 일단은 귀신이 들어온 것을 의심해야합니다. 꿈속에서 죽은 사람을 보면 빨리 그 귀신을 저주하고 쫓아내야 합니다. 육체가 잠든 사이에 더러운 영이 들어온 것을 나의 영이 알아본 증거입니다. 어떤 사모는 나에게 선한 일을 많이 하고 죽은 사람도 꿈에 보이면 축귀해야 하느냐고 질문하는 것을 보았습니다. 이는 영적인 무지에서 오는 것입니다. 죽은 사람은 세상에 나오지를 못합니다(눅16:19-31절 참조). 악한 영이 사람을 미혹하는 방법입니다.

성령의 역사가 강하게 잃어나는 귀신에 관한 설교를 할 때, 발작을 하던지 불안하고 도망치고 싶습니다. 회당에서도 이런 일이 있었습니다(막1:21-28). 귀신에 관한 설교를 들을 때, 괜히 기분이 나쁘던지 마음이 침울해지는 것은 내가 아니고 내 속에 숨은 귀신이 싫어서 그러는 것이니 얼른 쫓아내야 합니다! 귀신의 무기는 귀신의 정체를 부정하거나 귀신의 의지를 부정하게 하고 귀신 쫓기를 수치스럽게 여겨서 자신을 숨기려고 합니다. 대개 사람들이 이 단계에서 가장 많이 귀신에게 속게 됩니다.

축귀자가 99%의 성령의 권능으로 귀신을 쫓으려고 해도 피축귀자가 자신의 의지로 귀신을 쫓아내려고 하지 않는 1%의 거부만 있어도 귀신은 숨어 버립니다. 그러므로 본인의 믿음과 귀신을 저주하는 것과 귀신이 나가는 것은 비례합니다. 귀신이 잘 나가려고 하지 않는 것은 당연합니다.

축귀 사역시 귀신이 심하게 발악을 하는 이유는 내적인 상처들이 많을 때 귀신이 발악합니다. 이는 용서 못한 감정이나 회개 거리, 상처가 있기 때문입니다. 이때는 귀신 쫓기를 잠시 멈추고 회개하는 시간을 가져야 합니다. 귀신이 들어오도록 용납한 그 죄를 철저히 회개한 후에 귀신을 쫓으면 쉽게 나가게 됩니다.

4. 귀신이 떠갈 때 일어나는 현상들.

축귀 사역의 성공하기 위해서 제일 중요한 것은 성령님의 임재입니다. 축귀는 전적으로 성령께서 하시기 때문입니다. 마귀와 대화하는 것이 아니라, 그 사람과 대화해야 합니다. 이해를 시켜야 합니다. 본인의 의지를 사용하게 해야 합니다. 배에서 나오는 소리로 주여! 주여!를 하고 숨을 크게 들이쉬고 내쉬고, 절대귀신이 하는 말이나 행동에 동조하지 말고 사역자의 말에 순종해야 합니다. 편안하게 눕게 하든지, 세워서 하든지, 의지나 바닥에 앉혀놓고 하든지, 편안한 자세로 성령께서 임하시기를 기도해야 합니다. 그리고 어떤 부분에 문제가 있는 가를 알게 해 달라고 성령님에게 기도해야합니다.

의식이 있을 때에 눈이 사람들의 상태를 나타냅니다. 상담하면서 눈의 상태를 분별해야합니다. 눈을 감으면 의식에서 무의식으로 옮겨지며, 마음의 상태가 이마와 미간에 반영됩니다. 눈을 뜬 의식 상태에서는 내면의 상태를 감출 수가 있지만 눈을 감은 무의식의 상태에서는 얼굴에 내면의 상태가 정직하게 나타납니다. 이 부분을 관찰하는 것을 훈련하면 영적 감각이 예민해지며 사역을 효과적으로 할 수 있게 됩니다.

상담과 관찰과 영적인 감각(은사)을 통하여 상대의 마음을 점령하고 있는 존재의 특성을 찾아야 합니다. 악한 영들은 한 존재로만 있지 않고 발전되기 때문에 사역시 이를 추적해 들어가야 합니다. 지식의 말씀의 은사와 영분별 은사를 활용해야 합니다.

악한 영의 신분을 노출시켜야 사역이 진행됩니다. 이 부분이 사역의 핵심이며, 사역자는 피 사역자의 얼굴, 몸의 변화 상태를 세밀하게 관찰하면서 마음으로는 성령님께 물어야 합니다. 그러면서 악한영의 정체를 드러내야 합니다. 귀신이 정체를 드러내는 행동, 소리, 움직임을 듣고 보면서 사역을 합니다. 성령의 역사를 일으키며 정체를 드러내야 합니다. 성령이여 임하소서. 강하게1 사로잡아 주옵소서. 2-3분간 계속 임재를 요청하세요. 환자는 숨을 들이쉬고 내쉬면서 성령의 역사를 돕게 해야 합니다.

악한 영은 자신의 특성이 노출됨과 함께 성령님의 임재로 서서히 깊은 부분에서 얕은 부분으로(무의식에서 의식으로) 숨겨진 자신의 모습을 드러냅니다. 그래서 성령의 깊은 임재가 필수입니다. 본인이 깊은 임재에 들어갈 수 있으면 너무 좋으나 보편적으로 그렇지 못합니다. 고로 사역자의 개인지도가 필요하고 피사역자는 자신의 자아나 교만을 꺾고 어린아이가 되어 사역자나 성령의 역사에 순복해야 합니다.

악한 존재가 노출되면서 본인의 의식과 관계없는 말, 행동,

표정 등 여러 눈에 보이는 현상이 나타납니다. 악한 영의 활동은 이론이 아니고, 실제이기 때문에 성령의 깊은 임재가 되면 정체를 드러냅니다.

몸이 뒤틀리거나, 호흡이 가빠지거나 빨라집니다. 슬픔이 솟구치며 울음이 터집니다. 가슴을 찌르는 아픔, 위장이나 아랫배 부근에서 뭉치가 움직이고, 큰소리가 터지고, 가슴이 답답해지고, 기침이 나옵니다. 하품이나 트림이 나오고, 심한 구토현상, 멀미하는 것처럼 속이 울렁거리며 토할 것 같기도 합니다. 몸 안에서 무엇인가 빠져나가는 느낌이 생깁니다.

이러한 현상은 숨어있던 악한 세력들(슬픔, 한, 분노, 우울함, 아픔 등의 억압된 감정들)이 가시적인 현상으로 나타나는 것입니다. 이것은 숨어 있던 세력들이 성령의 임재 하심으로 말미암아 더 이상 숨어 있지 못하고 떠나게 되는데, 떠나면서 각각의 특성대로 감정과 육체를 건드림으로 이러한 현상이 나타나는 것입니다. 축귀사역자는 상대방의 보이지 않는 내면에서 양극단의 세력이 대립함을 감지해야합니다. 이를 위해 사역자는 눈을 뜨고 상대를 잘 주시해야합니다.

축귀사역자는 성령님께 강하게 역사 하실 것을 간구하며, 악한 존재에게는 예수의 이름으로 떠나갈 것을 명해야 합니다. 역사는 성령이 하시는 것이고, 사역자는 성령님을 돕는 것입니다. 또 성령이 역사하시도록 여건을 만들어 드리는 것입니다. 성령께서 역사 하시면 소리를 크게 지르지 않아도 됩니다. 성령 충만을 간구해야 합니다. 상대방에게도 성령 충만을 간구하세요.

몸 안에서 노출된 영적 존재들을 몸 밖으로 축출시키는 작업을 필히 해야만 합니다. 여러 경로로 배출시키는 방법이 있지만, 기침으로 보내는 방법이 쉽습니다. 육체에 심한 반응을 일으켜서 크게 소리를 지르거나 괴로워하는 현상이 약해지면, 예수 그리스도의 이름으로 기침으로 떠나갈 것을 명합니다.

계속하여 떠나라고 명해야 합니다. '계속해서 떠나가라.기침을 멈추지 말고 계속하라. 시원하게 기침하며 떠나가라' 고 명령합니다. 기침과 함께 침, 가래, 음식물이 나오므로 휴지를 준비해야하며, 간혹 피가 섞여 나올 수도 있습니다. 또 하혈을 할 수도 있습니다. 축귀사역을 하는 동안 상대방에게 일어나는 현상에 대해 설명해줌으로 마음을 안정시켜주어야 합니다.

동성인 경우 가슴이나 진통이 오는 부분에 손을 얹고(강하게 누르거나 찌르는 행위는 금하라) 치유를 계속해야 합니다. 이성끼리는 될 수 있는 대로 목 아래로는 절대로 접촉을 금해야 합니다. 필요하면 환자의 손이나 동성의 손을 얹게 하고 안수를 해도 됩니다. 어느 정도 축출이 된 후부터는 기침보다는 호흡을 통하여 나오라고 명해서 사역을 계속합니다.

가슴과 몸 안에 있던 것들을 기침으로 내어보낸 후, 머리에 숨어 있는 것들을 내보내야합니다. 머리에 손을 얹고 뇌 속에 숨어 있는 것들에게 코를 통하여 나가라고 명하면 코로 호흡을 뱉듯이 하면서 떠나갑니다. 머리에 붙어 있던 것들이 배출된 후, 머

리 아픈 증상, 불면증, 축농증 등이 치유됩니다. 좌우지간 상처
와 귀신은 밖으로 배출을 해야 합니다.

5. 악한 영의 괘계를 알기 위해 영분별을 잘하라.

예수의 피, 예수의 이름, 말씀, 성령의 불, 방언, 찬송과 기도
로 사단의 하수인 귀신의 세력을 물리치고 몰아낼 수 있습니다.
악령을 분별하여 축귀해야 합니다. 나타나는 현상이나 성령의
감동으로 분별해야 합니다. 마귀의 세력은 우리의 마음과 육신
에 작용하지만 영은 건드리지 못합니다. 우리 영 안에 계신 하나
님의 영의 권세로 악한 영을 명령하여 몰아내는 것입니다. 그래
서 호흡을 들이쉬고 내쉬면서 성령의 역사가 자신에게서 나타나
게 해야 합니다. 우리를 괴롭히는 사건과 감정들을 엄밀히 감정
이 아니라, 악한 영들의 훼방입니다.

믿는 자의 생각의 주입으로 침범하여 행동을 지배하려고 하
고, 영까지 파괴하려는 궤계입니다. 영적 생활을 못하게 합니
다. 악 날 합니다. 우리는 더 악 날 하게 공격해야합니다. 종국
에는 우리가 이기게 됩니다. 우리 안에 계신이가 세상 신 보다
크시기 때문입니다. 의지가 중요합니다. 축귀 즉 귀신을 쫓아냄
보다 중요한 것은 회개입니다. 회개하여 영적인 성도로 변화가
되어야 합니다. 축귀보다도 영적으로 변하는 것에 더욱 치중하
여 사역을 해야 합니다.

축귀가 안 되는 경우는 말씀과 회개 그리고 믿음이 없을 때입니다. 사역자는 이를 알고 적절하게 성령의 역사를 따라가야 합니다. 종국에는 모두 떠나가게 됩니다. 귀신을 너무 겁내지 말아야 합니다. 예수 이름 앞에 마무 것도 아닙니다. 악한 영의 역사는 그림자에 불과 합니다. 그림자는 내가 바뀌면 바꾸어지는 것입니다. 내가 말씀과 성령으로 거듭나 성령으로 장악당하면 나는 하늘의 사람입니다. 하늘의 사람에게 악한 영은 역사 할 수가 없습니다. 말씀과 성령으로 자신이 변하려고 노력해야 합니다. 악한 세력의 영향은 성품의 이상, 육신의 병, 그리고 악습에 잡히는 등등으로 나타날 수가 있습니다. 사단의 나타내는 현상을 잘 분별합시다.

6. 축귀할 때 성령의 임재로 나타나는 현상들.

축귀사역시 성령의 역사로 이와 같은 현상이 나타납니다. 이는 성령께서 성도를 장악하면서 일어나는 현상입니다. 성령이 장악하여 귀신이 떠나가면서 계속적으로 나타납니다. 그러나 성령이 장악하여 귀신이 완전하게 떠나가면 이런 현상은 나타나지 않는 것이 보통입니다. 지속적으로 성령충만한 곳에서 안수를 받아야 완전하게 성령으로 장악이 됩니다. ① 호흡이 깊어지거나 빨라지고 손이 찌릿찌릿 하기도 합니다. ② 주체 못하게 울음이 터지거나, 웃음이 터지는 경우도 있습니다. ③ 가슴을 찌르고 무엇이 빠져나오는 고통을 느낄 수 있습니다. ④ 위장이나 아랫배 부근에서 어떤 뭉치 같은 것이 움직일 수도 있습니다. ⑤ 큰 소리가 속에서 터져 나오기도 하고 온 몸에 불이 붙은 것 같이 뜨겁기도 합니다. ⑥ 가슴이 답답하고 기침이 나오고 손과 입에서 불이 나오기도 합니다. ⑦ 기침, 하품, 트림이 나오고, 토하기도 하고 메스꺼움을 느끼기도 합니다. ⑧ 멀미하는 것처럼 속이 울렁거리며 아랫배가 심히 아프기도 합니다. ⑨ 머리가 아프고 어지럽고 몸이 감당하지 못하게 흔들리기도 합니다. ⑩ 때로는 얼굴이나 몸 전체가 뒤틀리다가 풀어져 평안해지기도 합니다. ⑪ 때로는 집에 돌아가서도 이유 없이 피곤하고 심신의 괴로움 현상이 일어날 수 있습니다. 이것은 일종의 치유의 현상이니 두려워말고 계속 성령의 역사가 있는 장소를 다니면서 치유를 받으면 없어집니다. 절대로 두려워 치유를 포기하지 말아야 합니다. 이런 현상을 체험한 분들이 완치 후에 영안이 열리고 성령의 은사가 나타나고, 담대함이 생겨서 하나님의 군사로 쓰임을 받게 됩니다.

7. 귀신 축귀로 유익한 분야.

① 뿌리 깊은 정신문제 거의 전반에 걸친 치유가 됩니다. ② 마음의 상처와 원한이 치유가 됩니다. ③ 파괴된 관계의 치유(결혼 등)가 됩니다. ④ 평안하고, 홀가분하며, 가슴이 시원하고,

발걸음이 가볍고, 평화로운 기분이 나타납니다. ⑤ 용서나 회개의 새로운 가능성이 생깁니다. ⑥ 기도와 말씀에 대한 사모함이 일어납니다. 즉 예수님과의 은밀한 만남의 시간을 갖기도 합니다. ⑦ 육체적인 질병의 치유가 됩니다.

8. 축귀 후 성령 안에서의 안식이 온다.

① 하나님의 권능이 나타납니다. ② 하나님의 임재 하심을 은밀하게 체험합니다. ③ 회심이나 회개의 원동력이 됩니다. 성령이 장악하여 권능(은사)가 나타납니다. ④ 치유를 돕는 여건이 됩니다. ⑤ 영과 육이 치유 받습니다. 육신의 치유, 내적인 치유가 됩니다. 영적 치유가 됩니다. ⑥ 악령으로부터 해방됩니다. 영육의 평안함을 느낍니다. 성령의 역사로 내적치유와 축귀를 하면 말로 표현할 수 없는 평안이 심령에서 올라옵니다.

15장 축귀통한 영육치유 영적인 원리

(행 16:16-18)"우리가 기도하는 곳에 가다가 점하는 귀신
들린 여종 하나를 만나니 점으로 그 주인들을 크게 이하게 하는
자라. 바울과 우리를 좇아와서 소리 질러 가로되 이 사람들은
지극히 높은 하나님의 종으로 구원의 길을 너희에게 전하는 자
라하며, 이같이 여러 날을 하는지라 바울이 심히 괴로워하여 돌
이켜 그 귀신에게 이르되 예수 그리스도의 이름으로 내가 네게
명하노니 그에게서 나오라 하니 귀신이 즉시 나오니라"

축귀 사역을 위해서 영을 분별하는 능력이 중요합니다. 영분
별이란 예수님의 안목을 가지고 보는 것입니다. 그리고 모든 면
에서 분별이 중요합니다. 그러므로 우리가 구할 것 중에 무엇보
다 영분별의 은혜를 구해야 합니다. 축사를 위해서는 영분별의
은사를 구하고, 지도자는 하나님의 안목으로 하나님의 사람들을
볼 수 있는 눈을 구해야 합니다. 우리 모두는 잘 보지 못합니다.
그래서 하나님의 은혜가 참으로 필요합니다. 사무엘을 보면 그의
입에서 나오는 말이 한마디도 땅에 떨어지지 않았다고 했습니다.
땅에 떨어지지 않았다는 말은 그 입에서 나온 예언이 하나도 이
루어지지 않은 것이 없다는 말입니다. 그만큼 예언을 100% 정확
하게 했습니다. 그런데 그렇게 정확하게 예언한 사무엘도 이새의
집에 갔을 때, 연이어서 실수를 하는 것을 볼 수 있습니다.

(삼상16:7)"여호와께서 사무엘에게 이르시되 그 용모와 신장을 보지 말라 내가 이미 그를 버렸노라 나의 보는 것은 사람과 같지 아니하니 사람은 외모를 보거니와 나 여호와는 중심을 보느니라"

100% 정확하게 예언했던 사무엘의 안목이 그 정도였다면 우리는 더 말할 필요도 없습니다. 그래서 우리는 분별력이 절실하게 필요한 것을 봅니다. 그러므로 우리가 이러한 사역을 함에 있어서 분별력은 필수입니다. 축사사역을 하는데 있어서 중요한 은사는 영분별의 은사입니다.

제가 축귀사역에 대하여 책을 쓰는 것은 지난 14년 동안 귀신을 많이 쫓아냈습니다. 축귀를 하다가 보니 영적으로 고통당하는 성도들을 치유하는데 꼭 필요한 사역이기 때문입니다. 능력전도를 하는데도 꼭 필요한 것이 영분별은사이고 축귀능력입니다. 영분별의 은사는 오늘날 그리스도 몸(교회)에 주어집니다. 그래서 존 윔버 목사님 같은 경우는 특별히 귀신을 쫓아내는 사역을 하기 전에는 꼭 하나님께 영분별의 은사를 구했다고 합니다.

1. 효과적인 사역을 하기 위해서 기도

첫째, 자신들을 보호합니다. 예를 든다면 하나님 이 시간 예수님의 보혈로 저를 덮어주세요. 같이 사역하는 사람들도 예수님의 보혈로 덮어주세요. 치유를 받는 사람들의 가족들도 보호하여 주옵소서. 성령님 모든 사람들을 장악하여 주옵소서. 왜냐하면 사단이 사역자나 환자의 가족을 공격할 수 있으니까 사전에 예방하는 것입니다.

둘째, 죄를 회개합니다. 성령의 임재 가운데 해야 합니다. 축사사역을 하다보면, 귀신이 귀신같이 죄를 알아가지고 죄를 들이대는 경우가 있기 때문입니다. 그러면 당황하게 되고, 담대하게 사역을 하기가 곤란합니다. 그러므로 사역하기 전에 자신을 보호하고, 둘째는 생각나는 모든 죄를 회개하고, 죄 용서를 믿음으로 받아들입니다. 그래도 귀신이 죄를 지적하면 그때는 담대하게 나갈 수 있습니다. 왜 회개함으로 용서받았기 때문입니다. 그래서 하나님 말씀에 기초해서 담대하게 귀신에게 중단하라고 명령할 수 있습니다. 성령님에게 보호를 요청합니다.

셋째, 영분별의 은사를 구합니다. 예를 든다면 성령님 이 시간 우리에게 영분별의 은사가 나타나게 해주시기를 바랍니다. 왜! 구하는 자에게 은사를 주시겠다고 하셨으니까, 은사를 구하는 것입니다.

2. 성령의 은사가 나타나게 하는 방법

영들을 분별하는 성령의 은사는 일반적으로 다른 은사와 똑같이 주어집니다. 분별의 은사가 성경에 보면 크게 세 가지가 있는데, 우리는 흔히 고린도전서 12장에 나오는 아홉 가지 은사를 세 부류로 나눕니다. 그 첫째는 분별의 은사, 하나님의 눈에 해당하는 것이고, 둘째는 능력의 은사, 하나님의 손에 해당하는 것이고, 셋째는 언어의 은사, 입에 해당하는 것입니다.

첫째로 손에 해당하는 은사는 능력과 관련되어 있는데, 치유의 은사, 기적을 행하는 은사, 믿음의 은사입니다. 둘째는 입에 해당하는 언어의 은사로, 방언의 은사, 통역의 은사, 예언의 은사가 있습니다. 셋째는 눈에 해당하는 분별의 은사로, 지식의 말씀의 은사, 지혜의 말씀의 은사, 영분별의 은사가 있습니다. 그래서 영분별의 은사도 분별의 은사 중의 하나로써 다른 분별의 은사와 비슷하게 옵니다. 예를 들어 지식의 말씀의 은사 같은 경우에는 많은 경우에 그냥 알게 됩니다. 어떤 사람은 TV에 나오는 자막과 같이 글씨가 보인다고 합니다. 그래서 그대로 읽어주면 문제가 해결이 된다고 합니다. 어떤 때는 그냥 아는 것입니다. 상대방이 어떤 상태에 있다는 것을, 어떻게 아는지는 모르지만 그냥 속에서 아는 것입니다. 그게 지식의 말씀의 은사 중 하나입니다. 하나님께서 알게 하시는데, 그냥 알게 하십니다.

1) 지식의 말씀의 은사

지식의 말씀의 은사는 일반적으로 알 수 없는 정보나 사실을 하나님의 초자연적인 능력으로 깨닫게 해주시는 것입니다. 그래서 사역을 하다보면 상대방의 허리가 아프면 자기 허리가 아프고, 상대방의 가슴이 아프면 자기 가슴이 아프고, 상대방의 머리가 아프면 자기 머리가 아프고, 상대방의 어떤 부위가 아프면 자신도 똑같은 부위에 통증을 느낄 수가 있습니다.

그래서 이런 지식의 말씀의 은사는 안수사역에 많은 도움이 됩니다. 왜냐하면 무엇을 위해서 기도해야 할지를 알기 때문입니다. 그래서 그런 분들을 초청해서 기도하다 보면, 자신에게서 먼저 그 아픈 부위의 통증이 사라지는 것을 느끼거나 성령께서 통증이 사라졌다고 감동하십니다. 그러면 상대방의 통증이 사라졌는가를 묻습니다. 그러면 영락없이 상대방도 통증이 사라졌다고 말합니다. 또 자기에게 통증이 좀 남아 있으면 상대방에게도 남아 있는 것을 볼 수 있습니다. 그러면 계속 기도할 것인가 아니면 나중에 또 기도할 것인가를 성령님께 속으로 묻고 끝냅니다. 이런 것들이 지식의 말씀의 은사 중에 하나입니다. 그리고 어떤 상태나 자세에 대해서도 동일한 방법으로 깨달을 수 있습니다.

어떤 때는 상대방의 얼굴이나 가슴, 또는 머리위에 글씨가 쓰여 있는 것이 보이기도 합니다. 기도하는 사람이 특별해서가 아니라 하나님께서 하나님의 일을 나타내시기 위해서 그 시점에서 보여주시는 것입니다. 어떤 때는 마음속에 그림으로 나타나기도 합니다. 그래서 기도하다 보면 많은 사람들이 다양한 모양으로 자기들에게 보이는 것을 말하는 것을 볼 수 있습니다. 또 어떤 때는 환자의 아픈 부위를 있는 그대로 아주 생생하게 보여주시기도 하고, 어떤 때는 예언이 자동적으로 나오는 것처럼 말하기도 합니다. 이런 것들이 지식의 말씀의 은사가 임하는 경우입니다.

2) 지혜의 말씀의 은사

지혜의 말씀의 은사와 지식의 말씀의 은사는 비슷하지만 다릅니다. 지혜의 말씀의 은사는 어떤 상황에 대한 하나님의 입장에서 자물통을 열 수 있는 열쇠와 같습니다. 그리고 많은 경우에 지혜의 말씀의 은사는 하나님의 관점과 아울러 해결책이 주어집니다. 그래서 어떤 때는 사역을 하다가 성령님께서 성경구절을 생각나게 하셔서 거기를 찾아보니까 그 사람의 문제가 거기에 그대로 다 나와 있을 뿐 아니라, 해결책도 나와 있는 경우가 있는데, 이것이 지혜의 말씀입니다. 그리고 상담할 때와 축사할 때, 특별히 이런 지혜의 말씀의 은사가 필요합니다.

3) 영분별의 은사

영분별의 은사도 분별의 은사 중의 하나로써 앞에 말씀드린 두 가지 은사와 비슷하게 우리에게 옵니다.

① 보이는 것: 우리가 사진을 찍을 때 흔들리면 두개가 겹쳐서 보이는 것처럼, 어떤 사람의 얼굴에 뭔가가 겹쳐서 보이는 것입니다. 그래서 어떤 때는 짐승의 모양이나 새, 어두운 그림자 등이 보입니다. 그리고 사람의 얼굴이 겹쳐 보일 때는 많은 경우에 절대로 평안하고 좋은 얼굴이 아니고, 경멸하는 얼굴, 조롱하는 얼굴, 매우 좋지 않은 사악한 얼굴이 겹쳐서 보입니다. 그래서 이런 경우에는 그 사람이 영적으로 매우 침해를 받고 있는 것을 알려주는 하나의 형태인 경우입니다.

어떤 경우에는 어두운 그림자가 보이기도 합니다. 그래서 안수사역하기 전에 가까이 가게 되면 어두운 그림자 같은 것이 보이는데, 이런 경우에 영적인 억압으로 인한 경우가 많습니다. 그래서 그럴 경우에 예수님의 이름으로 쫓아내면 그 그림자가 없어져 버릴 때가 있습니다. 이 때 치유를 위해서 기도해주면 훨씬 더 효과적으로 하나님께서 역사하십니다.

② **그냥 알게 된다.**: 지식의 말씀의 은사처럼 본 것도 없고 들은 것도 없고 영적으로든지 일반적으로든지 아무것도 한 적이 없는데 그냥 알게 되는 것입니다. 어떻게 아느냐? 어떻게 아는지는 모릅니다. 그냥 보고 알게 되는 것입니다. 이렇게 영분별의 은사가 임합니다. 저의 경우 초기에는 사람들하고 얘기하다 보면 갑자기 이런 생각이 떠올랐습니다. '저 사람이 귀신들렸다.' 그러면 이게 무슨 해괴망측한 생각이냐. 멀쩡한 사람한테 귀신들렸다니, 그래서 자꾸 그런 생각들과 내부에서 갈등하며 물리쳤습니다. 그런데 그냥 얼굴을 보고 알아지는 것입니다. 그러면 이런 저런 얘기를 하다가 혹시 한번 기도해 보자고 합니다. 그러면서 지금 당신에게 하는 것이 아니고 혹시 당신에게 방해하는 세력이 있을지 모르니까 한번 같이 기도해 보자고 합니다. 그러자고 하면 성령의 임재를 요청합니다. 성령의 임재가 어느 정도 장악하면 '예수이름으로 명하노니 악한 세력은 정체를 드러내라.'고 합니다. 어느 정도 시간이 경과되면 악한 영이 정체를 드러내는 것입니다. 이런 과정을 통해서 아 그것이 영분별의 은사로 주어지는 것이었구나 하는 것을 알았습니다. 그래서 의심스러울 때는 예수

님의 이름으로 정체를 밝히라고 명령하면 귀신이 드러나게 되고 사역을 하게 됩니다.

영적전쟁과 귀신으로부터 구원사역에 대해서 많은 책들이 나와 있습니다. 특별히 목회자들은 이런 부분에서 많은 경험을 자기의 것으로 만들어야 합니다. 저는 책을 많이 참고를 했습니다. 이런 책들을 많이 참고하게 된 이유는, 첫째는 성경적이고, 둘째는 아주 인격적이기 때문입니다. 그리고 그분들은 사역할 때, 만약 귀신이 나타나면 사람들이 많은데서 안하고 꼭 골방으로 데리고 가기도 합니다. 왜냐하면, 그 사람의 인격을 존중하기 위해서입니다. 그런데 우리나라 같은 경우는 이런 부분에서 참 문제가 많은데, 심지어 이름을 대면 금방 알 수 있는 어떤 큰 교회 목사님이 말하기를 귀신은 욕하면 나간다고 공공연하게 말합니다.

그래서 자기가 쌍스러운 욕을 막 해댔더니 귀신이 나가더라고 말하는데, 그것은 예수님의 능력으로 나간 것이지 욕해서 귀신이 나간 것은 아닙니다. 성령의 역사로 나가는 것입니다. 그리고 더 심각한 문제는 많은 경우에 귀신이 안 들렸는데도 귀신들렸다고 하는 것이 문제입니다. 그래서 사람들에게 물리적인 힘을 가하고 안찰한다고 때리기도 하는데, 실제로 경남에서 어떤 목사님은 경험이 없는 권사들이 귀신을 쫓아낸다고 누르고 때려서 한 사람이 죽었다고 했습니다. 그 사건으로 부목사가 구속이 되어 한동안 고생을 했다는 것입니다.

귀신이 나가는 것은 때려서 나가는 것이 아닙니다. 어떤 사람들은 눈을 막 쑤시는데, 그렇게 한다고 해서 귀신이 나가지 않습니다. 그리고 눈을 쑤시면 귀신이 아프고 고통스러운 것이 아니라 그 사람이 아프고 고통스런 것입니다. 그래서 저는 사역을 할 때, '사랑하는 마음으로 그 사람의 마음을 상하지 않도록 부드럽게 사역을 합니다.' 성령이 역사하시는 대로 따라가며 사역을 합니다. 사역자가 귀신을 축귀하는 것이 절대로 아닙니다.

그리고 귀신이 쫓겨나는 것은 하나님이 우리에게 주신 권세와 그 권세를 깨닫고 그 믿음위에 서게 될 때 귀신이 쫓겨나는 것입니다. 소리 지른다고 해서 쫓겨나는 것이 아닙니다. 오히려 소리 지르게 되면 믿음에 서기보다 흥분해서 지게 됩니다. 그리고 그것을 때로는 귀신들이 유도합니다. 가끔 귀신들린 자를 사역할 때, 귀신이 막 소리를 지릅니다. 그러면 사역하는 사람들도 같이 소리 지릅니다. 그러면 귀신은 더 큰소리로 소리를 지릅니다. 그러면 사역하는 사람도 더 크게 소리칩니다. 그런데 이것은 귀신에게 속는 것입니다. 그리고 그렇게 되면 확신 가운데 평안한 가운데 축귀가 되지 않습니다. 소리쳐서 귀신이 쫓겨날 것 같으면 확성기 대놓고 하면 금방 쫓겨날 것입니다.

그렇기 때문에 성령의 인도를 받는 자세가 중요합니다. 믿음에 굳게 서서 상대방을 배려해야 합니다. 특별히 어린아이를 사역할 때는 귀신 얘기를 함부로 하면 안 됩니다. 의외로 많은 사람들은 너무 쉽게 모든 걸 귀신으로 단정해 버립니다. 애들이 잠을 못자도 귀신, 밤에 잠자다 오줌을 싸도 귀신, 감기만 자주 앓아도 귀신 하는데 한번 생각해 보세요. 이제 어린애에게 귀신아 물러가라. ○○속에서 떠나가라. 그러면 그 애가 자기 속에 귀신이 있다고 생각해서 정서적으로 얼마나 불안해하겠습니까? 그러므로 아이들한테는 매우 부드럽게 해야 합니다. 설령 귀신이 있다 할지라도 애들한테는 조심해서 사역을 해야 합니다.

③ 오감을 통해서 느끼고 알게 된다. : 저는 냄새로 사람에게 역사하는 귀신을 알아 내기도 합니다. 그래서 귀신들린 사람 옆에 가면 냄새가 지독합니다. 때로는 절간에서 나는 지독한 향냄새가 나기도 합니다. 또 어떤 사람은 아무 것도 없는데 소리가 들립니다. 그래서 어느 집에 들어가면 귀신들이 막 떠드는 소리가 들립니다. 특정한 죄를 지은 사람의 옆에만 가면 냄새가 납니다. 특별히 결혼한 사람들이 다른 남자나 다른 여자하고 간음했을 때, 옆에 가면 음풍을 느낍니다. 그러니까 지나다니다가 들통이 나는 것입니다. 그러나 나는 아무 말도 하지 않고 축귀해 버립니다. 그래서 이와 같이 영분별의 은사가 여러 방법으로 오기 때문에 우리가 안수 사역 할 때, 하나님께 '하나님 우리에게 영분별의 은사를 부어주세요.' 특별히 어떤 영적인 억압이 있는 사람을 기도할 때, 이렇게 기도하면 하나님께서 도와주십니다.

그리고 참고로 귀신들린 사람들을 사역할 때는 혼자(1:1) 사역하면 안 됩니다. 특히 이성 간에는 절대로 혼자(1:1) 사역하는 것은 자제해야 합니다. 그래서 공개적인 사역을 하는 것이 좋습니다. 저는 절대로 개별적인 치유사역을 하지 않습니다. 꼭 공개적인 자리에서 말씀을 전하고 전 인원에게 기도를 시키고 돌아다니면서 필요한 사람들만 축귀를 합니다. 그리고 혼자서 사역하는 것보다 두 명이 팀이 되어 함께 사역을 하면 훨씬 더 좋은 효과를 거둘 수 있습니다. 부부가 한 팀이 되면 아주 좋습니다. 저는 사모하고 같이 사역을 합니다. 축귀사역을 하는데 여러 사역자가 몰려서 할 수는 없습니다. 어느 분들은 팀 사역을 강조하는데 이것은 축귀를 실제로 해보지 않았기 때문에 이론적으로만 정립하여 말하는 것입니다. 실제로 축귀에 들어가면 축귀사역자가 성령으로부터 지식의 말씀과 지혜의 말씀을 받아가면서 사역을 진행해야 합니다. 여러 사람이 이렇다, 저렇다하면 피 사역자와 악한 영이 혼동이 되어 오히려 축귀사역을 어렵게 만들 수 있습니다. 우리가 사역을 함에 있어서 피해야 될 두 가지 극단이 있습니다. 첫 번째 극단은 모든 것을 귀신의 역사로 보는 것입니다. 특별히 우리나라가 더 심한 것 같은데, 두 가지 극단이 다 있는 것 같습니다. 그 중에 하나가 모든 것을 귀신의 역사로 보는 것입니다. 앞에서 잠깐 말한 것처럼, 애들이 잠을 못자도 귀신, 밤에 잠자다 오줌을 싸도 귀신, 감기만 자주 앓아도 귀신, 재채기 하고 기침만 해도 귀신, 눈이 아프고 머리가 아프다고 해도 귀신이라고 그러는데 이것은 한편으로는 지나친 것입니다. 이 때문에 많은 피해들이 생기고 있습니다.

　성경에서 귀신들린 사람들을 보면 눈이 뒤집어지고 입에 거품을 물기도 합니다. 그런데 그러면서도 귀신이 안 들릴 수도 있습니다. 특별히 마음의 상처가 심할 경우에 그럴 수도 있다는 것입니다. 그러니까 어떤 현상만 가지고 귀신들린 것으로 간주하면 해결되지 않습니다. 오히려 사역하는 사람도 진이 빠지고, 기도 받는 사람도 진이 빠집니다. 그리고 귀신이 나가야 되는데 안 나갔다고 생각하니까, 계속 불안과 두려움만 있게 됩니다. 그러므로 모든 것을 귀신으로 보는 것을 자제해야 됩니다.

저는 특별히 사역할 때, 아무리 의심이 가도 귀신이 드러나서 말하기 전까지는 귀신으로 간주하지 않습니다. 그런 가운데서도 안수 사역을 얼마든지 할 수 있고, 얼마든지 악한 영향력을 끊을 수 있습니다. 그리고 정 의심이 되면 "예수님의 이름으로 악한 영은 정체를 밝혀라." 하며 명령해서 귀신이 정체를 드러내면 그때 떠나보냅니다. 아니면 다양한 각도에서 치유사역을 합니다. 그래서 치유사역자는 다양한 면에 박식해야 합니다. 이론도 알아야 하고 임상적인 경험을 많이 하여 실제도 알아야 바른 사역을 할 수 있고 영혼도 구원할 수 있습니다. 그런데 우리는 너무 한쪽으로 치우치는 경향이 있는데 이 부분에서 좀 더 조심해야 됩니다.

성경에서는 귀신들린 자와 정서적으로 불안한 자를 구분하고 있습니다. 물론 귀신들려서 정서적으로 불안할 수도 있습니다. 그러나 정서적으로 불안하다고 해서 반드시 귀신들린 것은 아닙니다. 우리는 이런 것들을 분별하고 분리할 수 있어야 합니다. 그리고 두 번째 극단은 귀신이 없다는 주장입니다. 다 정신병이라고 합니다. 그러나 정신병도 있지만 귀신에 의한 것도 있습니다.

어떤 목회자 분이 말하기를 성도에게 생기는 문제의 3분의 1은 귀신 역사에 의한 것이라고 합니다. 저도 여기에 동감합니다. 배후에 영의 세력이 있다는 것입니다. 우리 성도들과 사역자는 배후의 세력을 보는 눈이 열려야 합니다. 영적으로 사고를 해야 합니다. 사고가 영적으로 변하지 않으면 영적인 성도로 변화되지 않습니다. 영적으로 변하지 않으니 매사를 육신적으로 보고 판단을 하니 문제의 원인을 정확히 알수가 없는 것입니다. 문제의 원인을 정확히 모르니 해결할 수가 없는 것입니다.

3. 축귀사역을 성공하려면

많은 목회자와 성도들이 귀신만 축귀하면 치유가 되는 줄 알고 있습니다. 제가 13년이란 세월을 투자하여 성령치유사역을 하면서 체험한 바로는 귀신이 침입했으면 반드시 원인이 있다는 것입니다. 침입한 귀신은 원인이 해결되기 전에는 절대로 나가지 않습니다. 귀신이 침입하게 된 원인은 오로지 성령님만이 알고 계십니다. 그래서 귀신을 축귀하려면 반드시 성령으로 세례를 받아야 합니다. 성령으로 세례를 받으면 성령께서 성도의 전인격을 장악해 가십니다. 성령께서 성도를 장악하는 과정에서 내면의 상처를 치유하십니다. 상처가 치유되다가 보니 자아도 깨집니다. 자아가 깨지면서 귀신들이 서서히 정체를 폭로하고 떠나가기 시작합니다.

귀신이 떠나가는 것은 한꺼번에 모두 떠나가는 것이 아니고 성령께서 장악하여 정체가 폭로된 귀신만 떠나갑니다. 정체가 폭로되는 것은 본인이 죄나 상처를 인정하고 받아들이는 것만 해당이 됩니다. 한마디로 성도가 영적으로 깊어지는 만큼씩 귀신이 떠나간다고 보면 맞습니다. 그렇기 때문에 시간이 많이 걸립니다. 영육의 문제가 있는 환자나 보호자는 빨리 치유가 되기를 원하지만, 그것은 요망 사항에 불과 합니다. 절대로 영적인 수준이 되지 않았는데 귀신이 모두 떠나가지 않습니다. 만약에 귀신이 모두 떠나갔다고 하는 사역자가 있다면 이는 영적인 원리를 모르거나 영적인 사기꾼입니다. 조심해야 합니다. 절대로 축귀는 자신이 영적으로 자라는 만큼씩 됩니다. 그래야 나간 귀신이 다시 들어오지 못하므로 영적인 자립을 할 수가 있는 것입니다. 외국에서 축귀사역을 전문으로 하시는 분들의 이야기를 빌리자면 축귀를 한번 시작하면 3-5년을 싸워야 한다고 하는 말에 공감이 갑니다. 귀신을 쫓아냈으면 귀신이 다시 들어오지 못하도록 막을 수 있을 때까지 자신의 영성을 깊게 해야 하기 때문입니다.

그래서 영육으로 고통을 당하는 환자는 성령의 역사가 강하고 전문으로 치유를 하는 교회에 등록하여 다니면서 싸우는 것이 좋습니다. 그래서 저희 충만한 교회는 매주 화수목 집회를 하고 있는 것입니다. 일주일에 하루 가지고는 유지 밖에 되지 않습니다. 영적치유를 받고 성령의 권능이 있는 분들은 영성을 유지하기 위하여 일주일에 하루씩 은혜를 받아도 됩니다. 그러나 정신적인 문제와 영적인 문제로 고통을 당하는 분들은 하나님에게 마음과 시간을 많이 투자해야 치유가 됩니다. 치유가 되었다고 해도 영적으로 나태해지면 재발하기 때문에 성령이 역사하는 교회에서 신앙지도를 받는 것이 개인의 영성에 좋습니다. 정신적인 문제와 영적인 문제로 고생하는 성도를 치유하는 치유사역자는 이러한 여러 가지 상황을 알고 치유사역에 임해야 합니다.

귀신의 축귀는 단번에 되지 않습니다. 시간이 많이 소요가 됩니다. 그러므로 사역자는 이에 대한 대비를 하고 사역에 돌입해야 합니다. 먼저 성령으로 세례를 받게 해야 합니다. 성령으로 세례를 받게 하려면 기도가 바르게 되어야 합니다. 이는 제가 쓴"**깊은 영의기도를 쉽게 숙달하는 비결**"을 읽어보시면 됩니다. 여기에서 기도에 대하여 적으려면 한계가 있기 때문입니다. 기도가 그렇게 말과 같이 쉽게 바뀌는 것이 아니기 때문입니다. 그리고 안수를 하는데 성령이 환자를 빨리 장악하게 하는 비결을 터득하여 안수를 해야 합니다. 안수 사역에 대해서는 "**성령의 불세례를 체험하라.**" 와 "**성령의 불로 불세례 받는 법**"과 "**불같은 성령으로 충만받는 법**"을 보시면 해결이 될 것입니다.

안수도 기도도 아무렇게나 하면 되는 것이 아닙니다. 반드시 모든 영적인 일은 원리가 있습니다. 원리를 바르게 적용해야 환자도 쉽게 은혜 받고, 사역자도 쉽게 사역을 할 수가 있습니다.

그래서 사역자는 전문가가 되려고 노력을 해야 합니다. 저는 항상 이런 사고를 가지고 있습니다. "나는 세상 의사보다 더 많이 알고 행할 줄 알아야 한다." 세상 의사들은 육만 다루지만 영적인 사역자는 전인격을 다루어서 천국에 보내야 하기 때문입니다. 안수를 하다가 보면 여러 가지 영적인 현상들이 나타나기 시작 합니다. 초보 사역자들은 영적인 현상이 나타날 때 당황하는 경우가 있습니다. 당황하여 소리를 지른다거나 환자를 누른다거나 하는 경우가 있는데 조심해야 합니다. 그냥 성령의 역사만 일으키면 됩니다. 모든 사역은 성령께서 하시기 때문입니다. 편안한 마음을 가지고 성령께서 주시는'레마'에 따라 말하거나 행동하면 됩니다. 절대로 사역자는 느긋한 마음을 가져야 합니다. 빨리 귀신을 쫓아내야 된다는 강박관념을 가져서는 안 됩니다.

저는 초기 사역 때 6시간도 축귀를 한 경우도 있습니다. 지금 생각하면 정말 우습습니다. 지금은 그렇게 시간이 많이 걸리지 않습니다. 길게 걸리면 2시간 20분정도 걸리는 경우도 있습니다. 그래서 매주 토요일 날 하는 집중치유 시간이 2시간 30분입니다. 이는 기도를 하니 성령께서 감동한 시간입니다.

우리 교회에서 토요일 날 하는 집중 치유는 평일 화수목 집회에서 악한 영의 역사가 강하여 해결이 되지 않는 분들을 대상으로 하는 것입니다. 정말 힘든 사역이고 전문성이 요구되는 사역입니다. 물론 성령님과 인격적인 관계가 되어야 할 수 있는 사역입니다. 아무나 못합니다. 사역을 했으면 환자가 치유되어야 하지 않습니까? 성령이 보증하여 주시지 않으면 치유되지 않습니다. 그러므로 사역자는 무엇보다도 자신이 치유되어 성령님과 인격적인 관계가 되어야 합니다. 이를 위해서 부단하게 노력을 해야 합니다. 전문성이 요구가 되기 때문입니다.

그리고 귀신을 축귀하면서 대화를 하는 분들이 있습니다. 이것은 참으로 문제가 있는 것입니다. 거짓말쟁이 귀신하고 대화를 한다는 것은 다시 생각해야 될 일입니다. 귀신과 대화를 하게 되면 환자의 의지와 귀신이 분리가 되지 않기 때문에 축귀하는데 시간이 많이 걸립니다. 입을 다물게 하고 환자에게 사역자가 하라는 대로 따라서 하게 해야 합니다. 환자가 성령으로 임재가 되면 귀신이 "안 나간다." "나가기 싫어" "여기가 너무 좋아" 또는 욕설을 해서 귀신하고 말싸움을 했다고 저에게 자랑처럼 이야기하는 사역자가 있습니다. 이는 사역자의 영성이 약하니까, 귀신이 사역자를 조롱하는 것입니다. 이럴 때는 '입 다물어' 하고 선포하여 불필요한 소리를 못하게 통제해야 합니다. 말을 하게 두면 축귀 시간만 길어집니다. 축귀 사역자의 영력이 강하면 아무소리도 못하고 숨어 있으려고 합니다. 성령께서 주시는 '레마'를 받아 선포하면 그만 정체를 폭로하다가 성령으로 장악이 되면 기침이나 울부짖음이나 트림이나 호흡 등을 통하여 떠나갑니다.

귀신이 정체를 폭로했는데 떠나가지 않는 경우는 첫째, 성령께서 완전하게 장악이 되지 않을 경우입니다. 둘째, 상처나 죄악의 처리가 되지 않을 경우입니다. 이런 경우는 성령님에게 문제가 무엇인지 문의하여 해결해야 합니다. 셋째, 사역자의 영력이 귀신을 축귀하기에 미달하는 경우입니다. 원인을 바르게 알아서 해결해야 할 것입니다. 대부분의 귀신은 정체가 폭로되면 얼마 지나지 않아서 나가는 경우가 보통입니다. 문제는 정체를 폭로하지 않는 귀신이 문제입니다. 귀신의 정체를 폭로하기 위해서 성령의 강력한 불을 집어넣어야 합니다. 성령의 강력한 불을 집어넣는 방법은 "**성령의 불세례를 체험하라**" 와 "**성령의 불로 불세례 받는 법**"을 읽어보시면 자세하게 알수가 있습니다. 사역자는 이런 난관을 극복할 수 있는 자기만의 방법을 가지고 있어야 합니다. 영의 세계는 참으로 신묘막측(神妙莫測)한 세계이기 때문입니다. 그러므로 사역자는 축귀 사역간 발생하는 돌발 상황을 잘 극복할 수 있는 전문성을 길러야 합니다. 전문성의 개발은 축귀 사역을 많이 해보는 것입니다. 많이 해보아야 돌발 상황을 적절하게 조치할 수 있는 안정된 사역자가 될 수가 있습니다.

영육으로 고통당하는 환자와 보호자는 영적 지식과 실제사역으로 전문화되고, 많은 체험으로 잘 숙련된 사역자를 만나게 해달라고 기도해야 합니다. 축귀를 무서워하지도 말고, 방심하지도 말아야 할 영적인 사역입니다. 문제는 영육으로 고통을 당하는 사람이 영적으로 변해야 한다는 것입니다. 영적으로 변하게 해서 하나님의 나라 군사가 되게 하는 것에 목적을 두고 축귀사역을 해야 합니다. 귀신만 쫓아내면 평생 귀신만 쫓아내야 합니다. 생명의 말씀을 듣고 성령으로 충만하게 되면 귀신은 떠나가지 말라고 해도 떠나갑니다. 문제는 말씀과 성령으로 변하는 것이 문제입니다.

16장 어린이에 대한 축귀사역 기술

(행8:4-8)"그 흩어진 사람들이 두루 다니며 복음의 말씀을 전할새 빌립이 사마리아 성에 내려가 그리스도를 백성에게 전파하니 무리가 빌립의 말도 듣고 행하는 표적도 보고 한마음으로 그가 하는 말을 따르더라. 많은 사람에게 붙었던 더러운 귀신들이 크게 소리를 지르며 나가고 또 많은 중풍병자와 못 걷는 사람이 나으니 그 성에 큰 기쁨이 있더라."

축귀 사역의 목적은 사단에게 사로잡혔거나 마귀로부터 괴로움을 당하는 사람을 성령의 권능으로 귀신들의 손아귀에서 구출하여 하나님의 백성으로 삼거나 죄를 회개케 하여 온전한 하나님의 자녀로 회복시키는 것입니다. 축귀 사역은 해방 사역입니다. 축귀 사역은 회개의 사역입니다. 회개 없이는 온전한 축귀가 불가능합니다. 회개는 성령으로 세례를 받고 성령의 불세례가 임할 때 성령의 인도에따라 영의 차원에서 하는 것입니다. 죄를 지으면 영의 차원에서 문제가 발생했기 때문입니다. 마귀의 통로가 되는 죄의 근원을 제거함으로써 다시는 마귀에게 잡히는 일이 없게 하는 영적 청결의 사역인 것입니다.

제가 그동안 축귀사역을 한 결과 아이에게 귀신이 들어가 잠복하고 있는 경우가 많았습니다. 아이 때부터 축귀를 해야 합니다. 그래야 성인이 되어 나타나는 영적인 질병을 예방할 수가 있습니다. 제가 시화에서 목회할 때의 일입니다. 저는 주일날 점심 식사를 하고 나면 아이들을 하나하나 안수를 합니다. 그때마다 악한 영들이 떠나갑니다. 어떤 아이는 배가 불룩불룩하다가 떠나가기도 합니다. 많은 분들이 아이들에게는 귀신이 없는 것으로 생각을 합니다. 이는 잘못알고 있는 것입니다. 아이들에게도 귀신이 역사하고 있습니다.

우리 교회에 요셉이가 있습니다. 요셉이는 첫돐이 지나고 우리 교회에 왔습니다. 그 당시 아이가 퉁퉁 부은 상태로 왔습니다. 부모들은 살이 쪄서 그런 줄 알지만 내가 보니 영적인 영향 이었습니다. 계속적으로 안수를 하였습니다. 그랬더니 부은 것이 없어졌습니다. 지금은 아주 건강하게 초등학교를 다니고 있습니다. 요셉이는 나에게 안수 받는 것을 아주 좋아합니다. 하루는 저에게 이러는 것입니다. 목사님! 내가 자꾸 짜증이 나요. 안수해 주세요. 그래서 내가 머리에 손을 얹고 요셉이를 짜증나게 하는 것은 나와라. 하고 명령을 하니까, 기침을 한참 했습니다. 축복 기도를 하고 보냈습니다. 다음 주일날 요셉이 어머니가 와서 하는 말이 목사님 안수를 받고 막 콧노래를 부르면서 집으로 갔다는 것입니다. 이와 같이 악한 영은 아이들에게도 역사합니다.

우리의 싸움은 영적 싸움입니다. 우리를 사단의 권세에서 건져주신 우리 주님께 영광을 돌리기 바랍니다. 영적 싸움에서 반드시 승리하기 바랍니다.

1. 어떻게 악한 영이 들어오는가?

사람에게 악한 영이 침입하는 원인은 첫째, 고의적인 범죄와 둘째, 혼의 상처입니다. 그러나 아이들이 고의적인 죄를 짓는 연령대는 다양하나 예를 들어 타인의 죄나 행위, 부주의 사고나 두려움을 준 사건, 학대하는 부모와 유전적 질병등과 같은 이유에서 악한 영들의 침입을 받게 됩니다.

1) 감각의 문을 통해. 눈의 문(보아서는 안 될 것들을 봄), 귀의 문(스산한 소리, 싸우는 소리, 무서운 소리, 저속한 언어), 신체 접촉의 문(신체 부위중 만지지 말아야 할 것을 알아야 함), 입의 문(먹지 말아야 할 것, 과도한 양, 나쁜 말), 코의 문(흡입하지 말아야 할 것을 흡입-중독에 쉽게 걸림), 정신의 문(정욕적 생각, 그릇된 생각, 훈련되지 않은 생각-동양적 종교관행을 받아들이지 말아야 하는 이유)등으로 여섯 가지의 문이 있습니다.

2) 유전의 문을 통해.

① 주술: 조종과 주술은 태아 유아시절에서부터 시작 될 수 있습니다. 부모의 영향으로 자연스럽게 발생합니다.

② 부모의 짜증냄과 완고함: 짜증냄의 원인은 완고함이며, 상황은 실망감을 잘못 처리, 상처를 받은 후 감정을 떨쳐내지 못합니다. 무언가를 내 맘대로 하지 못한 경우입니다. 완고함의 영은 거절, 경멸과 같은 상처로 인한 고통과 괴로움을 잘 떨쳐내지 못하게 합니다.

③ 신체장애: 축귀를 통해 치유가 이루어지는 양상은, 유전이나 가계의 영, 저주의 영역입니다. 활동과잉의 어린이들, 지진아들도 축귀와 치유를 통해 호전될 수 있습니다. 지진아는 저능아를 말하는 것입니다.

3) 형제간의 경쟁심의 문을 통해. 불안, 거절, 버림받음에 대한 두려움, 질투를 갖게 됩니다. 자녀 간에 가능한 공평하게 대우하며, 있는 모습 그대로를 사랑하며, 소중한 존재임을 일깨워 줍니다. 이혼 가정, 홀 부모 가정, 재혼한 가정, 복합적인 가정에서는 더 특징적으로 발생합니다.

4) 아동기 외상의 문을 통해

① 출생 시: 출산과정에서 빚어지는 다양한 사고들이 아이에게 상처를 주는 환경이 되기도 합니다. 악한 영은 아주 이른 시기에 침입하며, 죄 없는 신생아가 희생물이 될 수 있으며, 영향력은 상당히 오래도록 지속됩니다. 사람에게는 출생의 순간에도 악한 영이 들어올 수 있습니다. 아동기나 유아기에 들어온 악한 영은 성령세례를 받은 신자의 삶에도 심각한 영향을 미칠 수 있습니다. 사람의 성격이나 생활양식을 통해서 현재 그 사람 안에서 역사하고 있는 악한 영을 분별 하는 단서가 되기도 합니다.

② 아동기: 어린 아이들은 자연방어가 정상적으로 작동할 만큼 충분한 이성의 발달이 이루어지지 못했기 때문에 여러 가지 두려움에 쉽게 빠집니다. 또 현실과 비현실, 진리와 허구를 제대로 분간할 줄 모르기 때문에 악의 없는 농담으로도 문제의 원인

이 될 수 있습니다. 그래서 부모들은 아이들을 놀리거나 농담하는 일에 신중을 기해야 합니다. 예를 든다면 아이에게 우스개 소리로 어디에서 주워왔다. 이렇게 말하면 아이는 이 말을 정말로 받아들인다는 것입니다.

③ 죽음 관련 경험들: 죽음이라는 현실을 어떻게 받아들여야 할지 난감해 하며, 특히 사랑하는 사람이 죽은 경우에는 더욱 그렇습니다. 사랑하는 사람이 비탄(grief), 두려움, 상처를 받을 때, 이를 지켜보는 아이 안에도 동일한 영이 들어갈 수 있습니다. 아동기에 거절, 버림받음을 경험한 사람은 첫째, 계속해서 거절하는 식의 반응 '도대체 내가 뭘 잘못했다고 그들이 나를 버리고 거절했을까?'둘째, 반항이나 외향적 행위로 표출된 반응을 보입니다. '그들은 자신들을 누구라고 생각하기에 나를 거절하는 거지? 저들은 도대체 왜 그러는 거야?'하고 의아해 합니다.

④ 사춘기: 청소년 여자 아이에게 월경은 매우 충격적인 외상이 되기도 합니다. 이때 느낀 두려움은 악한 영의 침입통로가 될 수 있습니다. 과실, 죄책 없이 발생한 퇴행적인 악한 영의 침입과 사고의 결과, 타인의 죄 때문에 침입하며, 일차적으로 이 시기에는 자신의 죄와 고의적인 불순종 때문이기도 합니다.

⑤ 학교에서: 학령기 아동은 무수히 많은 불안감의 요소들이 있기 때문에 아이에게 두려움이 있다고 판별 되면 이를 직면하게 하며, 정상적인 일임을 설명하고 이야기와 기도, 축귀를 통해서 단계적으로 해결해 주어야 합니다. 선생님의 체벌을 통해서

도 귀신이 침입합니다. 앞에서 잠간 거론한 요셉이가 초등학교 이학년으로 올라갔습니다. 요셉이는 밤 예배에도 어머니를 따라서 교회에 나와서 예배를 드립니다. 나는 밤 예배가 끝나고 나면 아이들은 모두 안수기도를 해줍니다. 그런데 하루는 요셉이가 나에게 이러는 것입니다. "목사님! 제가 변을 보지를 못합니다. 기도해 주세요." 그래서 누우라고 하고 배에다가 손을 얹으니까, 성령께서 감동하시기를 학교에서 두려움이 틈타 마음이 위축이 되어서 변을 보지 못한다는 것입니다.

그래서 내가 "학교에서 두려워함으로 심장이 놀라고 장이 위축되어 변을 보지 못하게 하는 질병은 떠나가라. 예수 이름으로 명하노니 변비는 치유될지어다. 변은 시원하게 나올지어다. 심장은 강심장이 될 지어다. 하고 기도를 해주었다." 그랬더니 당장 화장실에 가서 변을 보고 나오는 것입니다. 자초지종을 물어보니 학교 선생님이 무섭게 아이들을 다룬다는 것입니다.

그래서 두려움과 스트레스로 아이에게 변비가 생긴 것입니다. 원래 변비는 심장이 약한 사람들이 많이 생깁니다. 이렇게 아이들이 학교에서 선생님으로부터 체벌을 받을 때 두려움의 영이 침입하여 고생을 하기도 합니다. 우리 학교 선생님들은 전인적으로 인격을 갖춘 분들이 해야 한다고 생각합니다.

⑥ 꿈을 통한 계시"악몽을 꾸는 이유는 그 형상을 이미 그림, 영화, 소설들을 통해서 접했기 때문이기도 합니다. 악한 영들의 침입의 예시일 수 있습니다." 또 이미 악한 영이 있음을 보여주는

것이기 때문에 부모는 자녀의 꿈과 꿈속에서 경험하는 두려움을 결코 소홀히 여겨서는 안 됩니다. 꿈의 근본요소를 찾고 원인을 분석해야 합니다. 반드시 보호 기도를 해주어야 하며 아이가 두려움에 직면할 수 있도록 도와주어야 합니다. 아이들은 영육으로 약합니다. 특별한 보호와 관심이 있어야 합니다.

5) 학대의 문을 통해

첫째, 신체적 학대, 둘째, 언어적 학대, 셋째, 성적 학대 등등의 잘못된 일이 발생하자마자 사역을 받으면, 악한 영들이 쉽게 쫓겨나갑니다. 자녀에게 해를 끼친 사람을 "용서"하는 것이 기본임을 가르쳐야 합니다.

① 놀림: 아이들이 습관적으로 서로 놀리고 비웃고 욕하는 것이 악의가 없어 보이는 것 같지만 사실은 극도로 해롭습니다. 사단의 거짓말에 속아 넘어갈 소지가 매우 짙습니다. 또 그대로 믿음으로 상처가 생깁니다.

② 과도한 훈육: "또 아비들아 너희 자녀를 노엽게 하지 말고 오직 주의 교양과 훈계로 양육하라(엡6;4)" 아이들은 쉽게 사랑하고 쉽게 용서하고 훈육이나 징벌에 대해, 상상외로 과도한 반응을 보입니다. 그래서 지나친 징벌은 아이에 따라 과도한 죄책감, 열등감, 증오, 폭력으로 드러냅니다. 중요한 것은 살아가면서 수없이 많은 부당한 상황들을 통과하면서 용서하는 법을 배워야 한다는 것입니다.

6) 대리 고통의 문을 통해. 개인적 경험뿐만 아니라, 아이의

외상과 간접 경험을 통해서도 귀신이 들어옵니다. 예로 다른 사람의 좋지 못한 경험담을 듣거나 목격한 사람 안에, 동일한 두려움이 들어옵니다. 다른 아이가 놀라는 것을 볼 경우 그 아이에게도 동일한 충격을 받는 다는 것입니다. 벌에 쏘임으로 벌에 대한 두려움이 틈탑니다. 고양이에게 놀랄 때 두려움이 틈탑니다. 이를 "대리고통의 영"이라고 부릅니다.

7) 과잉보호의 문을 통해. 과잉보호하는 부모는 자녀의 사랑을 잃을까 봐 두려워하면서 아이들을 조종합니다. 이런 아이들은 고립되며, 두려움, 불안, 분노의 영에 사로잡히게 됩니다. 이러한 패턴은 특히, 장남, 장녀, 외동딸, 외동아들에게서 흔히 나타납니다. 우리는 아이들의 자립심을 어려서부터 길러주는 버릇을 들여야 합니다.

8) 버림받음의 문을 통해

① 무분별한 분노의 뿌리 : 인생 초기에 경험한 경우 무의식에 심기어 있게 됩니다.

② 거절보다 해로운 버림받음 : 버림받음이란 "인간이 겪는 가장 강력한 두려움의 뿌리입니다."거절보다 훨씬 강력하며 더 깊은 뿌리를 가집니다. 실제로 죽음에 대한 두려움 그 자체입니다. 그래서 아이들에게 말을 함부로 하면 안 됩니다. "애"여기에 버리고 갈거야! 이 때 아이는 강한 두려움을 받게 됩니다.

아이에게 말을 함부로 하면 안 됩니다. 나는 항상 이렇게 말합니다. 아이들의 상처는 부모가 만들어 준다고 말입니다. 부모가 아이들에게 상처를 만들어 줍니다. 이는 내가 십년을 넘도록 치유사역을 하여 체험한 결론입니다.

*아이들의 행복을 방해하는 불경건한 삼총사의 영은 (1) 버림받음의 영. (2) 버림받음에 대한 두려움의 영. (3) 거절의 영입니다.

*악한 영이 침입하는 상황은 (1) 부모 중 한쪽 혹은 양쪽 모두가 죽은 경우. (2) 부모가 이혼했거나, 한쪽 혹은 양쪽 부모 모두가 가족을 버린 경우. (3) 친구의 부모가 죽거나 이혼한 이야기를 들은 경우. (4) 영화나 텔레비전을 통해 읽거나 본 경우. (5) 가정 안에서 발생한 싸움을 통해 두려움이 들어가는 경우도 있습니다. 임신했을 때 낙태를 생각하는 것은 아이에게 아주 큰 상처를 줍니다. 두려움의 뿌리가 됩니다. 아이들은 버림받음, 살해당함, 자기를 부모가 죽일지도 모른다는 두려움에 사로잡히게 됩니다.

*거절의 영의 통로는 이렇습니다. (1) 증오의 모습을 보지 않고 증오를 드러내는 분위기의 집안 에서 자란 아이. (2) 분노를 표현하지 말라고 억압하는 부모 밑에서 자란 아이. (3) 낙태를 생각하다가 회개하고 낳은 아이(대개 이런 부모들은 자녀들을 지속적으로 증오하고 있는 경우가 많습니다.). (4) 아이들에게 나타나는 버림받음, 버림받음에 대한 두려움의 영의 증상들: 부모의 간단한 외출에도 비정상적 두려움을 느끼고, 붙들고 늘어지며 울어대는 아이, 악몽을 자주 꾸는 경우와 필요한 것을 얻기 위해 몸부림치며, 굶주림, 가난에 대한 두려움 등등 입니다. (5)

거절의 영이 틈탄 성인의 증상: 배우자나 자녀들에게 억압적인 태도, 관심을 끌고자 수단과 방법을 가리지 않습니다. 여성의 경우 배우자에 대한 신뢰의 어려움이 있습니다.

③ 입양: 입양된 아이는 친부모의 혈통과 양부모의 혈통 모두에게서 영들을 물려받습니다. 나는 항상 이렇게 말합니다. 입양된 아이들은 어릴 때 치유하라고 말입니다. 입양된 아이는 정상적이라고 보면 안 됩니다. 전인적인 상처를 가지고 있을 수가 있다는 말입니다. 미리 치유하는 것이 좋습니다. 그래서 입양은 특별한 영육의 돌봄을 필요로 합니다. 버림받음은 절망을 낳습니다. 상처가 버림받음에서 기인한 경우 축귀와 지속적인 돌봄이 더욱 절실히 요구됩니다.

9) 이혼의 문을 통해. 부모의 이혼을 지켜본 아이들은 고통과 번민을 겪으며, 주로 과묵하거나, 움츠러들며, 때로는 과도한 행동을 표출합니다.

① 부부 싸움을 경험한 아이: 모든 아이들은 변화에 대해 심란해하고 스트레스를 경험하며 주로 반항적 행동으로 반응합니다. 이혼은 부모의 죽음에 대한 반응 못지않게 심각하며, 가정의 죽음과도 동일합니다.

② 부모의 이혼으로 발육이 정지된 아이: 어떤 아이들은 부모가 이혼하기로 결정하는 순간 정서적 성장을 멈추어 버립니다. 상처받지 않으려는 것이 잠재의식 속에서 아이로 남아 있기로 결심합니다. "꼬마 소년의 영", "꼬마 소녀의 영"성인 아이의 모습 등.

③ 이혼한 부모를 둔 자녀에게서 일반적으로 나타나는 영들: 거짓말, 기만, 조종, 무책임, 책임회피, 혼란, 꾸물거림, 게으름, 무질서의 영, 자기만족(대표적으로 음식, 단것), 반사회적 행동 등등.

10) 저주의 문을 통해.

① 자녀에 대한 사단의 계략을 파쇄 합니다. 어릴 때 아이를 향한 사단의 계획과 영향력을 허물어뜨려야 합니다. 말을 잘해야 합니다. 특별히 욕설을 주의해야 합니다. "죽고 사는 것이 혀의 권세에 달렸나니"(잠18;21).

② 저주란 무엇인가? 저주는 어느 한 개인의 말, 의지, 행위를 통해, 다른 개인이나 가족에게 악한 영의 힘을 행사하는 것입니다. (a) 하나님께 기원을 둔 저주: 의로운 저주(신 28장). (b) 사람에게 기원을 둔 저주: 불의한 저주: 부모가 받은 저주로 인해 자녀가 희생자가 될 수 있습니다.

③ 저주 분별하기: 저주는 다양한 행동유형, 혹은 한 개인이나 가족, 연합 관계에 있는 사람들의 모임에 영향을 주는 환경 속에서 발견됩니다. 가족 안에서 무심코 하는 말들이 영적공격이 될 수 있고, 권위자의 말을 우리는 진리로 믿고 받아들이려는 경향 때문에 저주로 묶일 수도 있습니다.

④ 해결하기: 주님이 주시는 계시를 통해 저주를 초래한 죄를 드러내고, 회개와 용서를 통해 통로를 차단합니다. 그리고 축귀합니다. 지속적으로 여러번 축귀해야 합니다.

11) 사교와 신비사술에 노출됨을 통한 문을 통해. '신비사술': 인간의 이해를 초월하는 신비를 말합니다. '감추어진, 숨겨진, 비밀의'뜻. 하나님의 능력, 사단의 능력 두 가지 뿐입니다. 복술가, 위자보드, 별점, 점성술, 타로카드, 영매, 주술, 투시, 투청, 초능력, 초월 명상법, 요가, 환생, 부적, 손금, 미신, 뉴에이지에 속한 모든 것들. 이상의 것들 중에 단 한번만 경험해도 자신의 자녀들을 향한 저주의 문이 활짝 열립니다.

2. 어린이와 십대를 위한 실제적인 축귀

1) 아합, 이세벨 유형의 부모를 둔 아이들: 음란. 아이들은 폭력과 죽음에 무방비 상태로 놓여있습니다. 무질서한 가정으로부터 이들은 긴장, 혼란, 상처 등을 받습니다(겔 38:8-9). 혼란, 좌절, 혐오, 증오 등은 아이들을 파멸로 내몹니다. 이러한 상황을 벗어나기 위해서 아이들은 돈과 힘과 명예를 사랑하게 됩니다(왕상 21:20). 아합의 아버지들은 남자 아이들에게 이세벨 어머니들은 여자 아이들에게 저주를 가져다줍니다. 이러한 아이들은 가정생활을 원만하게 하지 못하며 특히 성적으로 문란해져서 불륜에 빠지기 쉬워 자기 부모들처럼 부정한 생활을 하게 됩니다.

2) 자녀에 대한 일반적인 축귀. 부모가 먼저 축귀를 받아야 합니다. 아내에게 영향을 주는 악한 영이 떠나도록 남편이 명령하는 것이 가장 효과가 큽니다. 축귀의 능력이 없더라도 남편은 가

장으로서 권위를 가지고 있으므로 가족 전체를 한자리에 앉도록 하고 축귀를 행합니다. 가계에 눌러앉아 있는 귀신은 유전, 저주, 습관적인 죄, 합법적인 발판을 통하여 거주권을 가지고 있기 때문에 이 문제가 먼저 처리되어야 합니다. 부모가 자신의 죄를 회개하고 자녀에게 유전된 저주를 풀고 귀신을 쫓아냅니다. 아내로부터 시작하여 자녀들에게 차례로 행합니다.

3) 사역자가 축귀할 경우. 아이들에 대한 축귀도 어른들에게 하는 방법과 동일하게 실행합니다. 귀신은 입과 코를 통하여 쫓겨나갑니다. 자궁 속에 있는 태아(fetus)에게도 동일한 방법으로 축귀합니다. 일반적으로 아이들은 쉽게 축귀가 이루어집니다. 어른들보다 죄의 깊이가 깊지 않으므로 귀신이 오래 버틸 수 있는 발판이 약합니다. 특히 유전된 죄는 당사자에게 있어서는 그 죄의 발판이 없으므로 더 쉽게 축귀가 이루어집니다.

그러나 심각하게 귀신 들린 경우는 예외입니다. 대부분의 아이들은 5~6세 이상이 되면 사역을 시작하기 전에 무엇을 할지 사전에 간단히 설명해 주어야 합니다. 사역자는 그들에게 말하는 것이 아니라, 아이들 속에 있는 영에게 말하는 것입니다.

그렇지 않으면 아이들은 사역자가 악한 영에게 심하게 명령할 때 놀라는 경우가 있습니다. 항상 아이들은 협조적입니다. 그러므로 아이들은 부모와 함께 있을 때 평안함을 느낍니다. 부모가 곁에서 함께 기도함으로써 사역자를 도울 수 있습니다. 악령이 아이에게 저항하도록 선동할 때 부모는 곁에서 잡아줍니다. 울거나 할퀴거나 극심한 공포의 표정을 지을 수 있습니다. 부모는 아이의 이러한 행위가 가엽게 여겨져서 사역을 중단하게 하는 일이 없어야 합니다.

귀신은 부모의 동정을 사기 위한 갖가지 행동을 다 할 수 있습니다. 아이들에 대한 사역에서 주의할 점은 귀신을 쫓는 것은 예수의 피와 예수 이름의 권세이지 큰 소리로 명령하는 것에 있지 않다는 점입니다. 물론 성령이 충만하여 귀신을 쫓아내는 권세가 강하게 주어지면 강한 명령이 나옵니다.

그렇지 않은 데도 일부러 큰 소리를 내는 것은 올바르지 못합니다. 조용히 그리고 부드러운 말로 해도 귀신은 그 권세에 밀려 쫓겨나갑니다. 귀신을 쫓아낸 뒤에 자녀에 대한 보호는 부모의 책임입니다. 아이들은 스스로 그러한 보호 능력이 없거나 약하기 때문에 부모가 책임을 지고 보호하고 양육해야 합니다.

4) 자녀에 대한 축귀. 자녀 또는 어린이에 대한 축귀를 정리하면, 가족이 둘러앉습니다. 축귀 사역자가 없을 경우 가장이 가족에 대한 권위와 능력을 부여받았으므로 가장이 축귀를 시행합니다. 잠언서는 자녀의 지도에 특별한 위로를 얻을 수 있는 말씀이 많습니다. 하나님은 진리이시지 환상(fantasy)이 아닙니다.

아이들은 환상에 사로잡혀 약물, 음주, 성 등의 문제에 **빠집**니다. 하나님은 우리에게 사랑 안에서 진리를 나타내십니다. 사랑을 실천해야 합니다. 어떠한 장난감 인형을 처리해야 할지를 성령께서 보여주시기를 기도합니다. 장난감 인형에 특히 관심을 가지고 살펴보세요. 아이들에게도 축귀에 대해서 가르쳐야 합니다. 어려서부터 영적 전쟁하는 법을 배우고 체험하게 하는 것이 좋습니다. 마귀가 어떻게 사람에게 영향을 주는지를 어릴 때부터 알아야 합니다. 태아에 대한 축귀도 해야 합니다. 마귀에게 동정심을 보이지 말아야 합니다. 부모가 부정한 직업을 가지지 않아야 합니다. 잘못 된 가르침이나 성경을 무시하는 행위나 축귀를 꺼리는 일이 없어야 합니다. 부모가 참여하지 않은 사역은 피해야 합니다. 가정이나 집에서 자녀에 대한 축귀에 반드시 참여하여야 합니다.

5) 남용하는 어린이. 남용이란 말은 잘못 사용하거나 나쁜 목적으로 쓰거나, 폭언하거나 속이는 것 등을 의미합니다. 거절하는 행위가 남용의 가장 기본적인 특성입니다. 거절 또는 거부하는 행위는 심리적 또는 정서적 건강을 해칩니다. 이러한 어린이는 다중 인격 장애, 편집증(paranoia), 정신병(psychotic) 등으로 발전할 수 있습니다. 더러는 긴장병(catatonia)이 생기기도 하며, 특정한 행위를 강하게 거부하고 행동이 과장되거나 수다스러워집니다. 환각(hallucination)에 빠지기도 합니다. 남용하는 어린이에게는 용서하는 법을 가르쳐 주어야 합니다.

설명할 수 없는 신경질이나 두려움, 거짓말, 불신, 자기변명, 증오, 혐오, 성적으로 강한 유혹, 위선 또는 위장, 허풍, 공상 또는 망상, 사람들과 잘 어울리지 못함, 지기 중심적, 극단적인 감정적, 침체, 혼란, 자기 행동을 통제 하지 못하는 등의 장애가 있다면 축귀가 필요합니다. 대부분의 남용하는 어린이는 다른 사람으로부터 지속적으로 상처를 받아왔기 때문에 감정을 다루는 능력이 결여되어 있습니다.

특히 어린이들은 그 시기가 뇌의 기능이 성장하고 발달하는 시기이기 때문에 이러한 시기에 잘못된 교육(부모의 폭행이나 잘못된 애정 표현)으로 인하여 정상적으로 발달해야 하는 시기를 놓치게 되어, 그 부분의 발달이 이루어지지 않은 채로 뇌가 굳어버렸기 때문에 다시는 되돌릴 수 없는 심각한 결핍을 초래하게 됩니다. 그러므로 예방신앙이 중요합니다.

6) 어린이 축귀할 때 주의사항. 아이들은 분별할 수 있는 능력이 없으므로 사역자나 부모가 하는 말에 두려움을 갖게 됩니다. 그러므로 축귀를 할 때는 특별한 주의가 필요합니다. 예를 든다면 귀신이라는 용어 사용을 주의해야 합니다. 아이에게 이 더러운 귀신아! 떠나가라. 했다고 칩시다. 아이가 얼마나 두렵겠습니까? 어른들도 두려워 할 것입니다. 자기에게 귀신이 있다는 말에 얼마나 두려움을 갖겠는가 생각해볼 문제입니다. 그러므로 아이들을 축귀할 때는 용어사용을 잘해야 합니다. "우리 아이를 두렵게 하는 원인은 예수 이름으로 명하노니 떠나가라." "우리 아이의 머리를 아프게 하는 질병은 예수 이름으로 명하노니 떠나가라." "우리 아이를 짜증나게 하는 원인은 예수 이름으로 명하노니 떠나가라." "우리 아이의 배를 아프게 하는 질병은 예수 이름으로 명하노니 떠나가라." 이렇게 간접적으로 명령하여 기도해

도 얼마든지 치유되고 떠나갑니다.

제가 영적인 것을 깨닫고 보니 기독교계에 고쳐야 할 것이 너무나 많이 있습니다. 너무 무지하여 치유를 한다는 사람들이 문제를 오히려 만드는 경우도 있습니다. 나는 축귀 사역을 할 때 절대로 귀신아! 이런 용어를 사용하지 않습니다. 한번 잘 생각해 보기를 바랍니다. 자신에게 귀신아! 했다고 하면 기분이 좋을 사람이 있겠습니까? 두려워하거나 거부하거나 마음의 문을 닫아 버립니다. 마음의 문을 닫아 버리면 치유가 되지를 않습니다.

그래서 용어를 잘 사용하라! 무조건 귀신아! 귀신아! 하지 마십시오. 듣는 귀신의 영향을 받는 사람이 기분 나빠합니다. 이렇게 용어를 사용하세요.

우울증을 일으키는 원인제공자야! 심장을 약하게 하는 문제야! 위장병을 일으키는 질병아! 천식을 일으키는 질병아! 머리를 혼미하게 하는 질병아! 나는 이렇게 명령하며 사역해도 모든 질병이 치유되고, 악한 영들이 모두 떠나갑니다. 문제는 성령의 역사가 일어나느냐, 성령의 역사가 없느냐 이것이 문제입니다. 성령의 역사만 일어나면 모든 문제는 정체를 드러내게 되어 있습니다. 아이들의 축귀 사역을 할 때 정말로 주의하기를 바랍니다.

17장 자기가 자기를 축귀하는 비결

(막16:17-18)"믿는 자들에게는 이런 표적이 따르리니 곧 그들이 내 이름으로 귀신을 쫓아내며 새 방언을 말하며 뱀을 집으며 무슨 독을 마실지라도 해를 받지 아니하며 병든 사람에게 손을 얹은즉 나으리라"

하나님의 자녀가 되면 하나님의 자녀에게 당연히 주어진 권리가 있습니다. 그 권리를 알고 실천하면 굉장한 능력을 가지고 살 수 있습니다. 일부 성도들이나 목회자들이 귀신의 축귀하면 전문적인 사역자만이 할 수 있는 것으로 생각을 합니다. 그래서 귀신축귀를 어려운 사역으로 생각하여 방임을 합니다. 그러나 하나님은 이렇게 말씀하십니다. "믿는 자들에게는 이런 표적이 따르리니 곧 그들이 내 이름으로 귀신을 쫓아내며 새 방언을 말하며"(막16:17). 분명하게 하나님이 말씀을 하셨는데도 불구하고 귀신을 축귀하지 않음으로 인하여 예수를 믿노라고 하면서 불필요한 고난을 당합니다. 내가 지금까지 성령치유 사역을 하면서 체험적으로 느낀 것은 모든 문제의 배후에는 악한 영의 역사가 있다는 것입니다. 그래서 하나님의 자녀인 우리는 귀신을 축귀하는 기술을 습득해야 합니다. 그래서 모든 성도가 성령의 임재 가운데 하나님이 주신 권세를 활용하여 자기 스스로에 대한 축귀를 해야 합니다. 그러나 알아야 할 것은 최초 한번은 다른 전문사역자의 도움을 받아 축귀를 해야 한다는 것입니다. 최초 한번 축귀를 받은 다음에 자신이 스스로 축귀를 해야 합니다. 다른 전문 사역자에게 도움을 받아 성령으로 충만하고 영의통로가 열린 상태에서 스스로 축귀를 해야 귀신이 떠나갑니다. 절대로 귀신은 사람의 힘으로 떠나가지 않습니다. 귀신은 성령의 권능으로 장악이 되어야 떠나갑니다. 하나님의 군사는 대적인 귀신을 제압하는 기술이 있어야 합니다.

1.축귀를 바르게 알아야 한다.

우리가 축귀에 대하여 바르게 알지 못하는 것들이 있습니다. 예를 든다면 목회자들이 성도들에게 귀신을 쫓아내라고 합니다. 귀신을 예수 이름으로 대적하고 명령하여 쫓아내면 된다고 합니다. 그러나 귀신은 성령의 권능을 힘입지 않고 말로 명령한다고 귀신이 떠나가지를 않습니다. 반드시 성령의 임재 하에 성령의 권능을 힘입어야 귀신이 떠나갑니다.

귀신은 사람의 힘만으로는 쫓아낼 수 없습니다. 반드시 초자연적으로 역사하는 성령의 권능을 힘입어야 귀신을 쫓아낼 수 있습니다. 그래서 성도들에게 성령의 권능을 힘입고 귀신을 쫓아내는 방법을 바르게 알려주어야 합니다. 그런데 일부 목회자들이 성령의 권능을 힘입는 방법을 상세하게 알려주지 않습니다. 무조건 예수 이름으로 대적하면 귀신이 떠나간다고 가르치고 대적기도 하라고 합니다. 그러나 귀신은 예수 이름으로 대적한다고 떠나가지 않습니다. 왜냐하면 성령의 권능 없이 사람의 말로 명령을 하기 때문입니다. 반드시 성령의 권능을 힘입고 귀신에게 명령을 해야 떠나가는 것입니다. 이는 사도행전 19장의 스게와의 일곱 아들들의 경우를 보면 알 수가 있습니다.

일반 성도들에게 귀신축귀에 대하여 바르게 알려주지 않으니 귀신을 쫓으려다가 도리어 당하는 사례가 적지 않습니다. 박 집사라고 하는 여자가 나에게 이렇게 이야기 했습니다. "목사님! 우리 목사님이 믿는 자에게는 권세가 있으니 남편에게 역사하는 알콜 중독 귀신에게 대적기도를 하라고 했습니다. 그래서 나에게 먼저 대적기도를 했습니다. 남편을 통하여 나에게 전이된 귀신은 "예수 이름으로 명하노니 떠나갈지어다." 하고 명령을 했더니 갑자기 저에게 두려움이 찾아왔습니다. 몸에 찬물을 붓는 것과 같이 닭살이 돋으면서 두려움이 찾아왔습니다. 아주 무서운 생각이 나를 사로잡았습니다. 그러면서 기도가 되지를 않았습니다. 가슴이 답답해지는 것이었습니다. 힘이 들어서 기도를 하지 못했습니다. 목사님! 어떻게 해야 할까요?" 그래서 내가 이렇게 대답을 했습니다. "집사님이 성령으로 장악이 되지 않은 상태에서 악한 귀신에게 명령하니 집사님 안에서 역사하던 귀신이 두려움을 준 것입니다. 오셔서 치유를 받은 다음에 성령으로 충만을 받으시고 대적기도를 하세요." 이렇게 성령으로 장악을 당하지 않은 상태에서 대적기도를 하니 마귀에게 당하는 것입니다. 성령으로 충만한 가운데 기도하면 악귀는 떠나갑니다. 반드시 성령으로 충만한 가운데 대적기도를 해야 합니다. 성령의 권능으로 귀신이 떠나가는 것입니다.

김이라는 안수집사이야기입니다. 작년에 이 집사가 우리 교회에 찾아와 치유를 받다가 나에게 상담을 했습니다. 상담을 한 내용은 자기가 안산에 상가를 분양을 받았답니다. 그런데 일 년이 넘도록 임대가 나가지를 않는다는 것입니다. 그래서 안산 상가에 가서 찬양을 부르고 대적기도를 했답니다. 그랬더니 갑자기 자신에게 두려움이 찾아오고 대적기도를 할 수 없을 정도로 말이 나오지를 않더라는 것입니다. 거기다가 온몸에 한기가 들면서 오들오들 떨려서 도저히 기도를 못하고 도망을 왔다는 것입니다. 두려워서 도망을 오는 데도 계속 춥고 떨리다가 서울에 거의 다오니까, 잠잠해지더라는 것입니다. 그러면서 왜 예수 이름으로 대적기도를 하는데 이런 현상이 나타나는지 궁금하다는 것입니다. 내가 이렇게 대답을 해주었습니다. "지금 안수집사님은 성령으로 온전하게 장악이 되지 않았습니다. 안수집사님에게 역사하는 귀신이 집사님이 대적 기도할 때 두려움을 준 것입니다. 지속적으로 치유를 받으시기를 바랍니다. 그래서 성령의 충만함을 받아 집사님에게 역사하던 귀신이 떠나가고 나면 안산에 가셔서 대적기도 하면 그런 현상이 나타나지 않을 것입니다. 좀 더 영성을 준비하세요." 이렇게 일려주었습니다. 지금 성도들이 자신이 성령으로 장악이 되지 않았는데 예수 이름만 가지고 대적기도를 하니 이런 일을 당하는 것입니다. 그래서 목회자는 성도들이 성령의 권능을 힘입는 방법을 알려주고 대적 기도를 하도록 해야 합니다.

한번은 나에게 이런 일이 있었습니다. 그때는 성령의 체험도 했을 때이고, 성령치유 사역을 한창 하던 시기입니다. 낮에 사모하고 성령으로 충만한 가운데 성전에서 기도하고 있는데 갑자기 성령께서 혈통으로 대물림 되며 너의 목회를 방해하고 가난하게 하는 귀신을 몰아내라! 그러시는 것입니다. 그래서 내가 호흡 기도를 통하여 성령이 나를 장악하여 충만하게 되었을 때 "예수 이름으로 명하노니 나의 목회를 방해하고 가난하게 하는 더러운 귀신은 예수 이름으로 명하노니 물러갈지어다," "예수 이름으로 명하노니 나의 목회를 방해하고 가난하게 하는 더러운 귀신은 예수 이름으로 명하노니 물러갈지어다," "예수 이름으로 명하노니 나의 목회를 방해하고 가난하게 하는 더러운 귀신은 예수 이름으로 명하노니 물러갈지어다," 하고 세 번을 명령 했더니 막 하품이 나오기를 한 20번이상 나오면서 더러운 귀신들이 떠나가는 것이었습니다. 그러기를 한참 하더니 이제 아랫배가 뒤틀리고 아프면서 귀신들이 떠나갔습니다. 그 당시에는 교회당 안에서 그렇게 강력한 불의 역사가 일어나고 성도들을 붙잡고 기도하며 귀신들을 축사하고 사역을 해도 나를 괴롭히고 목회를 방해하고 가난하게 하던 귀신들이 떠나가지를 않은 것입니다.

그러므로 예수를 믿고 말로 명령만 하면 귀신이 떠나간다는 말은 체험 없이 하는 말입니다. 나의 체험으로는 반드시 성령으로 충만한 가운데 내안에 명령하며 기도할 때 귀신들이 떠나갔습니다.

2. 자기가 자신을 축귀하는 비결

1) 스스로 인정하라.

자신에게 일어나는 현상이 귀신의 역사로 일어나는 것이라는 것을 인정하라는 말입니다. 절대로 본인이 인정하지 않으면 귀신은 떠나가지를 않습니다. 본인이 인정하고 성령의 임재 하에 명령을 하면 시간이 오래 걸려서 문제지 결국 다 떠나갑니다. 그래서 자신에게 일어나는 비정상적인 일들의 배후에 악한 영이 있다는 것을 알고 인정하는 것이 중요합니다. 나의 그동안 사역 경험으로 보아 본인이 인정하고 성령의 임재 하에 본인이 명령할 때 모두 귀신이 떠나갔습니다.

2) 성령의 임재를 요청하라.

하나님도 천지를 창조하실 때 성령으로 장악하고 천지를 창조하셨습니다.

(창1:2-3)"땅이 혼돈하고 공허하며 흑암이 깊음 위에 있고

하나님의 영은 수면 위에 운행하시니라. 하나님이 이르시되 빛

이 있으라 하시니 빛이 있었고."

고로 성령이 자신을 장악해야 성령의 권능으로 귀신이 떠나가는 것입니다. 그러므로 성령의 임재시 자신에게 나타나는 현상을 느끼고 알아야 합니다. 그리하여 항상 성령의 임재가 되도록 해야 합니다. 무엇보다도 성령의 임재가 중요합니다. 성령의 임재가 되려면 호흡으로 기도하는 것이 나의 경험으로 보면 아주 좋습니다. 코로 숨을 아랫배까지 깊숙하게 들이쉬고 내쉬면서 성령의 임재를 요청하는 것입니다. 그러면 성령께서 인격이 되시므로 요청하는 대로 임재 하십니다. 그래서 자신에게 성령이 임재 할 때 나타나는 현상을 알고 느껴야 합니다. 그 상태가 되어야 성령이 자신을 장악한 상태가 되기 때문입니다.

3) 원인에 대한 영적조치를 하라.

자신에게 일어나고 있는 문제의 원인에 따라 회개하고 용서하라는 말입니다. 성령의 깊은 임재 안에서 자신에게 일어나고 있는 영육의 문제들을 찾아내어 회개하고 끊어내고 귀신을 몰아내야 합니다. 머리로 외워서 입으로 하는 기도는 효과가 적습니다. 육적인 상태에서는 우리에게 역사하는 마귀가 떠나가지 않습니다. 영적인 상태, 성령의 임재 하에서 예수 이름으로 명령할 때 저주의 영들이 물러갑니다. 성령의 임재 하에 죄를 짓는 장면을

눈으로 직접 그리면서 깊은 차원의 기도를 해야 합니다. 깊은 차원의 기도를 하면서 회개할 것은 회개하고, 용서할 것은 용서해야 성령의 역사로 귀신이 떠나갈 수 있는 조건이 됩니다. 우리에게 역사하는 마귀는 우리보다 강한 영적인 존재입니다. 고로 성령의 깊은 임재 하에 예수 이름으로 회개도 하고 용서도해야 역사하던 마귀, 귀신이 성령의 권세로 떠나가는 것입니다.

3) 직설화법을 사용하라.

하나님은 마귀에게는 직설화법을 사용하시고 믿는 자에게는 비유를 사용하십니다. 그러므로 직설화법을 사용하여 명령하세요. 성령의 임재하에 이렇게 명령하세요. "나사렛 예수 이름으로 명하노니 질병의 귀신은 물러갈지어다. 더러운 귀신아 물러가라. 악한 귀신아 물러가라 거짓된 귀신아 물러가라. 점치는 귀신아 물러가라. 가난의 귀신아 물러가라. 불신의 귀신아 물러가라. 예수의 이름으로 명하노니 원수 귀신아 물러갈지어다." 이때 중요한 것은 직접 나에게 고통을 주는 귀신의 이름을 부르면서 명령해야 합니다. 귀신은 직접 자신의 이름을 부르며 명령을 해야 떠나갑니다. 막연하게 "예수 이름으로 명하노니 귀신아 떠나가라." 하면 어느 귀신이 떠나가야 하는 것인지 귀신이 알지 못하여 떠나가지 않습니다. 그러므로 영분별이나 성령께서 주시는 레마를 가지고 직접 명령을 해야 합니다. 우리가 예수 이름으로 우리의 권세를 사용할 수 있는 것입니다.

4) 끝장 보는 대적기도를 하라.

귀신을 축귀하기 시작을 했다면 귀신이 완전하게 떠나 강건하게 될 때까지 싸우라는 것입니다. 절대로 중간에 포기하지 말아야 합니다. 내가 지금까지 성령치유사역을 하다 보니까, 의지가 약하여 중도에 포기하는 사람이 있다는 것입니다. 이런 사람들은 문제를 완벽하게 해결 받지 못합니다. 그러나 끝장을 보겠다는 의지를 가지고 귀신과 싸우는 목회자나 성도들은 모두 승리하였습니다. 귀신을 쫓아내는 사역은 끝장 보는 기도가 중요합니다.

5) 축귀 후 관리를 잘하라.

쫓겨난 귀신은 자신이 나온 집에 대하여 강한 집착과 미련을 가집니다. 마귀는 영적인 존재이나, 제한적인 존재이기에 자신이 거했던 사람의 성품과 습관에 익숙하여 자신의 일을 행하기에 매우 쉽고 효과적으로 죄를 짓게 만들 수 있으며, 마귀는 자신의 거할 장소를 찾아야 하기에 다시 거했던 그곳을 찾아옵니다.

단순히 축귀만 한 상태는 병원에서 수술을 받은 것과 같은 상태입니다. 계속 투약과 건강관리를 하지 않으면 병이 재발하는 것처럼 축사후의 삶이 매우 중요합니다. 영적치유도 중요하지만, 치유후의 관리도 매우 중요합니다. 성령으로 충만한 믿음생활을 해야 다시 귀신이 침입하지 않습니다.

3. 예수님의 보혈을 사용한 축귀 방법

예수님의 보혈에는 권능이 있습니다. 무턱대고 보혈에 권능이 있는 것이 아닙니다. 반드시 예수를 주인으로 영접하고 성령으로 세례를 받은 성도라야 보혈에 능력이 있는 것입니다. 예수님의 보혈을 축귀에 사용하는 것도 성령의 임재 하에 권능을 발휘합니다. 성령의 보증 없이 말로 보혈을 사용한다고 귀신이 떠나가지 않습니다. 많은 성도들이 착각하는 것이 바로 이것입니다. 말로 보혈을 뿌리면 되는 줄로 착각하는 것입니다. 예수님의 보혈은 아담이 죽어야 해당되는 것입니다. 즉, 죄인인 아담이 예수 십자가에서 보혈을 흘리고 죽었다가 하늘의 사람으로 태어나기 때문에 보혈의 권능이 있습니다.

성령으로 충만한 가운데 보혈을 사용하며 축귀를 해야 합니다. 그래야 귀신이 떠나가는 것입니다. 무조건 예수 보혈을 외친다고 귀신이 떠나가지 않습니다. 저는 이렇게 합니다. 귀신의 종류에 따라 쉽게 떠나가는 귀신이 있는가하면 그렇지 못한 귀신이 있습니다. 쉽게 떠나가는 귀신은 일반적인 방법을 사용하면 됩니다. 잘 떠나가지 않는 귀신은 이렇게 합니다. "예수 피" "예수 피"를 외칩니다. 그러면 피 사역자가 깜작깜작 놀라면서 귀신이 정체를 드러냅니다. 정체를 드러내면 불러내어 축귀를 합니다. 아주 강한 귀신은 "내가 예수이름으로 예수님의 보혈을 이 사람 속에 붓노라." "예수님의 보혈을 이 사람 속에 들어붓노라." "예수 이름으로 보혈은 이 사람 속에 차고 넘칠 지어다." 합니다. 그러면 귀신이 정체를 폭로합니다. 그래도 떠나가지 않으면 "내가 나사렛 예수이름으로 이 사람에게 예수 피를 뿌리노라. 붓노라." 하면서 지속적으로 명령을 합니다.

이것은 일반적으로 사용하는 방법입니다. 또 다른 방법은 축귀를 하면서 성령의 음성을 들어가면서 성령이 알려주시는 레마에 따라 명령하는 것입니다. 성령께서 어떤 때는 천사를 이용하게 하시기도 합니다. 예를 든다면 "예수님 이 사람에게 강한 천사를 보내시어 이 악한 귀신을 몰아내소서." "강한 천사들아 이곳에 와서 나를 도울지어다" "예수님 강한 천사를 보내서 이 귀신들을 몰아내소서." 합니다. 중요한 것은 축귀의 주관자이신 성령님과 인격적인 관계가 되는 것이 중요합니다. 그리고 반드시 성령의 임재 하에 축귀를 해야 한다는 것입니다. 귀신은 떠나갈 수 있는 조건이 되어야 떠나가기 때문입니다. 더 자세한 것은 **"보혈의 권능을 사용하는 법"**을 읽어보시기를 바랍니다.

4. 사례별 자신이 자신을 축귀하는 방법

1) 혼탁한 사람과 대화 후: 세상에 나가 세상 사람들과 대화를 하다보면 나도 모르는 사이에 세상 것들이 들어올 수가 있습니다. 성령의 깊은 임재 하에 깊은 호흡이나 명상기도로 영의 활동을 강화하여, 나도 모르게 들어온 세상 것들을 정리하는 것입니

다. 우리가 세상 사람들과 대화를 하다보면 머리가 무겁고 속이 거북스러울 때가 있습니다. 이는 세상 것이 나에게 들어온 것을 나의 영이 알아차린 것입니다. 이를 그대로 두면 나에게 집을 짓게 되고 나의 영은 무디어지게 됩니다. 성령의 임재 하에 세상 것들을 몰아내고 영을 밝게 해야 합니다. 이는 습관이 되어야 합니다. 집을 짓기 전에 풀어내는 것이 중요합니다.

호흡을 깊게 들이쉬고 내쉬면서 성령의 임재를 요청합니다. 성령의 임재가 충만해지면 아랫배에 손을 얹고 호흡을 깊게 들이쉬고 내쉬면 악한 기운들이 성령의 역사로 하품이나 기침이나 재채기를 통하여 떠나갑니다. 머리가 맑아지고 편안해질 때까지 지속적으로 하여 마음을 정화합니다.

2) 길을 가다가 놀랐을 경우: 길을 가다가 차 소리나 기타 등등으로 깜짝 놀랄 경우가 있습니다. 나의 경험으로 보아 이런 일이 있은 후 며칠이 지나면 가슴이 답답해지고 기도가 잘 되지 않는 경우가 있습니다. 이는 놀랄 때 악한 영이 침입을 한 것입니다. 이를 예방하기 위하여 이렇게 하세요. 호흡을 깊게 들이쉬고 내쉬면서 성령의 임재를 요청하세요. 성령의 임재가 충만해지면 마음으로 명령을 하세요. "내가 놀랄 때 들어온 악한 영은 예수 이름으로 명하노니 떠나갈지어다." "내가 놀랄 때 들어온 악한 영은 예수 이름으로 명하노니 떠나갈지어다." 이렇게 기도하여 마음에 평안이 찾아오면 떠나간 것입니다.

3) 불안이나 두려움이 엄습할 경우: 성령이 역사하면 평안합니

다. 자신이 이유 없이 불안하고 두려움이 엄습할 경우는 악한 기운이 나에게 역사하고 있는 것을 성령께서 자신에게 알려주는 것입니다. 이때에는 호흡을 들이쉬고 내쉬면서 성령의 임재를 요청합니다. 성령의 임재가 충만해지면 마음으로 명령을 하라. "나를 불안하게 하는 악한 영은 예수 이름으로 명하노니 떠나갈지어다." "나를 불안하게 하는 악한 영은 예수 이름으로 명하노니 떠나갈지어다." 자꾸 호흡을 하면서 대적기도를 합니다. 이때 중요한 것은 성령의 임재 하에 부드럽고 가벼운 소리로 명령을 합니다. "악을 쓰면서 떠나라. 떠나라." 하는 기도는 육성이 강하므로 귀신이 떠나가지 않습니다. 성령의 임재 하에 부드러운 영의 소리로 가볍게 명령하면 떠나갑니다.

4) 밤에 잠이 잘 들지 못할 경우: 밤에 잠이 잘 들지 않는 다는 것은 심신의 장애가 있는 것이 분명합니다. 이때에는 이렇게 하세요. 편안하게 눕거나 소파나 안락의자에 앉아서 기도를 합니다. 양손을 배에 대고 호흡을 들이쉬고 내쉬면서 성령의 임재를 요청합니다. 성령의 임재가 충만해지면 지속적으로 마음의 기도를 합니다. "성령님 사랑합니다." "성령님 도와주세요." "성령님 사랑합니다." "성령님 도와주세요." 의식을 아랫배와 마음에 두고 지속적으로 마음의 기도를 합니다. 그러면 잠을 이루지 못하게 하는 악한 기운이 성령의 권능으로 밀려 나갑니다. 그러면서 마음이 평안해집니다. 지속적으로 하다가 보면 잠이 들게 됩니다. 중요한 것은 마음의 기도를 하면서 다른 생각을 하거나 잡념에 빠지면 안 됩니다.

5) 좋지 못한 꿈을 꾼 경우: 많은 분들이 좋지 못한 꿈을 꾸고 영적으로 눌림을 당하는 경우가 있습니다. 꿈에 뱀을 보았다든지, 죽은 사람이 나타나는 꿈을 꿉니다. 이는 성령께서 나에게 좋지 못한 영들이 역사하는 것을 알려주신 것입니다. 이러한 꿈을 꾼 후에 반드시 축귀를 해야 합니다. 나는 이러한 좋지 못한 꿈을 꾼 후 조치를 하지 않고 방치했다가 큰일을 당한 분들을 다수 치유하여 보았습니다. 좋지 못한 꿈을 꾼 다음에 이렇게 축귀하세요. 제일 좋은 것은 꿈속에서 대적 기도하는 것입니다. 만약 그렇게 하지 못했을 경우는 이렇게 해서 귀신을 축귀하세요. 호흡을 들이쉬고 내쉬면서 성령의 임재를 요청하세요. 성령의 임재가 충만해지면 영상기도로 꿈속에서 보이던 모습을 그리는 것입니다. 꿈속에서 나타난 영상을 보면서 명령을 합니다. 이때 명령하는 음성은 영에서 나오는 음성으로 명령을 합니다. "꿈속에서 나타났던 조상의 악한 영은 예수 이름으로 명하노니 떠나갈지어다." "꿈속에서 뱀의 모습으로 나타났던 귀신은 예수 이름으로 명하노니 떠나갈지어다." "꿈속에서 나타났던 조상의 악한 영은 예수 이름으로 명하노니 떠나갈지어다." "꿈속에서 뱀의 모습으로 나타났던 귀신은 예수 이름으로 명하노니 떠나갈지어다." 호흡 기도를 지속적으로 하면서 꿈의 모습을 보면서 지속적으로 명령하세요. 그러면 하품이나 기침이나 재채기를 통해서 떠나갑니다. 악귀가 떠나가면 머리가 시원해지고 마음에 평화가 임하기도 합니다. 어느 때는 성령께서 마음에 감동하시기를 악한 영이 떠나

갔다. 하면서 알려주시기도 합니다. 꼭 좋지 못한 꿈을 꾼 다음에 대적 기도하여 악한 기운을 몰아내는 것을 습관화하세요. 이렇게 하므로 자신의 영을 지킬 수가 있습니다. 그리고 성령님과 인격적인 관계가 될 수가 있습니다.

6) 길을 가다가 아찔한 느낌을 받은 후: 나는 종종 이런 일을 체험합니다. 내가 사는 방배동에는 조그마한 사찰도 있습니다. 무당이 사는 집도 있습니다. 새벽에 기도를 마치고 운동을 하기 위해서 걸어갈 때 사찰이나 무당집을 지나게 됩니다. 그때 갑자기 무엇이 호흡을 통해서 쑥 들어옵니다. 그러면 영락없이 머리가 띵해집니다. 성령으로 충만하여 민감한 나의 영육이 귀신이 들어온 것을 알아차린 것입니다. 내 안에 귀신이 들어왔다는 것입니다. 그러면 나는 이렇게 합니다. 절대로 당황하지 않고 호흡을 들이쉬고 내쉬면서 "야! 더러운 영아 여기가 어디인줄알고 감히 들어왔어 예수이름으로 명하노니 떠나가라." 하면 재채기가 나오면서 떠나갑니다. 방금 들어온 것이므로 쉽게 잘 떠나갑니다. 어느 때는 호흡 기도를 하지 않고 방언기도를 해도 떠나갔습니다. 좌우지간 나에게 귀신이 들어온 것을 아는 것이 중요합니다.

7) 깊은 기도 중에 성령이 감동하실 때: 자신에게 역사하던 귀신이 떠나갈 때가 되면 성령께서 알려주십니다. 기도를 하는데 성령께서 너를 괴롭히는 질병의 영을 몰아내라. 이렇게 감동하실 수가 있다는 것입니다. 그러면 성령께서 알려주신 것이므로 쉽게 귀신이 잘 떠나갑니다. 호흡을 들이쉬고 내쉬면서 성령의 임재

를 요청합니다. 성령의 임재가 충만해지면 마음으로 명령을 하세요. "나에게 와서 질병을 일으키고 있는 악한 영은 예수 이름으로 명하노니 떠나갈지어다." "나에게 와서 물질을 손해나게 하는 악한 영은 예수 이름으로 명하노니 떠나갈지어다." 자꾸 호흡을 하면서 대적기도를 합니다.

그러면 어느 때는 아랫배가 아프면서 떠나갑니다. 어느 때는 가슴이 답답해지다가 재채기나 하품을 하므로 떠나갑니다. 좌우지간 귀신은 인격적인 존재이므로 떠날 때 조용하게 떠나가지 않습니다. 분명하게 떠나가는 것을 본인이 느끼게 됩니다.

8) 치유집회를 인도한 후에 자기 정화 작업: 나는 치유집회를 인도한 후 반드시 호흡 기도를 하면서 정화작업을 합니다. 요즈음에는 체험이 많고 관리를 잘해서 그런 일이 드물지만 몇 년 전만 하더라도 집회를 끝내고 나면 여러 가지 이해하지 못하는 현상으로 고생을 했습니다. 그러면 나는 이렇게 합니다. 양손을 아랫배에 대고 호흡을 강하게 들이쉬고 내쉽니다. 상당한 시간동안 이렇게 기도합니다. 그러면 배가 아프면서 하품을 통하여 사역 간에 들어온 악한 세력들이 떠나갑니다. 그러면 머리가 맑아지면서 기분이 상쾌합니다. 가슴도 시원하고 마음도 평안합니다. 거의 한 시간 정도를 하는 편입니다. 왜냐하면 나를 관리하기 위해서 입니다. 이렇게 관리하지 않으면 더러운 것들이 사역 간에 나에게 타고 들어와 집을 짓게 됩니다. 집을 짓기 시작을 하면 여러 가지로 이해하기 힘든 일들이 생깁니다. 졸음이 오기도 하고 기

력이 떨어지기도 합니다. 정신이 맑아져서 밤에 잠을 잘 자지 못하기도 합니다.

9) 본인이 직접 귀신을 축귀하는 비결: 자신에게 이상증세가 나타나면 지나치지 말고 반드시 자기 축귀를 해야 합니다. 자기 축귀는 이런 방법으로 하세요. 호흡을 들이쉬고 내쉬면서 성령의 임재를 요청하세요. 성령의 임재가 충만해지면 영상기도를 하세요. 자신에게 일어나는 상태를 마음에 그림으로 나타나게 하라는 것입니다. 원인을 성령님에게 물어보세요. 원인을 알아야 처방을 할 수 있기 때문입니다. 원인에 따라 회개하거나 용서를 합니다. 만약에 조상이나 자신이 우상을 숭배하여 귀신이 들어온 것이라면 회개해야 합니다.

성령의 임재 가운데 죄를 짓는 모습을 영상으로 보면서 깊은 회개를 해야 합니다. 깊은 회개를 한 후에 그때 들어온 귀신들에게 명령을 하세요. "조상 대대로 내려와 나에게 고통을 주는 악한 영의 줄은 끊어질지어다." "조상이 우상숭배 할 때 들어온 귀신은 예수 이름으로 명하노니 떠나갈지어다." "떠나간 자리에 말씀과 성령으로 채워질지어다." 이렇게 지속적으로 대적기도를 하세요. 만약에 다른 사람이 자신에게 상처를 주어 고통을 당한다면 용서를 해야 합니다. 성령의 깊은 임재 하에 상처받는 모습을 보면서 용서합니다. 그리고 명령하세요. "내가 상처받을 때 들어온 귀신은 예수 이름으로 명하노니 떠나갈지어다." 지속적으로 평안이 임할 때까지 해야 합니다.

18장 귀신을 보다 쉽게 축사하는 비결

(행8:4-8)"그 흩어진 사람들이 두루 다니며 복음의 말씀을 전할 새 빌립이 사마리아 성에 내려가 그리스도를 백성에게 전파하니 무리가 빌립의 말도 듣고 행하는 표적도 보고 일심으로 그의 말하는 것을 좇더라. 많은 사람에게 붙었던 더러운 귀신들이 크게 소리를 지르며 나가고 또 많은 중풍병자와 앉은뱅이가 나으니 그 성에 큰 기쁨이 있더라."

하나님은 우리가 성령의 능력을 힘입어 귀신을 쫓아내기를 원하십니다. 성도님들이나 목회자 분 들이나 만찬가지로 자기에게 와있는 은사를 하나님의 나라 확장에 사용하여 은사를 극대화 시켜야 합니다. 그러나 와 있는 은사를 가지고 자기와 가정과 교회의 취약한 부분을 찾아 치유해야 합니다. 잘하는 부분만 계속 치우치다가 보면 썩는 것이 있습니다. 그래서 성령 사역자는 전반적인 것을 보는 영안이 열려야 합니다.

영안이 열리지 않음으로 자신이나 가정에 또는 교회에 와 있는 취약점, 즉, 가난의 영이나, 질병의 영이나, 가정 분란의 영이나, 이간질의 영이나, 시기질투 영들을 볼 수가 없어 열심히 신앙생활하면서 하늘의 축복을 받지 못하고 고통을 당하는 수가 있습니다. 고로 주신 은사로 자신과 자신의 가정과 교회를 축복받게 하는 데 사용하세요. 먼저는 자신이 치유 되어야 합니다.

그리고 다른 사람을 돌보아야 합니다.

1. 악한 영의 축사 사역의 원리.

(마12:28)"그러나 내가 하나님의 성령을 힘입어 귀신을 쫓
아내는 것이면 하나님의 나라가 이미 너희에게 임하였느니라."

귀신을 축사하는 성경적인 원리는 사람이 하는 것이 아니라, 성령님이 하십니다. 성경적인 방법은 성령을 힘입어 축사해야 하기 때문에 성령을 힘입는 방법을 알아야 합니다. 성령을 힘입으려면 먼저 예수를 영접해야 합니다. 누가 무슨 능력을 행하더라도 예수를 영접하여 예수 십자가를 통과하지 않은 능력은 마귀로부터 말미암은 것입니다. 분별력을 길러야합니다.

성령을 힘입어 귀신을 축사하려면 귀신의 정체만 알아서는 근본적인 축사 방법을 알지 못합니다. 귀신의 실체를 잘 알아야 합니다. 축귀 사역할 때 성령을 힘입어야 하기 때문에 이 역시 성령의 정체만 이론적으로 신학적으로만 알아서는 안 됩니다. 성령의 실체를 알아서 성령을 힘입는 방법을 알아야 하는 것입니다. 성령의 실체 역시, 영의 형태로 우리 안에 성전 삼고, 임하고 있기 때문에 영의 실체를 알아야 하며, 임재 하신 성령님이 나를 통하여 나타나는 상태와 조건을 잘 알아야 하는 것입니다.

1) 영적 원리.

귀신이 떠나 갈 수 있도록 하는 영적 상태가 되어야 하는 것입니다. 그러므로 말씀을 받아드리는 사람이나 전하는 사람이나 충분한 말씀이 있어야 하는 것입니다. 귀신의 종류에 따라서 쉽게 축사되는 귀신과 그렇지 않은 귀신이 있습니다.

쉽게 축사되지 않는 귀신은 우상을 섬긴 집안의 귀신임으로 완전한 번제가 드려져야 하는 것입니다. 예수의 보혈로 드려지는 번제가 완전한 번제이기에 온전한 믿음의 영적 상태를 요구합니다. 말씀으로 양육하여 충분한 영적 상태가 되도록 기다릴 필요가 있는 것입니다. 말씀을 잘 알아듣고 말씀으로 자신을 들여다볼 수 있는 수준이 되어야 합니다.

번제는 무엇인가? 자신을 태워드리는 것입니다. 즉, 나의 이전 것(육적이고 세상적인 것)을 성령으로 죽이는 것입니다. 성령으로 장악 당하여 구습이 없어지고 새로운 영의 사람으로 태어나는 것입니다. 전인격이 하나님에게 완전히 장악당한 것입니다.

2) 혼적 원리.

지. 정. 의의 방해 요인이 제거되어, 성령이 역사 할 수 있는 상태와 조건이 되어야 합니다. 성령이 역사 할 수 있는 혼적(마음) 상태와 조건은 오직 마음과 생각이 주님에게로 집중 된 상태가 되어야 합니다. 잡념이 없고 오직 성령의 역사에 집중된 상태가 되어야합니다. 성령의 임재가 깊어져서 성령으로 장악 당해야, 성령의 초자연적인 역사로 질병이 치유됩니다. 잡념이나 산만한 상태에서는 치유가 일어나지 않습니다. 그러므로 환자나 사역자는 무엇보다 치유에 집중할 수 있는 혼(마음)적인 상태가 되어야 합니다. 성령으로 깊은 영적인 상태로 몰입하는 훈련을 많이 하여야 합니다.

영적으로 깊은 사람은 영적인 지식을 많이 아는 사람이 아니고, 영적인 원리들을 실제로 자신에게 적용을 잘 시키는 성도입니다. 말씀과 성령의 역사는 살아있는 역사이기 때문입니다.

3) 육신적 원리.

성령이 역사할 수 있는 육신적인 원리를 적용하여 축귀해야 합니다. 성령의 역사가 전인격을 장악한 다음에 축귀가 되는 것입니다. 성령이 육을 장악할 때까지 기다려야 합니다. 절대로 성령으로 장악이 되지 않았는데 축귀하려고 하마십시오. 축귀는 성령의 일입니다. 육신의 체력도 허약하면 안 됩니다. 육신의 기력이 회복되어야할 상태가 되었다면 육신의 체력을 회복시켜주면 축사가 쉬워집니다. 세상에서 나와야 합니다. 마음이 세상의 부귀공명을 가지고 하나님의 역사나 목사를 이용하려는 생각에서 나와야 합니다.

4) 환자 스스로 귀신을 축사하도록 영적 조건을 준비하는 방법
① 귀신은 대개 초기에는 잠복되어 있으므로 귀신에게 침입된

자신의 상태를 환자가 인정하도록 함으로써 귀신의 정체를 노출시킵니다. 그래서 생명의 말씀을 들어야 합니다.

② 귀신의 충동이나 말과 변덕스러운 행동을 거부하세요. 충동적인 성격과 충동적인 말로 남의 심령을 괴롭히고 변덕 적인 행동으로 일들을 망치게 합니다.

③ 귀신을 축사하려는 환자 자신의 의지를 발동시키는 것입니다. 자신의 의지가 발동되지 않으면 성령은 역사하지 않습니다. 영의 생각과 육신의 생각을 분리하고 성령의 소욕과 악령의 소욕을 분리하며 자신의 의지와 귀신의 의지를 분리하세요.

④ 잠재의식에서 표면의식으로 노출시키는 것입니다. 그러므로 귀신의 행동을 억제시키는 약(藥)은 절대 금물입니다. 약을 금지하고 축사할 수 있으면 제일 좋습니다. 이때에는 축사를 위하여 약물의 중독성이 제거되기까지 기다려야 합니다. 물론 약물의 효력이 떨어지면 귀신의 세력이 나타나고 발동되지만 이를 극복하고 이길 수 있어야 합니다. 이를 극복하지 못하고 귀신을 두려워하면 귀신은 이길 수 없으므로 담대한 믿음이 필요합니다.

만약 환자가 약을 먹지 않아 약물의 효력이 떨어지면 악한 영의 역사가 강하여, 발작이나 흥분이 지나쳐서 감당 할 수 없는 상태가 되는 경우가 되어 약을 정 끊기 두려우면, 약을 투약해 가면서 영적, 혼적, 육신 적인 상태를 호전 시켜서 해야 합니다. 믿음이 생기게 해야 합니다. 집중할 수 있도록 소리를 내게 하고, 주여, 주여! 를 크게 하여 기도에 몰입되게 해야 합니다. 의지와 시간을 가지고 계속 하면 말씀에 집중이 됩니다.

⑤ 귀신이 좋아하는 것을 하지 않는다. 반대 행동 만 합니다. 음행과 더러운 것과 호색 우상숭배. 술수, 원수 맺는 것과, 시기와 분 냄과 당 짓는 것과, 분리함과, 이단과 투기와 술취함과 방탕함과, 그와 같은 것들입니다.

> (갈5:19-21)"육체의 일은 분명하니 곧 음행과 더러운 것과 호색과 우상 숭배와 주술과 원수 맺는 것과 분쟁과 시기와 분 냄과 당 짓는 것과 분열함과 이단과 투기와 술 취함과 방탕함과 또 그와 같은 것들이라 전에 너희에게 경계한 것 같이 경계하노니 이런 일을 하는 자들은 하나님의 나라를 유업으로 받지 못할 것이요."

또 능력을 얻기 위한 욕심으로 하는 기도, 말씀에서 벗어난 신비주의적 신앙관에서 탈피해야합니다. 무조건 기도 많이 하여 귀신을 축사하려는 마음은 버려야합니다. 영의 말씀을 들어서 영을 깨우고 성령의 역사를 받아가면서 축사해야 합니다. 영적인 자립 능력을 개발해야합니다.

⑥ 귀신이 싫어하고 성령이 원하는 것을 합니다. 찬양과 감사는 원망하는 마음, 불평하는 마음, 억압된 심령을 풀어버리고 성령이 역사하기 쉬운 상태와 조건이 됩니다. 사랑은 곧 하나님입니다. 헌금은 세상 욕심으로 인색해진 마음에 붙어있는 귀신들

의 세력을 약화시킵니다. 믿음으로 속죄 제물을 드리게 하는 것도 좋습니다. 또 성령 충만한 교회에 상주하며 계속하는 봉사는 신앙의 여러 방면에서 많은 유익을 얻게 됩니다. 악한 영의 역사로 고통당하는 성도의 기도는 묵상 기도는 피하고 배에서 올라오는 부르짖는 기도를 하며, 말씀을 통하여 회개하는 기도를 많이 하세요. 마음의 기도는 속에서 나오는 방언을 많이 하는 것이 좋습니다. 예배는 자주 드리고 되도록이면 작정하여 정한 기간 정한 시각에 드려야 합니다. 세상 적인 욕심을 모두 버려야 합니다(명예욕, 출세욕, 물욕 등등). 전도는 성령이 기뻐하며 심령에 양식을 제공받습니다.

⑦ 귀신이 가져온 병(귀신의 집)을 먼저 치유하는 방법은 약물을 사용하지 않고 실시합니다. 그러나 상태가 중하면 일정기간 겸해도 됩니다.

⑧ 귀신은 성령 충만을 싫어합니다. 성령이 충만하면 순환기 계통이 활성화되어 피를 맑게 하는 역할을 하기 때문입니다. 사람은 피를 맑게 해야 건강합니다. 피를 깨끗하게 하려면 성령으로 충만한 믿음 생활을 해야 합니다. 우리는 항상 피를 깨끗하게 하려고 노력을 해야 합니다.

(레17:11)"육체의 생명은 피에 있음이라 내가 이 피를 너희
에게 주어 제단에 뿌려 너희의 생명을 위하여 속죄하게 하였나
니 생명이 피에 있으므로 피가 죄를 속하느니라."

육체의 생명은 피에 있고 귀신은 피가 탁하고 더러우면 침입합니다. 왜냐하면 피를 더 탁하게 하여 성인병이 들어 죽게 하기 위해서입니다. 그렇기 때문에 마귀는 사람들에게 스트레스를 주어서 혈액을 탁하게 하는 것입니다.

⑨ 몸을 흔들고 손뼉을 치면, 몸의 기력이 순환되고 귀신의 세력은 약화됩니다. 귀신은 혈액이나 체액이나 호르몬이나 기(氣)의 흐름을 막고 있기 때문에 몸을 흔들고 손뼉을 치면 몸의 굳어진 어혈이 풀리고, 혈액 순환이 원활해지며, 굳어진 마음과 육신이 풀어지면서 몸이 뜨거워지고, 마음에 열정이 생기기 때문에 차가운 신앙이 뜨거워지고, 갈급함을 느끼게 되고, 성령을 적극적으로 구하고 찾고 두드리는 자세로 바꾸어져서 성령이 임하게 됩니다.

(마7:7-11)"구하라 그리하면 너희에게 주실 것이요 찾으라 그리하면 찾아낼 것이요 문을 두드리라 그리하면 너희에게 열릴 것이니 구하는 이마다 받을 것이요 찾는 이는 찾아낼 것이요 두드리는 이에게는 열릴 것이니라. 너희 중에 누가 아들이 떡을 달라 하는데 돌을 주며 생선을 달라 하는데 뱀을 줄 사람이 있겠느냐 너희가 악한 자라도 좋은 것으로 자식에게 줄 줄 알거든 하물며 하늘에 계신 너희 아버지께서 구하는 자에게 좋은 것으로 주시지 않겠느냐."

⑩ 기타, 영과 혼과 육신의 여러 가지 원인을 관찰하여, 그 원인을 하나하나 제거하여 그 세력을 약화시킨 후 축사합니다. 영, 혼, 육의 조건이 되어야합니다.

2. 귀신을 노출시키는 방법.

① 안수함으로 성령의 불을 환자에게 전이시켜 귀신이 드러나게 합니다(눅13:10-13). 안수하면 성령의 흐름으로 인하여 성령의 불과 불 칼이나 능력이 상대방에게 전달되고 주입됩니다. 영안이 열린 사람은 이것이 보이고 느낄 수 있습니다. 성령의 불을 집어넣는 방법은 간단합니다. 사역자가 한손은 머리에 얹고, 한손은 등에다 대고, 환자에게 숨을 들이쉬고 내쉬라고 하면 환자의 마음이 열리기 때문에 열린 마음 안으로 성령의 불이 들어가고 나오게 됩니다. 조금 시간이 지나면 성령의 능력에 의하여 악한 영이 정체를 드러내게 됩니다. 반드시 성령의 임재가 환자를 장악한 다음에 사역해야 합니다.

② 예수님의 이름으로 귀신을 몰아냅니다(행16:18). 예수님의 권세를 의지하여 명령합니다. 환자의 하는 행동이나 성령이 주시는 지식의 말씀을 가지고 권위 있게 명령하세요.

③ 찬송을 통하여 귀신의 정체를 드러냅니다(삼상16:14-23). 찬송 속에 거하시고 임재하시는 하나님의 능력을 귀신은 싫어합니다. 찬송을 진심으로 부르면 우리의 속박된 심령이 풀

리는 것을 경험하게 됩니다. 기도가 막힐 때 진심과 정성으로 찬송을 부르면 기도가 열리게 됩니다.

④ 말씀으로 귀신의 정체를 드러냅니다(마8:16). 귀신은 물(말씀) 없는 곳으로 다니며 말씀을 싫어합니다.

⑤ 금식과 깊은 영의기도로 귀신의 정체를 드러냅니다(막9:14-29). 귀신은 인체에 잠복해 있으면서 우리들이 먹는 에너지를 먹고 있으면서 그 세력을 키워 나갑니다. 금식은 귀신의 세력을 약화시키기 때문에 육이 죽고 영이 활동하기 시작하면 견딜 수 없게 되어 떠나게 됩니다. 금식은 귀신이 좋아하는 것을 하지 않는 것입니다. 그리고 마음으로 방언기도를 하므로 귀신을 드러냅니다. 귀신은 마음으로 하는 방언기도를 아주 싫어합니다. 왜냐하면 성령의 이끌림을 받는 영의기도 이므로 정체를 숨길 수가 없으므로 아주 싫어합니다.

⑥ 믿음으로 귀신의 정체를 드러냅니다. 본인이 나에게도 악한 영의 역사가 있다고 인정하고 숨을 들이쉬고 내쉬고 하면서 영의 활동을 강화시키므로 귀신이 정체를 드러내게 됩니다(마17:14-29). 믿음은 영적인 능력이요 에너지입니다. 관념적인 믿음과는 다릅니다.

⑦ 성령을 힘입어서 귀신의 정체를 드러냅니다(마12:22-37). 가장 깊은 영적 상태가 되도록 하여 성령의 도우심을 구해야 합니다. 성령 안에서 기도하면 성령이 임하게 되고 능력이 나타나게 됩니다. 능력 안에서 조용히 넘어지는 상태가 가장 깊은

영적 상태가 되도록 하는 것입니다.

⑧ 권능으로 귀신의 정체를 드러냅니다(눅9:1). 예수님이 주신 권세와 능력으로 이 권능은 고전 12:10절의 능력 행함의 은사로 나타납니다. "예수 이름으로 명하노니 이 사람을 괴롭히는 악한 귀신아 정체를 밝힐 지어다." 성령의 권세가 담겨있는 소리로 명령하세요.

3. 귀신을 축사하는 실제적인 방법.

영적인 분위기를 조성하는 것이 무엇보다 중요합니다. 악한 영을 축사할 때 여러 사람이 함께 예배를 드리고 찬송을 부르며 합심하여 기도하되 축사는 팀의 리더가 혼자서 하는 것이 좋습니다. 무엇보다도 축사가 될 수 있는 영적인 조건이 되는 것이 중요합니다. 환자가 성령으로 장악이 되고 성령의 역사가 강하게 나타나야 축사가 쉽습니다. 사람의 힘이나 은사로 축사를 하려고 하지 말고 성령의 권능으로 하려고 하고 이를 숙달하세요.

힘도 들지 않고 쉽게 축사할 수 있습니다. 만약 사역자가 은사로 축사를 하다가 보면 귀신에게 자신이 접신 되어 고통을 당하거나 탈진에 빠지거나 여러 가지 알지 못하는 환란과 풍파로 고통을 당할 수도 있습니다. 그러므로 사역자는 사역을 할 때에 항상 성령이 앞서가게 해야 합니다.

1)여러 사람을 축사하는 방법:

① 예배나 집회 시작 전: 찬양을 부르고 통성기도 후, 두려움이 오고, 가슴이 두근거리고, 머리가 어지럽고, 가슴이 답답한 분 일어서게 하거나 또는 앞으로 나오게 하여 축사하세요.

② 또는 성령이 충만하게 한 다음에 두려움을 느끼는 사람을 앞으로 나오게 하던지 그 자리에서 일어서게 하던지 하여 숨을 들이쉬고 내쉬고 하여 의지를 꺾은 다음 명령하여 축사합니다.

③ 다른 방법은 강의를 끝 낸 다음 남게 하여 한꺼번에 축사합니다. 요령은 피 사역자들은 가슴에 손을 얹고 눈을 감고 숨을 들이쉬고 내쉬고를 계속합니다. 열려있기 때문에 금방 역사가 일어납니다. 길어지면 종료 후 다음날 축사를 합니다.

2)개인별 축사의 여러 방법.

① 상대방이 귀신의 존재를 인정하거나 인식하고 있을 때.

[방법 1]. 세워놓고 하든지 앉아서 하든지, 눈을 감거나 뜨거나 자유입니다. 나는 앉혀 놓고 눈을 감게 하고 축귀를 합니다. 성령의 임재를 요청한 후, 상대방을 쳐다보면서 "야 이 더러운 영아! 내가 예수 이름으로 명령하니 정체를 밝히고 나와라" 하면서 명령하고 잠재의식에 잠복되어 있는 귀신을 표면의식으로 나타나게 명령하여 목위로 올라오게 합니다. 이 때 피사역자에게 숨을 들이쉬고 내쉬게 하세요. 올라와, 올라와 하며 명령하세요. 말소리는 영에서 나오는 자연스러운 소리로 명령하세요.

절대로 소리를 크게 지르지 마세요. 축귀사역자에게 피로가 쉽게 찾아오게 됩니다. 큰 소리를 하지 않아도 영의 말에는 권세가 있다는 것을 아세요. 귀신이 발작하면 정체를 밝히게 합니다. 귀신이 발작할 수 있는 시간을 어느 정도 주는 것이 좋습니다. 성령이 장악할 때까지 기다리세요. 이때 피 사역자는 계속 호흡으로 성령의 장악을 돕습니다. 사역자는 귀신이 떠날 것을 명합니다. 성령이 알려주시는 레마를 받아가며 사역을 합니다.

[**방법 2**]. 편안하게 앉게 하거나 편안하게 눕게 하고 귀신에게 명령을 합니다. 1번과 상기와 동일한 방법과 순서를 취합니다. 귀신에게 강하게 묶인 환자의 경우로서 억지로 해야 하는 경우, 귀신이 의지를 장악한 경우에만 이렇게 하세요. 그러나 꼭 눈을 억지로 뜨게 할 필요는 없습니다. 필요할 경우만 그렇게 하세요. 이런 방법을 사용해보세요. 한손은 머리에 얹고 한손의 손가락을 눈 부위에다 가만이 대고 환자에게 숨을 들이쉬고 내쉬고 하라고 하면서 축사합니다.

[**방법 3**]. 눕혀놓고 이마와 가슴에 손을 얹고 귀신을 부릅니다. 환자는 숨을 들이쉬고 내쉬라고 하세요. 피 사역자는 귀신의 의지에 순복하지 않고 성령의 역사에 순복하게 교육해야 합니다. 악한 영에게 명령하여 위로 목으로 올라 올 것을 명합니다. 아랫배에서 목으로 올라와서 빠져나갈 것을 명합니다. 기침, 하품, 호흡 등을 통하여 떠나가라고 명령합니다. 성령이 감동하면 악한 영에게 정체를 밝힐 것을 명합니다. 악한 영이 한숨을 쉬거

나 가래를 뱉거나 토하며 나가기도 합니다. 한동안 넋두리를 하거나 저주하면서 나가는 경우도 많습니다.

② 상대방이 귀신의 존재를 인정하지 않거나 인식하고 있지 않을 때. 귀신에게 강력하게 명령하지 못하는 약점 때문에 강력한 축사를 할 수가 없는 것이 단점입니다. 본인이 귀신을 부인하거나 거부 할 때에는 축사가 어려울 수밖에 없지만 시도해 보면 축사되는 경우가 있는 것을 봅니다. 그러나 본인이 인정하지 않는 축사는 하지 않는 편이 좋습니다. 생각지 못한 문제가 발생할 수가 있고, 축사 후에 다시 재발합니다.

본인이 부인하지는 않지만 시험들 우려가 있을 때 이러한 방법을 시도합니다. 꼭 축사를 해야 되는 경우와 본인이 인정하지는 않지만 축사를 희망하는 경우에만 합니다. 시간이 많이 걸립니다. 사역자의 체력소모도 크다는 것을 알아야 합니다. 그러므로 될 수 있는 한 억지로 하는 축사는 금하는 것이 좋습니다.

꼭 해야 될 경우는 이마와 가슴에 손을 얹고 가만히 성령의 임재를 요청하며 기도 합니다. 본인에게 숨을 들이쉬고 내쉬라고 하면서 시간을 두고 인내하면서 조용히 기다려 봅니다(2~3분 ~~30분간). 성령의 임재를 기다립니다. 부르르 몸을 떨기도하고 손가락이 꿈틀거리기도 하며 볼이 실룩일 수도 있습니다.

여러 가지 불규칙한 발작을 조금씩 시작하다가 크게 발작하기 시작합니다. 발작하기 시작하면 배에서 나오는 영력 있는 말로 "더 크게" "더 크게" "더 강하게" "더 강하게" 반복해서 명령하면 더 크게 발작합니다. 더 크게 발작하기 시작하면 "성령의 불" "성령의 불" "예수의 피"로 하는 명령을 반복하면서 사역자는 피 사역자의 뒤에 일어섭니다. 이는 갑자기 침이나 오물을 토하거나 팔을 휘두르거나 하기 때문입니다. 발작하는 것이 악령일 경우도 있지만 성령의 역사로 회개하여 몸이 발작하는 모습처럼 보일 때가 있는데 주의해야 합니다.

귀신은 혼의 능력이나 육체의 완력으로 축사하는 것이 아니라, 성령의 기름부음이 손을 통하여 나타나는 성령의 능력이나 입을 통하여 나오는 영권이나 영력으로 축사하는 것입니다. 그리고 환자의 영에서 올라오는 성령의 능력으로 축사하는 것입니다. 이것이 우리들의 기도를 통하여 주어지는 예수님의 권세입니다. 완력과 힘으로 쫓아내려는 사람은 영권이나 영력이 약하거나 없는 사람입니다. 완력으로 축사를 하면 꼭 문제가 발생하던가, 사역자 자신에게 문제가 발생하기도 합니다.

4.사단이나 귀신축사의 기본적인 과정.

[제 1 단계]: 자기 속에 있는 귀신의 존재를 인식시킵니다. 환자에게 내부에서 괴롭히고 있는 힘은 귀신의 존재임을 인식시킵니다. 귀신은 자기 정체를 노출시키는 자를 미워하고 부인하게 만듭니다. 자신에게 귀신이 역사하고 있다는 것을 인식하게 합니다.

[제 2 단계]: 투쟁의 필요성을 인식시키는 단계입니다. 귀신

이 틈타게 된 자신의 죄를 인식시키고 자신의 의지를 발동하여 사단과의 투쟁을 결심하는 단계입니다. 마술이나 신비술을 단절하는 고백과 회개를 하게하고 예수님께 신앙을 고백하게 하거나 십자가의 보혈의 능력을 고백하게 합니다(약4:7).

[제 3 단계]: 명령이나 성령의 임재, 안수 등으로 사단을 공격하는 단계입니다. 환자에게 호흡을 들이쉬고 내쉬면서 성령의 역사를 돕게 합니다.

[제 4 단계]: 잠복된 상태에서 표면화되어 나타나는 단계입니다. 자신의 정체를 드러내는 여러 가지 현상이 나타나기 시작합니다. 이때 성령이 알려주는 레마의 말씀으로 "네 정체를 밝혀라" "언제 들어왔느냐" 하며 정체를 알아내도 됩니다. 반드시 성령께서 물어보라고 감동할 때만 대화하는 것입니다.

그러나 대화는 신중을 기해야 합니다. 왜냐하면 귀신과 대화를 통해서 시간을 많이 낭비하고 귀신에게 속을 수도 있으니 대화는 하지 않는 편이 좋습니다. 필자는 안합니다. 그냥 "입 다물고 나와라," 하고 예수 이름으로 명령합니다. 거짓말쟁이 귀신과 대화할 시간이 없습니다. 그리고 환자에게 숨을 들이쉬고 내쉬어서 성령의 역사를 돕게 합니다.

[제 5 단계]: 더 크게 발작하며 저항하는 격돌의 단계입니다. 감정을 자극하며 꾸짖기도 하고, 모욕을 주기도 하면 귀신은 증오를 나타내거나 비웃거나 덤비기도 합니다.

(막9:26)"귀신이 소리 지르며 아이로 심히 경련을 일으키게 하고 나가니 그 아이가 죽은 것 같이 되어 많은 사람이 말하기를 죽었다 하나"

[제 6 단계]: 떠나갈 준비를 위한 단계입니다. 발작이 어느 정도 진정 되면서 하소연하기도 하며, 울기도 하며, 한숨을 쉬기도 하며, 토하기도 하며, 저주하기도 하며, 가래와 침을 뱉기도 합니다. 속이는 여러 가지 수법을 사용하기도 합니다.

여러 가지 말을 하기도 합니다. 경련을 강하게 하기도 합니다. 사지가 틀리고 몸을 앞뒤로 흔들기도 합니다. 얼굴이 흉측해지기도 합니다. 팔과 다리를 심하게 떨기도 합니다. 이때는 눈 가장자리를 엄지와 중지의 손가락으로 가볍게 누르고 축사의 여러 가지 수단을 다 동원합니다.

귀신에 따라서 축사하는 방법이 수백 종류가 될 수가 있습니다. 눈 가장 자리를 누르는 것은 다시 속으로 잠복하지 않도록 하는 것입니다. 그때 그때 상황을 잘 보아서 성령의 인도에 따라 이런 방법 저런 방법 다 동원해 보아야 합니다. 이 단계에서 쉽사리 떠나는 귀신이 있는가하면 오랫동안 버티는 귀신이 있습니다.

시간이 많이 걸리는 귀신은 떠날 때가 되지 않았으며, 이것은 아직 하나님의 때가 덜 되었기에 기도의 때가 차야 되고, 본인이 하나님께 마음을 더 드려야 합니다. 이 때 사역자는 결단을 필요로 합니다. 사역을 계속 할 상황이 되느냐 환자의 준비가 전혀 되지 않았느냐 등을 판단해야 될 중대한 시기입니다. "예수님의 이름으로 내가 네게 명하노니 더러운 귀신은 ○○에게서 나오라"고 권세 있게 명령합니다(눅4:36). 환자에게는 숨을 들이쉬고 내쉬면서 성령의 역사를 도우라고 합니다.

[제 7 단계]: 치유의 단계입니다. 갑자기 기침이나 토함이나 악을 쓰는 행동 등의 모든 동작이 멈추거나 정신이 돌아옵니다(막5;15). 기쁨이나 평안이 옵니다(행8:9). 초능력이 없어집니다(행16:18-19). 질병이 고침 받습니다(마17:18).

그러나 축사하다가 모든 동작이 멈추었다고 귀신이 완전히 떠난 것이 아니고 속이는 경우도 있으니 분별해야 합니다. 고로 축사는 한번으로 끝나는 것이 아니고 지속적인 영적인 싸움입니다. 환자가 영적으로 성숙해지는 만큼씩 귀신이 떠나갑니다. 영안이 열리고 하나님의 말씀의 비밀을 많이 깨달으면 깨달을수록 심령은 깨끗해지는 것입니다.

5. 귀신을 쉽게 축사하는 원리

① 성령님 임하여 사로잡아 주시옵소서. 강하게 임하여 주시고, 치료하여 주옵소서. 이 시간, 이 지역, 여기 모든 사람들에게 임하여 보호하여 주시옵소서. 여기 모든 사람의 식구들을 임하여 보호하여 주시옵소서. 왜냐하면 축귀사역 중에 악한 영의 공격을 받을 수 있기 때문에 성령님에게 보호를 요청하는 것입

니다. 초기 축사사역자는 꼭 해야 합니다.

② 머리나 손에 가볍게 손을 대고, 성령의 임재를 더 충만히, 더 충만히, 더 강하게. 완전하게 사로잡아 주시옵소서. 성령에게 요청하면서 성령이 완전하게 장악할 때까지 기다려야 합니다.

③ 나타나는 현상에 깊이 유념하여야 합니다. 손의 촉감을 활용하세요. 손으로 촉감이 옵니다.

④ 배가 꿈틀거리거나, 뛰기 시작하면 집중적으로 축사가 시작됩니다. 이때 성령의 인도에 따라 조상으로부터 전이된 악한 영을 다루세요. 상처에 의한 악한 영의 영향을 다루세요. 우두머리에게 명령하세요. 모두 데리고 나오도록 명령하세요. 예를 들어서 대장이 앞서고 모두 줄서서 나올지어다. 성령의 감동에 따라서 정체를 밝히라고 명령하세요. 지속적으로 성령의 인도와 감동에 따라 행동과 명령을 하세요.

⑤ 예수 이름으로 명령하세요. "내가 예수 이름으로 명하노니 이 사람에게서 떠나가라. 완전하게 해 놓고 떠나라." 손해나게 하고, 병들게 하고, 고통을 주던 모든 것을 회복하고 가지고 나오라고 명령하세요.

⑥ 다시 오지 못하도록 명령합니다. "나는 예수의 이름으로 악한 영들을 ○○에게서 분리시킨다. 이제 ○○에게서 떠나 예수님 발 앞으로 갈지어다. 영원한 불못으로 들어갈지어다. 다시는 오지 말지어다."

⑦ 만일 사역이 충분치 못하여 덜 끝났으면 이렇게 하기를 바

랍니다. 악한 영들에게 이렇게 명령하기를 바랍니다. "내가 다음에 예수님의 이름으로 대적하여 부를 때까지 입다물고 있고, 이 사람을 해치지 말라." 고 명령한 후에 일단 사역을 끝내기 바랍니다. 사람이 하나님의 권능아래 있을 때에 하나님께서는 치유, 축귀 혹은 죄 씻음과 같은 놀라운 역사를 행하십니다. 성령 안에서 성령의 권능아래 쓰러질 때, 하나님의 임재 하심을 은밀하게 체험할 때 많은 경우에 치유와 축사가 일어나는 것을 체험합니다. 마음에 평안이 일어납니다.

악한 영을 축사할 때 주의 사항은 이렇습니다. 귀신축사를 할 때에 한 사람이 명령하세요. 악한 것이 헛갈릴 수가 있습니다. 그리고 치유는 부부가 함께 치유받는 것이 유익합니다. 왜냐하면 문제가 있는 사람은 이상이 없을 수가 있습니다. 그런데 반대로 문제가 없다고 생각하는 사람의 영적인 문제로 상대편에 문제가 발생할 수가 있다는 것입니다. 예를 든다면 부인에게 여러 문제가 있는데 부인에게는 영적인 문제가 없고, 오히려 남편에게 문제가 있어 부인이 고통을 당할 수가 있다는 것입니다.

그리고 공동으로 동일하게 들려있을 수도 있습니다. 지금 세상에는 알게 모르게 악한 영에게 고통을 당하는 사람이 많습니다. 우리 악한 영에게 고통을 당하는 사람들을 축사하여 해방 받게 합시다.

19장 상황별 귀신의 실제적인 축사 기술

(막9:25-27)"예수께서 무리의 달려 모이는 것을 보시고 그 더러운 귀신을 꾸짖어 가라사대 벙어리 되고 귀먹은 귀신아 내가 네게 명하노니 그 아이에게서 나오고 다시 들어가지 말라 하시매 귀신이 소리 지르며 아이로 심히 경련을 일으키게 하고 나가니 그 아이가 죽은 것 같이 되어 많은 사람이 말하기를 죽었다 하나 예수께서 그 손을 잡아 일으키시니 이에 일어서니라."

축귀는 영적인 활동입니다. 인간의 힘으로는 되지 않습니다. 성령의 능력을 덧입어야 할 수 있는 사역입니다. 그래서 축귀를 받는 사람이나, 하는 사역자나 모두 성령으로 장악 당해야 쉽게 성령의 능력으로 가능합니다. 축귀를 받고도 성령의 임재가 있는 곳에서 믿음 생활을 하고, 생활 간에도 임재 가운데 지내는 것이 중요합니다. 그래야 다시 틈타지 않고 영성을 유지할 수 있습니다.

1. 귀신의 종류를 분별하여 축귀하는 방법.

1) 붙어있는 장소별 손을 얹고 치유하는 축귀하는 방법

① 눈에 붙어 있는 경우나 소경 귀신은 눈 위에 손을 얹습니다. 눈을 압박하여 눈을 파열시키는 경우도 있으므로 절대로 주

의합니다.

② 혀에 붙어 있는 경우나 벙어리 귀신이나 말더듬이 귀신은 혀를 잡습니다.

③ 귀에 붙어 있는 경우나 귀머거리 귀신은 손가락으로 귓속에 손가락을 넣거나 귀밑을 압박합니다.

④ 무릎 관절에 붙어 있는 관절염 귀신이나, 다리병신 귀신은 눕게 하고, 무릎 관절에 양손을 가만히 올려놓고, 3분 이상 묵상 기도하면서 발작하기를 기다립니다. 발작하면 축귀합니다.

⑤ 아랫배에 붙어 있는 음란 귀신이나, 방광 귀신 혹은 자궁병 귀신은 아랫배에 손을 얹습니다. 이성간에는 특히 유의하세요. 이성 간에는 본인의 손을 얹게 하고 안수하세요.

⑥ 머리에 붙어 있는 경우나 두통 귀신은 머리나 눈 가장자리 양쪽을 압박합니다.

⑦ 얼굴에 붙어 있어 얼굴을 실룩이는 귀신이나 반쪽 마비를 일으키는 귀신은 양손 바닥으로 얼굴을 감싸 쥡니다.

⑧ 기관지에 붙어 있는 경우나 천식 귀신은 목에 손을 얹고 기도하거나 손가락을 바로 펴고, 기관지를 향하여 능력을 쏘는 것처럼 기도합니다.

⑨ 코에 붙어 있거나 축농증이나 비후성 알레르기와 같은 병을 유발하는 귀신은 엄지손가락과 둘째손가락으로 코를 살짝 잡고 묵상 기도합니다.

⑩ 가슴이나 유방에 붙어 있는 귀신은 가슴이나 유방 위에 손

바닥을 얹고 기도합니다. 이성간에는 상대방의 손을 얹고 기도하세요. 특히 유의하세요.

⑪ 어깨나 등허리에 붙어 있는 귀신은 양손으로 어깨나 등허리에 손을 얹고 기도합니다.

⑫ 목이나 목덜미에 붙어 있는 귀신은 양손으로 목을 감싸 쥡니다.

⑬ 배나 내장기관에 붙어 있는 귀신은 배 위에 손을 가만히 얹어 기도하거나 배를 쓸면서 혹은 배를 주무르면서 기도합니다. 심하게 배를 압박하거나 눌러서 내장의 기관을 손상시키거나 압박하여 장협착이나 질식사 시킬 수 있으므로 절대로 주의하여야 합니다. 이성간에는 주의하세요.

⑭ 허리에 붙어 있는 경우나 디스크를 유발하는 귀신은 허리에 가만히 손을 얹어 기도합니다. 다리를 만져서 기도하는 방법도 있습니다. 귀신이 주는 디스크가 아니고 단순하게 골반이 틀어져서 생긴 디스크는 환자를 눕게 하고 양다리를 돌리면서 가만히 묵상 기도합니다. 이때에 틀어진 한쪽 다리가 순간순간 조금씩 돌아와서 좌우 균형을 이루는 모습을 보게 되면 치료가 다 된 것입니다. 그러나 다시 틀어지는 경우가 많으므로 정상적이 된 상태로 굳어 질 때까지 주의해야 합니다.

⑮ 사타구니 사이나 은밀한 곳에도 붙어 있습니다. 이때에는 성령의 지혜를 받으면서 사역하세요.

2) 체질적인 분류.

① 신경계통에 붙어 있는 경우나 불면증 불안 초조 성격이상을 가져오는 귀신은 가슴에 손을 얹고 기도하세요.

② 혈관이나 체액을 타고 다니는 귀신은 머리에 안수하거나 피나 체액을 맑게 하는 조치를 취한 후 기도하면 더욱 효과적입니다. 조치란 의학적이고 식이요법도 포함됩니다. 피를 맑게 하는 여러 가지 방법을 사용해도 됩니다.

③ 내장이나 숙변에 붙어 있는 귀신은 뱃속에 딱딱한 부위가 만져집니다. 주무르거나 숙변을 제거하는 여러 가지 조치를 취한 후 기도 하는 것이 효과적입니다.

④ 육신의 질병이 있는 곳에 붙어 있는 귀신은 질병 귀신을 쫓거나 귀신을 쫓아낸 후 질병을 위한 치유 기도를 다시 하면 치유가 더욱 효과적입니다.

⑤ 귀신이 침입하여 질병을 일으킨 경우는 귀신을 먼저 축출해야 치유가 일어나고, 그 반대로 질병이 있는 곳에 나중에 침입한 귀신의 질병 치유는 귀신이 축출되더라도 치유가 급속히 이루어지지 아니합니다. 이런 경우는 병원치료와 약을 복용하면서 치유하는 것이 효과적입니다.

⑥ 음기나 사기를 타고 다니는 귀신은 쉽게 축출되고 발작합니다.

⑦ 산성 체질에 따라 다니는 귀신은 체질을 개선한 후에 축귀하면 더욱 쉽고 효과적입니다.

⑧ 근육에 붙어 있는 귀신은 살짝 압박해도 통증을 호소합니다. 어깨, 등, 허벅지 등등

3) 인격적인 분류.

① 지적인 귀신: 생각이나 사상이나 이론에 붙어 있는 귀신은 자신의 고집적인 잘못된 생각이나 사상이나 이론을 바꾸어야 합니다. 부정적, 비관적, 비판적, 이기적, 육신적 생각만을 합니다. 남의 가르침이나 충고를 절대로 믿지도 받아드리지도 않습니다. 본인이 인정해야 축귀가 가능합니다.

② 감정적인 귀신: 감상적인 마음이나 낙심과 좌절, 사악한 마음의 소유자, 충동적인자를 말합니다.

③ 의지적인 귀신: 무기력한 자, 의지력이 약한 자. 게으른 자, 무위도식하는 자를 말합니다.

4) 영적인 분류.

① 교만 귀신: 교만은 무지에서 나오고 자신의 무지를 감추려는 본능에서 나옵니다. 무지를 깨닫고 겸손해져야 합니다. 직분자들에게 가장 많습니다. 자신을 알아야 합니다. 잘 알지도 못하면서 아는 척하지말아야 합니다. 영적인 사역은 그렇게 말로 하는 것이 아니고 성령의 지지가 있어야 하는 것입니다.

② 혈기 귀신: 혈기는 잠재되어 있는 분노에서 습관적이 되어서 나옵니다. 분노와 혈기의 원인이 주위 환경에서 나옵니다. 이

원인이 내적 치유가 되어 제거되어야 합니다.

③ 음란 귀신: 영적 음란, 육적 음란 모두 해당이 됩니다. 영적인 음란은 육적인 음란을 불러옵니다.

④ 시기와 질투의 귀신입니다.

⑤ 더러운 귀신: 지저분하게 해놓고 산다든지 외모를 산만하게 하고 다닙니다.

⑥ 거룩한 영: 거룩을 가장하고 부부 관계를 추한 것으로 생각하고 독수공방을 주장하는 귀신입니다. ⑦ 술 귀신(알코올), ⑧ 담배 귀신, ⑨ 마약 귀신, ⑩ 살인 귀신, ⑪ 거짓 영, ⑫ 폭력 귀신, ⑬ 미혹의 영 등입니다.

2.귀신의 속임 수법

① 엄살을 부리기도 하며, 혼수상태에 빠지기도 합니다. ② 귀신들린 자의 비밀스러운 죄나 일들을 들추어냄으로 숨으려 합니다. ③ 사역자의 죄를 들추거나 비웃거나 하는 방법을 쓰기도 합니다. ④ 나간다고 거짓말을 하기도 하고 문을 열어 주면 나간다고 말하여 속이기도 합니다. ⑤ 잠잠하여 축출된 것처럼 가장하기도 합니다. ⑥ 때로는 몸 어느 부위에 있음이 느껴져서 그곳을 잡으면 도망하여 손이 닿지 않는 은밀한 곳에 숨거나 숨통 있는 곳에 숨기도하여 사역에 몰두한 나머지 숨통을 누를 수도 있음으로 주의해야 합니다. 귀신이 갑자기 잠잠해 질 때 귀신에게

귀신아 너 나갔느냐 하고 물으면 "그래 나갔다" 하고 대답하기도 하고, 나가지 않았다 하기도 하고, 야 너는 속지 않네 하고 말하기도 하면서, 자신의 정체를 다시 드러내는 어리석은 존재인 것도 알게 되었습니다. 들켰다 하는 경우도 있습니다. 귀신과 대화는 주의하고 성령의 강한 불을 계속 환자에게 집어넣어 임재를 깊게 합니다.

3.귀신이 실체를 드러 낼 때.

강한 반응을 보이는 경우도 있고, 약한 반응을 보이는 경우도 있습니다. 때로는 귀신이 아닌 것 같은 반응이 의외로 귀신일 경우도 많습니다. 이것은 귀신의 종류와 침입한 상태와 그리고 치유사역자의 영감과 영력의 정도의 상태에 따라서 여러 가지 반응이 다르게 나타나는 것을 보게 됩니다. 축귀하고 난 후, 그 사람에게 물어보아서 알게 되는 현상인데 치유 사역자에 따라서 귀신의 발작에 차이가 있는 것을 볼 때, 사역자에 따라, 그 능력에 차이가 있다는 것을 알게 됩니다. 성경의 사도행전에도 스와게의 아들들이 귀신에게 도리어 혼이 나는 경우를 보게 되는데, 어떤 사역자에게는 공격을 하여 사역자가 도리어 당하는 경우도 보게 되고, 때로는 저도 피곤하고, 영력이 떨어 질 경우에는 공격을 당하여 공격당한 것을 영감으로 알게 되어 이때는 즉시 강력한 기도로 몰아내야 합니다. 귀신이 정체를 드러 낼 때는 공격을 합니다. 축귀사역자는 이점을 알고 무시로 성령 안에서 기도하고 전신갑주로 무장을 하지 않으면 공격을 당하거나 후유증으로 시달리게 됩니다.

1) 귀신이 사역자와 환자를 공격하는 경우

① 소름이 오싹 끼치게 하거나 두려움을 줍니다. ② 못 견딜 정도로 두통이 심하게 일어나게 만듭니다. ③ 치유사역을 두렵게 하거나 사역을 하기가 싫어지기도 합니다. ④ 지독한 냄새를 풍기기도 합니다. ⑤ 음욕을 불같이 일어나게 만들기도 합니다. ⑥ 때로는 주먹을 휘두르기도 하고 덤비기도 합니다. 그래서 저는 환자의 멱살을 잘 잡습니다. ⑦ 오물을 토하여 얼굴에 뒤집어쓰게도 합니다. ⑧ 욕설을 퍼붓기도 하고 저주하기도 합니다. ⑨ 쏘아보면서 위협을 주기도 합니다. ⑩ 온 몸이 가려워지기도 합니다. ⑪ 갑자기 현혹하여 예쁘거나 아름답게 보이기도 합니다. ⑫ 갑자기 구토나 통증이 오기도 합니다. ⑬ 순간적으로 눈에 헛것이 보이게도 합니다. ⑭ 갑자기 가슴이 답답해 오기도 합니다. ⑮ 기도를 하지 못하게 무엇인가 불안한 느낌을 불러 일으키기도 합니다. 설교를 듣지 못하게 분심과 잡념을 일으키게도 하지만 졸게도 만들고 설교자를 갑자기 싫어지게도 합니다. 갑자기 미워지게 하거나 특정 사람이 꺼려지게 하기도 합니다. 갑자기 자신을 감추고 기도나 치료받기를 싫어하게 됩니다. 기도를 받으러 가다가 넘어지게 만들던가, 화(혈기)를 나게 만들어,

기도 받는 것을 중단하게 만듭니다. 이외에도 생각하지 못한 여러 가지 시험을 들게 만듭니다.

성령이 충만한 경우에도 침입하는데 사역자는 절대로 방심하면 안 됩니다. 직접 몸의 질병이나 약한 부위를 타고 완전하게 침입해 버리기도 합니다. 이때는 본인이 알아도 이놈은 보통 강한 놈이 아니기에 쉽사리 빠져나가지 않습니다. 이때는 본인의 육체적 질병이 무엇인가 알아서 질병부터 먼저 치유해야 됩니다.

그러나 신경 안정제는 되도록이면 먹어서는 안 됩니다. 먹지 않고 견딜만하면, 그렇지 않으면 먹여야합니다. 발작이 심하여 견딜 수 없으면 일정기간 겸하면서 축귀를 합니다. 성령이 충만한데 왜 들어오게 되느냐고 반문 할 사람이 있을지도 모릅니다. 완전하게 영, 혼, 육신이 100% 성령 충만하면 들어 올 수가 없습니다. 그러나 우리가 보통 말하는 수준의 성령 충만은 보편적으로 믿음이 좋은 상태의 관념적인 상태에서만 이해를 하고 있습니다.

그러나 성령 충만은 우리들이 보편적으로 생각하는 정도의 수준을 초월하는 정도의 수준입니다. 스테반과 같이 죽음 앞에서 죽음과 고통을 두려워하지 않을 정도의 수준이라야 충만한 상태이지만, 보통 상황 하에서는 우리들이 분별할 수가 없는 것입니다. 일정 시대에 과연 몇 사람이 신사참배를 거절하고 모진 고문이나 죽음을 택할 수 있었는가? 우리는 말로는 얼마든지 성령 충만을 말할 수 있습니다. "믿습니다" 라고 호기를 부린다고, 성령 충만한 것이 아니기 때문에 악한자의 영력이 우리의 영력 보다 강하면 침입을 하는 것입니다. "세례요한의 때부터 지금까지 천국은 침노를 당하나니 침노하는 자는 빼앗느니라."(마 11:12). 이외에도 여러 가지 방법으로 공격을 할 수 있다는 것을 염두에 두어야 합니다.

2) 귀신이 실체를 드러 낼 때의 현상

① 콧구멍이 벌름거리거나 입술이 오므라들며 목구멍이 확장됩니다. ② 몸이 부어오르기도 하고 부르르 떨기도하며 뱀처럼 쉿 소리를 내기도 합니다. ③ 동물 소리로 울부짖기도 하며 심한 악취를 풍기기도 합니다. ④ 더러운 가래를 뱉거나 거품을 뿜어내기도 합니다. ⑤ 흰 자위만 보이거나 눈동자만 크게 확장되거나 두 눈이 각각 따로 움직입니다. ⑥ 귀신들린 사람이 쓰러질 때는 귀신이 축출되는 경우가 많습니다. ⑦ 몸이 뒤틀리면서 발작하기 시작합니다. ⑧ 코를 골면서 자는 척하는 놈도 있습니다. ⑨ 혼수상태에 빠져 버리는 경우도 많습니다. 이외에도 여러 가지 크고 작은 여러 가지 특이한 육체적 현상들이 나타납니다.

참고로 영의 질병은 사단이나 귀신이 침입하여 일으키는 질병이지만 이러한 질병은 귀신을 축귀하면 즉시 기적적인 치유가 일어나게 됩니다. 그러나 육체의 질병으로 말미암아 사단이 침입하게 된 질병은 사단이 축귀되어도 급속한 치유가 되지 아니하는 경우가 있습니다.

경험이 많은 사역자들도 이런 경우를 이해하지 못하는 경우가 많은데, 이것은 사역자들이 영적인 면만 보기 때문입니다. 그래서 영. 혼. 육적인 상황을 전인적으로 살펴야합니다. 또한 의사의 치료로 영의 병이 치유되어지는 현상도 있는 것을 볼 수 있는데 이것은 의술이나 약으로 귀신을 축귀하는 것이 아니라, 육체의 질병이 치유됨으로 사단이나 귀신이 거할 근거지가 없어지게 됨으로 귀신이 스스로 그 환부에서 떠나가는 현상이 경우에 따라 일어나기 때문입니다. 그러나 얼마 있지 않아 다음 약한 곳에 문제를 일으킬 수가 있습니다.

4.귀신이 축귀되지 아니하는 경우.

1) 약을 먹고 있는 경우: 귀신축귀의 원리는 잠재의식에 잠복되어 있는 귀신을 표면의식으로 노출시켜 축귀하는 것인데 약은 귀신의 활동의식을 잠잠하게 하는 역할을 하기 때문에 축귀에 역반응을 일으킵니다. 특별히 신경안정제가 섞인 것은 더욱 좋지 않습니다. 약을 복용한 기간이나 약의 정도에 따라 차이가 있지만 최하 2주간 이상의 기간이 지나야 약효가 떨어지게 됩니다. 심지어 2달 혹은 3달이 걸리는 경우도 있습니다.

내가 그동안 축귀사역을 하면서 체험한 것은 정신병, 우울. 불면 모두 영육의 상황이 좋을 때 축귀하여 치유해야합니다. 상황이 나빠질 시기는 본인 임상에 의하면 이렇습니다. 물질문제로 어려울 때, 심한 스트레스, 제삿날, 명절날, 이때가 되면 며칠 전부터 상황이 좋지 못하다가 악화됩니다.

2) 잠복되어 있는 귀신의 존재를 의심하거나 부인하고 있는 경우: 귀신축귀의 또 하나의 원리는 귀신으로부터 자신의 생각이나 감정이나 의지로부터 분리시키는 것인데 자신이 자기 내부에 있는 귀신의 존재를 부인하기 때문에 불가능하게 됩니다.

3) 귀신을 축귀하려는 본인의 의지가 부족한 경우: 즉 환자나 보호자의 마음의 준비나 기도의 부족으로 하나님께서 사단을 뽑아 주실 때가 되지 않은 것을 의미합니다.

(요4:23)"아버지께 참되게 예배하는 자들은 영과 진리로 예배할 때가 오나니 곧 이 때라 아버지께서는 자기에게 이렇게 예배하는 자들을 찾으시느니라."

4) 특별한 하나님의 섭리와 경륜이 있을 때: 사도 바울과 같이 받은바 계시가 너무 커 교만하지 않도록 하기 위하여, 혹은 욥처럼 연단 후에 갑절의 축복을 주시기 위하여, 또는 사명을 감당할 수 있는 능력자로 키우기 위하여, 때로는 하나님의 여러 가지 뜻을 성취하기 위하여 그 뜻이 이루어 질 때까지 하나님께서 귀신을 뽑아 주시지 않을 때도 있습니다. 귀신을 통하여 하나님이 원하는 영적인 수준에 도달하게 하십니다.

(고후12:7)"여러 계시를 받은 것이 지극히 크므로 너무 자
고하지 않게 하시려고 내 육체에 가시 곧 사단의 사자를 주셨
으니 이는 나를 쳐서 너무 자고하지 않게 하려 하심이니라."

**5) 하나님의 나라의 유업을 이어받지 못할 자는 치유되지 아
니합니다.** 저의 경우 환자를 보더라도 성령께서 기도해주라는
감동이 없습니다. 나는 그렇게 안 하리라 결심하지만 막상 그 환
자에게 가면 성령이 감동을 안 줍니다.

본인이 아는 바로는 성령의 임재가운데 기도하려면 머리에서
세상 생각이 떠나가지 않고 강사가 우습게 보이고, 과거의 상처
받던 여러 생각이 사로잡이 깊은 기도를 하지 못합니다. 잡념이
오고 그러니까 방언기도를 나름대로 하여 잡념을 몰아낸다고 하
는데 귀신이 적응되어 꼼짝하지 않는 방언기도를 해댑니다. 그
래서 빨리 영안을 열어 자신의 상태를 보려고 노력해야합니다.
오지랖이 넓지 말고, 무엇보다 집중과 몰입이 잘되면 치유는 잘
됩니다. 쫓아 보내려고 노력하지 말고 빨리 그 단계를 넘어서야
합니다.

(갈 5:19-21)"육체의 일은 현저하니 곧 음행과 더러운 것
과 호색과 우상 숭배와 술수와 원수를 맺는 것과 분쟁과 시기
와 분냄과 당짓는 것과 분리함과 이단과 투기와 술 취함과 방
탕함과 또 그와 같은 것들이라 전에 너희에게 경계한 것같이

경계하노니 이런 일을 하는 자들은 하나님의 나라를 유업으로 받지 못할 것이요." (계 21:7)"이기는 자는 이것들을 유업으로 얻으리라 나는 저의 하나님이 되고 그는 내 아들이 되리라"

5. 축귀 후에 내면을 하나님의 은혜로 채우라.

하나님의 은혜는 흐르는 것입니다. 흘러 들어오기도 하지만, 흘러나가기도 합니다. 그러므로 자꾸 채워야 합니다. 내면을 항상 하나님의 은혜로 채우도록 노력해야 합니다. 하나님의 은혜는 생명력입니다. 여기에 집중하세요.

1) 쫓겨난 마귀는 자신이 나온 집에 대하여 강한 집착과 미련을 가집니다. 마귀는 영적 존재이나, 제한적인 존재이기에 자신이 거했던 사람의 성품과 습관에 익숙하여 자신의 일을 행하기에 매우 쉽고 효과적으로 죄를 짓게 만들 수 있으며, 마귀는 자신의 거할 장소를 찾아야 하기에 거했던 그곳을 다시 찾아옵니다.

2) 단순히 축귀만 한 상태는 병원에서 수술을 받은 것과 같은 상태입니다. 계속 투약과 건강관리를 하지 않으면 병이 재발하는 것처럼 축귀후의 삶이 매우 중요합니다. 치유도 중요하지만, 치유후의 관리도 매우 중요합니다.

3) 치유 후에는 치유전의 상태인 미움, 분노, 원망, 부정적인 의식을 버리고 성령님과 교제하는 삶을 살아가야 합니다. 치유받을 당시와 같은 영성을 지속적으로 유지해야 합니다.

3부 축귀로 정신질병 기적치유

20장 축귀로 뇌신경 정신질병 치유

(막16:17-18)"믿는 자들에게는 이런 표적이 따르리니 곧 그들이 내 이름으로 귀신을 쫓아내며 새 방언을 말하며 뱀을 집어 올리며 무슨 독을 마실지라도 해를 받지 아니하며 병든 사람에게 손을 얹은즉 나으리라 하시더라."

우울이나 정신신경질병의 치유 방법은 여러 가지가 있습니다. 우선 의학적인 요법인 약물요법이 있습니다. 그리고 심리치료법이 있습니다. 다음에 자세하게 설명이 되지만 제일 좋은 치유법은 영적인 치유법입니다. 말씀과 성령의 역사에 의한 영적인 치유만이 근본원인을 제거하며 치유할 수가 있습니다. 그러나 꼭 영적인 치유만을 고집하는 것도 문제가 있을 수 있습니다. 의학적인 요법과 심리적인 요법을 병행하며 영적치유를 하는 것도 나쁘지는 않다고 봅니다. 제가 지금까지 정신신경의 질병을 치유한 사례를 종합해보면 의학적인 요법을 병행했을 때 무리가 없이 치유가 되었습니다. 그래서 저는 정신과 의사가 처방하여 주는 약을 복용하며 치유하든지 끊고 치유하든지 환자와 보호자와 의사가 결정할 문제입니다. 절대로 성령치유 사역자가 약을 끊으라고 권유해서는 안 됩니다. 나중에 큰 문제가 발생할 소지가 다분하게 있기 때문입니다.

1. 마음과 정신의 질병 치유.

　정신질병의 근본적인 원인은 "마음의 상처"와 "죄"이기 때문에 죄와 용서의 처리가 먼저 되어야 합니다. 죄의 개념이 율법을 범하는 차원에서만 생각하지 않기를 바랍니다. 죄란 바로 나 자신의 일부로서 육을 통하여 나타나는 생각이나 감정이나 의지가 다 죄입니다.

　육신이 바로 죄이며 육신적으로 사는 것이 죄입니다. 영으로 살지 않는 사람은 육신적으로 사는 죄의 댓가인 혼의 질병이 오게 됩니다. 그리고 자신의 죄가 아니더라도 조상의 죄악으로 오는 경우가 많습니다. 그리고 용서를 해야 합니다. 많은 경우 정신적인 질병이 있는 환자는 말못할 큰 충격을 받은 일이 있습니다. 나에게 이 충격을 일으킨 사람을 용서해야합니다.

　　(롬 7:19-20)"내가 원하는 바 선은 행하지 아니하고 도리어
　　원하지 아니하는 바 악을 행하는도다. 만일 내가 원하지 아니하
　　는 그것을 하면 이를 행하는 자는 내가 아니요 내 속에 거하는
　　죄니라"

　1) 죄를 용서받고 치유를 받으려면 예수를 영접하여야 합니다.
예수를 영접하므로 성령의 역사로 치유가 이루어지기 시작합니다. 모든 치유는 성령의 능력으로 됩니다. 자신에 내재하는 인간

의 영의 선한 힘(영력)이라 하고, 예수를 믿어 내면으로 들어오신 하나님의 영은 인간의 능력을 초월하여 나타나는 영적 능력으로 역사합니다. 성령의 능력이 이때부터 나타납니다.

그래서 사람은 할 수 없으나 할 수 있는 하나님의 영력(형상)이 나타나서 성령이 충만하게 됩니다. 영력은 나타나는 상태와 조건을 만들어야 나타납니다.

2) 성령의 역사가 나타나는 말씀을 듣고 성령의 세례를 받아야합니다. 그 조건과 상태는 여러 가지이지만 첫째 의지를 발동시켜야 합니다. 의지를 발동하게 하여 성령세례를 받는 것이 제1의 원리요, 그 다음은 말씀과 성령으로 내적 치유하는 것이 제2의 원리요, 귀신 추방이 제3 원리입니다. 그리하여 생각이 바뀌고, 마음이 감동되어, 믿음이 생겨서, 본인의 의지가 발동되어, 몸이 움직여지고, 행동으로 옮겨지는 과정을 거쳐야 합니다. 이 영적 원리는 모든 것에 적용됩니다.

성령 세례란 예수 그리스도께서 주시는 것입니다. 성령의 세례란 성령에 의해서가 아니라 주 예수에 의해 행해지는 그리스도의 사역입니다(행 11:15-18). 성령으로 세례 받을 때는 확실한 체험으로 경험이 있습니다. 성령으로 세례를 받을 때 성령이 예수 그리스도의 이름으로 임하므로 성령으로 세례 받는 것은 체험으로 느낄 수 있습니다. 성령 세례를 받으면 하나님의 능력이 임합니다. 성령으로 세례 받을 때 성령의 권능이 함께 임합니다.

권능은 하나님의 일을 행하는 데 적합한 사람으로 크리스천을 준비시킵니다. 성령 세례는 하나님께서 우리를 예수 그리스도의 몸의 일부분으로 택하셔서 맡기신 지체로서의 임무를 효과적으로 수행하게 합니다(행 9:17-20).

성령으로 세례 받음은 성령으로 사로잡히는 것입니다. 성령 세례는 성도의 마음을 그리스도에 대한 이해와 사랑과 신뢰로 가득 차게 하며, 성령이 삶의 주관자가 되게 하며, 하나님의 자녀로서 하나님의 부름에 적합하도록 권능을 부여받는 것입니다. 권능이 있어야 세상에서 역사하는 마귀와 싸워서 이길 수가 있습니다. 성령으로 사로잡혀야 영육에 역사하는 문제를 스스로 치유할 수가 있는 것입니다. 성령의 역사를 체험하시기를 바랍니다. 체험이라는 것은 내가 하나님의 역사하심을 감각으로 눈으로 보게 된다는 뜻입니다.

우울증이나 정신문제에 역사하는 귀신은 우리보다 강합니다. 반드시 성령의 역사로 장악이 되어야 떠나가는 것입니다. 그러므로 성령의 권능을 받아야 합니다. 성령의 권능을 받고 권능을 사용할 수 있는 담대함을 길러야 합니다. 성령의 권능을 받아 정신문제에 역사하는 귀신을 몰아내려면 먼저 성령으로 세례를 받아야 합니다. 성령으로 세례를 받으려면 성령의 역사가 일어나는 장소에 가야 합니다. 성령의 역사가 일어나는 장소에 가서 뜨겁게 기도할 때 성령의 세례를 체험하게 됩니다.

성령의 세례는 이론이 아니고 실제로 체험하는 역사입니다. 자신이 직접 몸으로 감각으로 느껴야 합니다. 성령의 세례를 받게 되면 다음으로 성령의 불세례가 나타나기 시작을 합니다. 성령께서 불로 역사하면서 자신의 상처를 치유하고 자아를 부수십니다. 혈통에 역사하는 귀신을 축사합니다. 귀신이 떠나가니 영안이 열리기 시작 합니다. 모든 것이 성령의 권세로 되는 것입니다. 그래서 성령으로 세례를 받고 권능을 받아서 사용해야 비로소 우울증이나 정신 문제를 스스로 치유할 수가 있는 것입니다.

3) 성령의 인도로 말씀을 잘 알아들을 수 있어야합니다.성경에서는 내 뜻과 정성과 힘을 다하여 하나님을 섬기라 했고(신28장), 크게 사모하는 자에게 제일 좋은 길을 보여 준다고 했습니다(고전 12:31). 네가 낫기를 원하느냐고 예수님은 말씀했습니다(요5:6), 영과 진리로 예배하는 자에게 찾아온다고 했습니다(요4:23). 모든 영적인 일에 진심으로 구하고 구하면 얻을 것이요, 찾고 찾으면 찾을 것이고 두드리면 열립니다. 강한 순종과 믿음과 승리의 의지를 발동시키고 행동으로 옮기십시오. 행동으로 옮기지 못하게 하는 장애요인(죄)이 자신에게 있습니다. 이것을 깨닫고 제거하십시오. 귀신의 병과 정신병의 구분을 잘 해야 합니다.

(고전 4:20)"그러나 내가 하나님의 성령을 힘입어 귀신을 쫓아내는 것이면 하나님의 나라가 이미 너희에게 임하였느니라" (마 12:28)"하나님의 나라는 먹는 것과 마시는 것이 아니요 오직 성령 안에 있는 의와 평강과 희락이라" (롬 14:17)"하나님의 나라는 말에 있지 아니하고 오직 능력에 있음이라"

4) 앞의 과정을 거친 다음에 질병의 원인을 성령께 질문해야합니다. 영적인 그림을 그리라는 말입니다. 전체의 그림을 보면서 자신의 문제의 원인이 어디에 있는지를 찾아야합니다. 시간이 많이 걸릴 수가 있습니다. 왜냐하면 성령께서 완전하게 장악을 한 다음 원인을 알 수 있고 치유도 되기 때문에 하나님의 시간표를 따라 기다려야 합니다. 급하다고 되는 일이 아닙니다.

5) 성령께서 알려주는 질병의 원인에 따라 조치를 해야 합니다. 죄악은 회개하고, 상처를 준 사람은 용서하고, 가문의 유전은 절단하고 원인을 제거해야 합니다. 악한 영의 역사라면 귀신을 축사해야 합니다. 그리고 지속적인 치유를 받아야 합니다.

6) 이때부터 악한 영을 축사하고 내적치유를 합니다. 지속적으로 해야합니다.

7) 하나님과 영적인 관계를 지속하며 감사합니다.

2. 정신질환의 질병에 대해 특별히 알고 유의해야 할 점.

① 질병으로 생각하지 않고 성격으로 생각하기 때문에 치유하려고 하지 않습니다.

② 정상인과 같이 취급 되고 있기 때문에 항상 문제와 사건을 일으킵니다.

③ 영의 질병이 잠복되어 있을 경우가 많으므로 진단이 중요합

니다.

④ 정신박약은 인격적 이상보다도 육체적 이상 현상으로 일어나는 현상이 대부분이며 영물의 장애가 있을 경우도 있습니다. 이러한 질병과 장애의 치유는 말씀으로 생각이나 사고방식이 영적 사고방식으로 바뀌어야하고 성령으로 말미암아 속사람이 강건해져야 합니다.

3. 정신문제 치유기도의 방법과 요령.

우울증이나 정신문제를 치유하려면 기도가 바르게 되어야 합니다. 그런데 소리를 내지 않는 마음의 기도나 묵상기도는 효과가 없습니다. 환자가 의지적으로 소리를 내서 기도를 해야 합니다. 호흡을 들이쉬고 내쉬면서 아랫배에서 나오는 소리로 주여! 를 지속적으로 해야 합니다. 묵상기도를 하면 잡념에 사로잡혀서 기도할 수가 없습니다. 우울증이나 정신적인 문제가 있는 분들은 성경도 소리를 내어 읽어야 합니다. 주기도문도 소리를 내어 암송해야 합니다. 찬양도 소리를 내어 불러야 합니다. 소리를 내는 이유는 소리를 냄으로 마음의 문이 열리기 때문입니다. 마음의 문이 열리니 밖에서 역사하는 성령과 자신의 안에서 역사하는 성령이 자신을 장악하여 성령으로 세례를 받게 됩니다. 성령으로 세례를 받아 성령이 환자를 장악해야 그때부터 비로소 치유가 되기 시작하는 것입니다.

성령으로 세례를 받아 성령으로 기도가 되기 시작하면 이제 자신의 문제에 대한 원인을 찾아야 합니다. 문제의 원인은 성령님이 알고 계시니 성령님에게 지속적으로 문의를 하는 것입니다. 자꾸 내가 왜 이럽니까? 내가 왜 이럽니까? 하고 계속 묻는 기도를 하다가 보면 성령께서 문제의 원인을 알려주십니다. 원인을 알았으면 해결을 해야 합니다.

자신에게 일어나고 있는 문제의 원인에 따라 회개하고 용서하라는 말입니다. 자신의 인생에 문제를 일으키는 귀신은 법적인 권리를 가지고 들어와서 역사하는 것입니다. 이 법적인 권리는 죄입니다. 이 죄를 해결하기 전에는 인생의 문제에 역사하던 귀신은 떠나가지 않습니다. 반드시 성령의 깊은 임재 하에 회개와 용서가 있어야 떠나가는 것입니다.

성령의 깊은 임재 안에서 자신에게 일어나고 있는 영육의 문제들을 찾아내고 회개하고 끊어내고 귀신을 몰아내야 합니다. 머리로 외워서 입으로 하는 기도는 효과가 적습니다. 육적인 상태에서는 인생의 문제에 역사하는 귀신이 떠나가지 않습니다. 영적인 상태, 성령의 임재 하에서 예수 이름으로 명령할 때 인생에 고통을 주던 영들이 물러갑니다.

성령의 임재 하에 선조나 자신이 죄를 짓는 장면을 눈으로 직접 그리면서 깊은 차원의 기도를 해야 합니다. 깊은 차원의 기도를 하면서 회개할 것은 회개하고, 용서할 것은 용서해야 성령의 역사로 귀신이 떠나갈 수 있는 조건이 됩니다. 우리에게 역사하는 마귀는 우리보다 강한 영적인 존재입니다. 고로 성령의 깊은 임재 하에 예수 이름으로 회개도 하고 용서도해야 역사하던 마귀, 귀신이 성령의 권세로 떠나가는 것입니다. 성령이 자신을 완전하게 장악을 해야 역사하던 귀신이 떠나가는 것입니다.

4. 마음(혼)의 질병에 대한 예방법과 치료법

1) 원인별 장애

죄와 악은 육신에 다음과 같은 사망의 삯이 생깁니다. 이 같은 하나님과의 불화와 마음의 죄는 하나님이 주신 정신적 심리적 평안이 깨어지고 육신의 내분비 계통과 신경 계통에서 조화가 흩어지며 건강질서를 파괴하는 심판을 자초하여 여러 가지 장애가 일어나기 시작합니다. 이 같은 죄의 삯으로 육신에 나타나는 장애를 분류할 진단 능력이 생긴다면 치유의 방법을 선택할 수 있게 됩니다.

① 내분비계통 장애와 (가벼운 증세)

② 자율신경계통 장애와 (질병의 잠복기)

③ 뇌척추신경계통 장애와 (질병의 증세가 나타남)

④ 육신계통 장애(뇌염, 간질, 뇌충격, 뇌종양, 뇌혈관 장애, 두뇌 손상)

⑤ 약물계통의 장애(불량식품 포함)를 분류하여 치유합니다.

(④와 ⑤는 육신의 병으로 분류가 됩니다)

2) 치료방법의 선택

① 개인치료: 일반적인 치유방법

② 가족치료: 가벼운 증세나 사회나 타인에게 피해가 경미한 경우에 가족을 불러서 치유합니다.

③ 집단치료나 입원치료: 피해가 심한 경우나 돌볼 수 없는 상태

④ 약물치료: 육신계통의 장애나 및 약물계통의 장애 요인

내분비 계통의 장애나 자율신경 계통의 장애나 영적 장애로 말미암은 병을 약물 투여로 고치는 것은 좋지 않은 습관성을 인체의 기능에 유발시킴으로 질병에 대한 면역력이 약해 질 수 있습니다. 그리고 저항력의 회복이나 생명력의 새로운 소생을 저해하는 결과를 가져올 수 있으므로 부득이한 경우 외에는 삼가는 것이 좋습니다.

⑤ 전기 충격료법이나 외과적 수술료법: 가능한 이러한 방법은 피하는 것이 좋습니다.

⑥ 행동치료: 가벼운 증상일 때 기술훈련, 취미훈련, 봉사활동 등으로 치유합니다.

⑦ 영적치료: 내분비 계통 혹은 자율 신경 계통의 장애나 뇌척추 신경 계통의 장애나 영적 장애로 말미암은 것일 때 성령으로 치유합니다. 상처를 내적치유하면서 지속적으로 치유를 합니다. 최근에 의학계에서 효과적이라고 인정받고 있는 인지치료(cognitive therapy)와 대인관계치료(interpersonal therapy)는 오래 전부터 해오는 바로 교회에서 하는 영적인 치료의 원리를

적용하려고 하는 것입니다.

환자에게 자신의 병을 인식 시켜 질병을 치료하려는 인지 치료나 대인관계의 개선을 통한 대인 관계의 치료법은 이성에 호소하여 고치려는 태도입니다. 이러한 표면적인 이성의 가르침 보다 심령 깊이 역사하는 영적 사역이라야 치유 성과가 빠르고 크게 나타난다는 것을 알아야 합니다. 영적치료가 가장 좋은 치유방법입니다. 그런데 특히 성령이 강하게 역사하는 신유 집회나 능력 안수가 급속하고 가장 큰 치유 효과를 일으킵니다.

육신계통의 장애나 약물계통의 장애로 말미암은 것은 전문 의사에게 맡기든지 집단 치료기관에 일임하여 먼저 호전된 후 기도로 치유하던지 말씀으로 재발을 방지하는 것이 좋습니다.

3) 혼의 질병 예방과 치료

스트레스나 우울증이나 노이로제 등에서 벗어나는 길은 이렇습니다. 이 혼적인 병은 사소한 영적인 병이 심화되어 혼의 병으로 나타나는 현상으로 육신의 병으로 진행될 뿐만 아니라, 심한 영적인 병으로 진행되어 파멸이나 사망으로 진행됩니다. 그러므로 이 분노는 영적으로 크나큰 손실을 가져오며 성령이나 은사를 소멸하는 가장 큰 원인이 됩니다.

(1) 예방법

① 예수 때문에 참고 자아를 죽이는 생활을 하므로 예방(마 16:25).

② 교만을 버리고 겸손하게 사는 것(사57:15).

③ 항상 기뻐하며 범사에 감사하며 쉬지 않고 기도하는 열린 마음으로 살아가는 것(살전 5:16-18).

④ 하나님의 징계와 연단을 인내함으로 감당하는 것(롬5:3-4).

⑤ 악을 버림으로 예방이 가능하다(살전 5:21-22).

⑥ 그리스도를 마음의 주인으로 삼으므로 예방한다(벧전 3:15).

⑦ 성령 안에서의 삶을 살아가므로 예방한다(갈 5:16).

⑧ 항상 기도하며 죄를 자복함으로 예방한다(요일1:9).

⑨ 하나님께 순복하고 마귀를 대적함으로 예방한다(약4:7).

⑩ 궁극적인 예방과 치료방법은 사랑이다(롬 13:9).

(2) 스트레스나 우울증의 치료법

① 하나님의 말씀으로 죄를 씻음으로 치유한다(요17:17).

② 하나님께 자신을 드림으로 치유한다(롬 6:19).

③ 죄를 회개함으로 치유한다(고후7:1).

④ 보배로운 피를 심령에 바름으로 치유한다(벧전1:18).

⑤ 성령의 감동이나 능력으로 치유한다(살후2:13).

5.정신문제 치유시 참고할 사항.

필자가 지금까지 성령치유 사역을 하다가 임상적으로 경험한 결과는 이렇습니다. 어렸을 때에 상처가 있던 사람들이 충격이나 스트레스를 많이 받으니까, 갑자기 간질증상이 나타나는 사람이 있습니다. 간질이 갑자기 발생하니까, 경험이 없는 사람들이 귀신의 영향으로 간질이 발생했다고 단정을 짓습니다. 그래서 이 목사님 저 목사님에게 귀신축사만 받으러 다닙니다. 이러다가 치유의 시기를 놓쳐서 심각한 상태로 진전이 되기도 합니다. 저는 이런 분들을 다수 치유한 경험이 있습니다. 우리가 스트레스를 받으면 체력의 소모가 많이 됩니다. 체력이 떨어지니 자신 속에 잠재하여 있던 영육의 문제가 드러나는 것입니다. 그래서 간질을 하기도 합니다. 어떤 분들은 가위눌림을 당하기도 합니다. 그래서 영적인 문제라고 단정하고 축사만 받으려고 합니다.

그러다가 영적인 분야를 잘 알지 못하는 사역자를 만나 금식도 합니다. 그러나 금식은 금물입니다. 체력이 소진되어 문제가 발생했는데 금식을 하면은 기름 가마에 불을 붙이는 것과 마찬가지입니다. 더 악화된다는 것입니다. 이때에는 당황하지 말고 환자를 안정 시키고 우선 체력을 보강해야 합니다. 빠른 시간에 체력을 보강할 수 있는 보약이나 다른 보양 식품을 먹여야 합니다. 그래서 체력을 회복시켜야 합니다. 안정을 취하게 해야 합니다. 그러면서 정신적인 문제를 바르게 전문으로 치유하는 사역자에게 가서 치유를 받으면 바로 정상이 됩니다.

그런데 이와 같은 전문적인 치유를 일반 성도들이나 목회자는 잘 이해하지 못합니다. 그래서 영적치유를 받겠다고 일 년 이상

돌아다니면서 이 사람 저 사람에게 안수만 받으면서 돌아다니게
됩니다. 이러다가 치유의 시기를 놓쳐서 환자가 사람 노릇을 못
할 정도로 심각해 질수가 있으니 주의 하지 않으면 안 됩니다. 이
와 같은 초기 간질 증상은 나이에 상관없이 발생할 수가 있습니
다. 어떤 사람은 17세에 발생합니다. 어떤 사람은 20세에 발생
합니다. 어떤 분은 26세에 발생하기도 합니다. 어떤 분은 34세
에 발생할 수도 있습니다. 대략 이런 증상이 발생하는 사람의 유
형을 보니 집안에 우상의 숭배가 심한 집안의 내력이 있는 가문에
서 발생을 합니다.

그리고 태중에서나 유아시절에 상처를 많이 발생한 분들이 많
이 발생이 됩니다. 대개 심장이 약하여 잘 발생합니다. 그러므로
제가 강조하는 것과 같이 불같은 성령을 체험하고 내적치유를 미
리 받아야 합니다.

그러면 성령의 임재로 사전에 상처가 드러나서 치유가 됩니
다. 한 번 더 강조한다면 이렇게 초기에 간질 증상이 일어난다고
큰일이 나는 것이 아닙니다. 당황하지 말고 환자를 안정시키고
체력을 보강하면서 전문 사역자의 영적치유와 내적치유를 받으
면 완치가 됩니다. 그리고 정신적인 문제를 치유할 때 주의해야
할 것은 다음과 같습니다.

1) 정신문제가 있으면 기도가 거의 불가능합니다.

왜, 마귀가 생각을 지배하여 잡념을 주니까, 그래서 기도하지

말고 소리를 지르게 하라. 주여, 주여, 찬송을 크게 부르게, 주기도문을 크게 외우게, 또, 성경을 큰 소리로 읽게 하라.

2) 자신이 정신에 문제가 있다는 것을 인정하게 해야 합니다. 많은 환자가 자신이 정신문제가 있다는 것을 모릅니다. 또 자신이 정신병자인 줄을 모르고 다른 사람을 돕는 다고 돌아다닙니다. 자신이 정신문제가 있다는 것을 인정만 하면 치유는 70%가 된 것입니다.

3) 가족, 보호자가 인정하고 협조를 해야 합니다. 가족 전원의 번제가 드려지고 환자를 치유하려는 의지로 하나가 되어야 가능합니다. 무엇보다 가족의 도움이 절실히 필요합니다. 번제란 땅의 사람이 완전하게 성령으로 제압 당하는 것입니다. 아담이 죽어 없어지고 성령의 사람으로 태어나는 것을 말합니다.

4) 성령치유를 하기 시작하면 상태가 더 나빠질 수 있습니다. 그래서 환자들이 두려움으로 치유를 포기하는 경우가 있습니다. 그런데 영적치유를 시작하여 상태가 나빠지는 것은 일련의 치유과정이라고 생각해야 합니다. 치유되고 있기 때문에 상태가 나빠지는 것입니다. 그러다가 점점 상태가 호전되는 것이 보통입니다. 치유를 받고 환자의 상태가 더 나빠지는 경우는 치유사역자가 능력이 부족할 때 보통생깁니다.

제가 우울정신신경 질병의 환자를 치유할 때 상태가 더 나빠진 경우는 사역초기 능력이 약할 때에 종종 있었습니다. 영력이 강화되고 전문성이 개발된 후에는 이런 경우는 없었습니다. 한마디로 깊은 곳의 상처와 영적인 세력을 뽑아내지 못하여 상태가 더 심하게 되는 것입니다. 그러므로 사역자는 부단한 깊은 영의기도와 치유경험을 쌓아야 합니다.

그러나 상태가 나빠지더라도 걱정할 문제는 아닙니다. 이를 견디고 집중적으로 치유를 받으면 금방 상태가 호전이 되었습니다. 거의 모든 환자가 상태가 나빠지다가 치유되었습니다. 그러므로 절대로 상태가 나빠진다고 치유를 포기하면 우울정신신경 질병에서 자유 함을 받을 수가 없다는 것을 명심해야 할 것입니다. 보호자가 독려하여 치유를 지속해야 합니다.

6.치유 간 유의해야 할 사항.

1) 병원치유를 도와야 합니다. 어느 시점까지는 병원 약을 복용해야합니다.

2) 퇴원한 환자 환경 배려가 시급합니다. 적극적으로 보살펴야 합니다.

3) 부모, 가족, 친지를 교육해야 합니다. 가족이 최고의 의사입니다. 영적치유 시 최고의 축복이 될 수 있습니다.

대안으로 학교에서 학생들과 문제에 관심을 가져야 합니다,

가족, 경제문제를 넘어서야 합니다. 적응훈련이 필요합니다. 가족을 모두 불러 치유집회나 세미나를 하며, 환자들이 가정, 사회에 적응 하도록 해야 합니다.

7.치유 간 특별히 주의해야할 사항.

1) 정신문제가 있어 육체의 힘으로 발버둥을 치면 치유(축사)가 불가능하게 됩니다.

2) 이때는 정신신경과에 입원을 시켜서 약물치료를 한 후 어느 정도 안정을 찾은 다음에 데려다가 치유하시는 것이 좋습니다. 이 기간에 부모가 치유를 받으면 좋습니다. 부모가 치유되면 자녀는 60%가 치유되는 것입니다.

3) 절대 폭력을 가하거나 묶어 놓거나 하면 더욱 강하게 묶일 수가 있습니다. 성령님의 능력으로 치유 받은 후에는 마음에 평안함을 느끼게 됩니다. 계속하여 이 평안을 유지하는 것은 자신의 책임입니다. 오래된 상처나 깊은 상처는 일회적인 치유보다 장기적이고 지속적인 치유를 해야 합니다.

성령님과 교제를 통하여 악한 생각이 나지 않도록 기도생활을 해야 합니다. 진정한 치유란 지속적인 성령 하나님과의 동행입니다. 늘 마음에 하나님을 느끼고, 하나님과 동행하고 하나님을 의지하여야 합니다. 그리함으로 늘, 점점 마음이 맑아지고, 자유해지고, 평안해지는 삶을 살아야 합니다.

21장 축귀로 우울증의 예방과 치유

(시 42:11)"내 영혼아 네가 어찌하여 낙심하며 어찌하여 내
속에서 불안해 하는가 너는 하나님께 소망을 두라 나는 그가 나
타나 도우심으로 말미암아 내 하나님을 여전히 찬송하리로다."

삶을 성공적으로 이끈 사람들은 모두 자신의 내면을 잘 관리한 사람들입니다. 그래서 내면 관리가 중요한 것입니다. 자신의 마음, 땅을 관리하고 풍성하고 옥토로 만들지 못하면 어떤 시도, 도전, 노력을 하여도 수도관이 새는 것과 같은 결과를 얻게 됩니다. 우리는 성장 과정에서 많은 어려운 일을 겪고 부정적이며, 자신에게 상처 주는 말을 많이 듣고, 보고, 경험했던 사건들이 내 안에 형성되어 있습니다. 돌, 가시덤불, 너는 못났다. 바보다. 귀찮다. 저리 가라. 쓸모가 없다. 너는 아무 것도 못할 거야. 너는 되는 일이 없어. 이번에도 실패 할 것이다. 차라리 죽어 버려라. 이러한 부정적이고 비관적인 언어가 우리의 마음에 깊이 심겨져 있습니다.

말은 단순히 말로 그치지 않고 마음에 깊이 남게 됩니다, 그리고 그 사람의 인생에 큰 영향을 주게 됩니다. 말은 자신과 가까운 상태의 사람의 말은 깊이 무의식에 심겨 집니다. 어머니, 아버지의 말을 아이는 그대로 믿고 그 말을 받아들입니다. 우울증과 그리스도인이란 두 단어는 서로가 성립되지 않는 말들이고 함께 어울릴 수 없는 말들입니다. 진정으로 성령님에 의해 거듭난 체험을 하고 확

실히 성령의 충만함을 경험한 사람이라면 절대로 우울증에 빠지는 일이 있을 수 없습니다. 이 말이 맞습니까? 그렇지 않습니다. 그리스도인도 믿음이 떨어지는 순간 우울증이 찾아옵니다.

1.우울증이 발생하는 환경적인 원인

1) 생활환경이 갑자기 변할 때.
2) 실직, 부도, 심한질병, 가정 문제, 직장에서의 은퇴 했을 경우.
3) 심하게 놀라거나 죽음을 목격한 경우.
4) 자녀들이 출가하여 다 떠났을 때 (빈둥지)
5) 인간은 삶에 순환, 사이클이 있어야 합니다.

밥을 먹고 소화를 시키고 일을 하고 휴식을 취하고(긴장-이완-긴장-이완)가 규칙적으로 일어나야 합니다. 그러나 긴장만 있어서도 안 되고, 이완만 있어서도 안 됩니다. 긴장이나 이완된 상태가 계속될 때, 심리적인 문제가 생깁니다. 다음에 질병이 찾아오게 됩니다. 그러므로 항상 성령이 충만한 믿음 생활로 내면 관리를 해야 하는 것입니다. 무엇보다도 예방 신앙이 중요합니다. 제가 치유사역을 하다가 보면 막연하고 안일하게 신앙생활을 하다가 질병이 발생한 다음에 후회하는 분들이 있습니다.

2. 우울증의 대표적인 현상.

① 앞으로 아무런 희망도 없다고 느껴질 때 우울증을 의심해

보아야합니다. ② 차라리 죽는 것이 낫다고 생각될 때 우울증을 의심해 보아야합니다. ③ 세상에 나 혼자라고 느껴질 때 우울증을 의심해 보아야합니다. ④ 그대로 있으면 무슨 일을 저지를 것 같을 때 우울증을 의심해 보아야합니다. ⑤ 괴로움을 혼자 견디기 힘들 때 우울증을 의심해 보아야합니다. ⑥ 불면증에 시달릴 때 우울증을 의심해 보아야합니다. ⑦ 체중의 감소 혹은 증가가 심할 때 우울증을 의심해 보아야합니다. ⑧ 지나친 죄책감에 시달릴 때 우울증을 의심해 보아야합니다. ⑨ 병원에서 진찰을 받은 결과 몸에 이상이 없다고 하는데도 몸이 계속 아프거나 심각한 병이 있다는 생각에 빠져들 때 우울증을 의심해 보아야합니다. ⑩ 누가 자신을 놀리거나 남들이 나에게 피해를 주고 있다는 생각 때문에 괴로울 때 우울증을 의심해 보아야합니다. ⑪ 주위에 아무도 없는데 사람의 목소리가 들리는 경험을 할 때 우울증을 의심해 보아야합니다. ⑫ 아무 일도 하기 싫어 주부가 집안일을 못하거나 직장인이 업무를 제대로 못하거나 학생이 공부를 할 수가 없어 성적이 떨어지는 경우에 우울증을 의심해 보아야합니다. ⑬ 말수가 줄어들거나 짜증이 늘어나는 등 성격이 변한 것 같은 경우에 우울증을 의심해 보아야합니다. ⑭ 술, 담배, 기타 여러 약물(진통제 등)을 상습적으로 복용 또는 남용하는 경우에 우울증을 의심해 보아야합니다. ⑮ 고혈압, 당뇨 등 신체적인 질환이 있는 사람이 우울해 할 때 우울증을 의심해 보아야합니다. 의사의 말을 믿을 수 없을 때 우울증을 의심해 보아야합니다. 자신의 상태를 누구에게 물어봐야 할 지 모를 때 우울증을 의심해 보아야합니다. 나는 이상이 없다고 생각하는데 남들이 병원에 가 보라고 권할 때 우울증을 의심해 보아야합니다. 병원에 가야 하는 것을 알면서도 병원에 가기 싫을 때 우울증을 의심해 보아야합니다.

여기에 추가적인 우울증의 증상은 이렇습니다. 우울증 환자 90%가 신체 통증을 호소한다는 것입니다. 대한우울·조울병학회에서는 여의도성모병원과 서울아산병원 등 13개 병원에서 치료중인 우울증 환자 393명을 대상으로 역학조사를 한 결과 우울증 환자 대부분이 가슴이 답답하거나 호흡이 곤란한 신체증상을 동반하는 것으로 나타났다고 2010년 3월 18일에 밝혔습니다. 조사결과에 따르면 응답자의 90%(340명)는 머리와 가슴, 목, 어깨 등의 부위에서 통증을 느끼고 있는 것으로 분석됐습니다. 부위별로는 두통을 호소하는 환자가 71.4%(275명)로 가장 많았으며, 목이나 어깨 통증 67.8%(262명)명, 근육통 48.9%(188명), 가슴통증 46.9%(180명), 요통 46.1%(177명) 순으로 흔했습니다.

성별로 보면 남성이 여성보다 허리통증을 더 많이 느꼈으며, 우울증이 심하다고 응답한 사람일수록 신체 통증을 더 많이 느끼는 것으로 조사됐습니다. 응답자 중에는 자살을 생각해 본 적이 있는 응답이 40%에 달했으며, 이중 8% 정도는 실제 자살을 시도했던 것으로 집계됐습니다. 학회에서는 "우울증 환자에게 나타나는 통증은 우울증을 더욱 깊게 만들고, 이는 더욱 심각한 통증 및 다른 신체 증상으로 이어지는 악순환으로 작용한다"면서 "우울증 환자가 조속한 시간 내에 적절한 치료를 받을 수 있는 시스템과 교육이 필요하다"고 말했습니다.

그래서 우리 그리스도인에게 기쁨과 평안은 필수적입니다. 그러나 우리의 내면은 그렇지 못합니다. 요즈음 우리에게 우울한 소식이 많이 들립니다. 그리스도인들도 우울해질 수 있습니다. 다윗은 지금 자신의 감정을 시로 표현합니다. 이는 믿음의 사람 다윗이 낙심하며 매우 불안해하고 있다는 증거이기도 합니다. 우울증은 특정한 사람이 걸리는 심리적인 병이 아닙니다.

여자, 마음이 약한 사람, 내성적인 사람, 믿음이 약한 사람, 특정한 사람이 걸리는 병이 아니라 누구든지 걸릴 수 있는 질환입니다. 심리적인 질환으로 우리나라 사람에게 가장 많이 있는 병입니다. 공통적인 질병은 감기입니다. 감기는 어린아이부터 성인에까지 걸리기 쉬운 병입니다. 병중에 가장 기본적인 병이나 모든 병을 일으키는 근원이 되며, 가장 치사율이 높은 병입니다. 감기처럼 우울증도 역시 모든 정신적인 질환에서의 기본적인 병입니다. 감기는 언제 잘 걸립니까? 환절기 기온의 차이가 많을 때, 몸의 상태가 나쁠 때, 과로할 때 많이 걸립니다.

우울증역시 환절기에 많이 걸립니다. 기분의 차가 심할 때. 복잡한 일이 있을 때. 기온의 차이가 심할 때. 영적인 상태가 약할 때에 잘 나타납니다. 이러한 현상은 누구에게나 찾아올 수 있습니다. 환절기에 감기에 걸리는 것처럼 말입니다. 골리앗을 쓰러트린 담대한 다윗이 우울증에 빠졌던 경우가 있었습니다(시 57:1-2). 갈멜산에서 850명의 이방신 제사장들과 싸워 이긴 엘리야도 우울증에 시달렸습니다(왕상19:4). 요나와 같은 선지자들도 어려움에 빠져 심리가 불안정하게 되었던 경우가 있었습니다(욘4:3).

3.치유를 위한 노력과 태도.

성령으로 세례를 받고 내면을 치유하여 마음의 밭을 옥토로 만들어야 합니다. 어떻게 옥토로 만듭니까? 말씀과 성령의 역사로 만듭니다. 왜 마음을 옥토로 만들어야 합니까? 마음이 넓으면 상처를 덜 받으니까, 그래서 하나님은 우리에게 항상 기뻐하라. 쉬지 말고 기도하라. 범사에 감사하라고 하시는 것입니다.

성령 충만한 믿음생활을 하면 우울증은 나타나지 않습니다. 성경 말씀은 모두 우리를 위하여 하나님이 주신 것입니다. 우리는 성령으로 충만하여 항상 기뻐해야 합니다. 항상 기뻐하면 건강에도 좋습니다. 우리가 기뻐할 때 몸에서 엔돌핀이 나옵니다. 그래서 육체에 활력을 주어서 건강을 유지하게 됩니다. 그것뿐만이 아니라 마음이 열리게 되므로 성령으로 충만하게 되는 것입니다.

그러나 반대로 혈기를 내거나 분노할 때는 아드레날린이 분비됩니다. 그래서 우리의 뼈와 뼈 사이에 들어가 뼈로 마르게 합니다. 모든 질병은 자율신경 계통의 흐름과 부조화로 생깁니다. 모든 질병의 대부분이 자율 신경의 부조화에서 나오는 경우가 많습니다. 그러기 때문에 내 영이 무거운 죄 짐이나, 불평이나, 원망의 무서운 독소에서 자유 함이 있어야 합니다. 자율 신경의 조화는 주로 마음의 평안과 영의 기쁨을 항상 유지하게 됩니다. 자율 신경의 교감신경은 불안 좌절 분노, 등의 결과를 유발합니다.

부교감 신경은 주로 기쁨, 화평, 감사, 용서, 사랑, 절제, 인내, 자비와 양선과 충성과 온유함을 주관합니다. 그래서 하나님은 (빌4:4)"주 안에서 항상 기뻐하라 내가 다시 말하노니 기뻐하라." 하시는 것입니다. 포도나무의 가지가 원줄기에 붙어 있어야 하듯이, 우리의 영적 생명과 성령의 역사는 생명의 근원 되시는 예수님에게 붙어 있어야 합니다.

그래서 영적 신령한 생명이 계속 공급을 받아서 끊임없이 흘러나오거나 솟아나야 합니다. 그런데 우리가 분노하거나 혈기를 내면 육성으로 돌아가기 때문에 이런 영적 생명이 공급되지 못하는 것입니다. 그래서 우리는 자신의 건강을 위해서라도 분노하거나 혈기를 내면 안 되는 것입니다. 성도는 마음에 보복의 칼을 품어서는 안 됩니다.

이는 자신의 영성관리와 정신건강을 위해서 삼가야 합니다. 그래서 우리는 항상 마음의 평안을 유지하려고 의지적인 노력을 해야 하는 것입니다. 그래야 내 안에 계신 성령으로부터 영적생명이 흘러나오는 것입니다. 이러한 생명의 흐름이나 성령의 흐름이 성경에서는 기름부음이라는 표현으로 설명되고 있습니다.

이러한 예수의 생명이 흘러넘치는 역사가 충만하기 위해서는 속사람(영)이 강건해야 합니다. 이 속 사람은 자율신경의 부교감 신경에 주로 영향을 받게 됩니다. 자율신경의 조화를 이루지 못하고, 분노나 불안이나 좌절 등을 일으키면 육성으로 돌아가 기도가 막히게 됩니다. 그래서 성령의 역사를 소멸하게 되는 것입니다. 성령을 소멸하게 되니 자신도 모르는 사이에 마귀가 틈을 타서 마귀가 역사하는 것입니다. 거기다가 건강에도 영향을 미쳐서 위장, 간, 심장, 폐, 등 오장육부의 혈관 정맥, 근육 등에 뻗어 있는 자율 신경에 자극을 주게 되어, 신체에 이상을 일으키고 정신적인 질병을 유발시키는 것입니다.

모든 쓰라림과 원한은 첫째 분노로부터 시작, 이것이 신체에 공급되는 아드레날린을 지나치게 분비시킵니다. 신체는 분비된 아드레날린의 초과량을 흡수할 수 없습니다. 결과적으로 그것은 신장으로 가지만 그러나 신장은 이 초과량을 수용할 수 없습니다. 그 결과로 그것은 신체의 관절에 모여 관절염을 일으킵니다. 또 근육통을 일으킵니다. 관절염을 앓는 사람은 자신의 삶을 성찰하고, 혹 다른 사람에 대한 쓴 뿌리와 용서하지 않는 마음을 품고 있는지 여부를 알아보라고 성심성의로 충고하시기 바랍니다.

그러므로 분노나 혈기는 성령을 소멸하게 됩니다. 성령을 소멸하니 자신의 영 안에서 생명이 올라오지 못하므로 자신의 영적인 생활에도 지대한 영향을 줍니다. 우리는 자신의 건강과 성령의 충만함을 위해서라도 혈기나 분노는 다스려야 합니다.

그래서 자신의 영을 자신이 지키는 것은 자신의 힘으로는 불가능하고 성령으로 충만하여 성령의 인도가 있어야 하는 것입니다. 성령으로 충만하고 성령의 인도를 받기 위해서 마음의 평안을 유지해야 합니다. 마음의 평안은 말씀과 성령으로 심령이 치유되어 안정한 심령이 될 때 가능한 것입니다. 우리 말씀과 성령으로 충만하여 마음을 평안하게 유지합시다.

그래서 항상 내 안에서 성령의 기름부음(생수)이 올라오게 해야 합니다. 제가 지금까지 성령치유 사역을 하면서 우울증이나 정신적인 문제가 있는 분들을 상담한 결과 모두 불안과 두려움으로 고생을 하고 있었습니다. 마귀는 우리가 성령의 깊은 임재 가운데 들어가지 못하게 하려고 두렵게 하는 것입니다. 그래서 성령을 소멸하게 하는 것입니다.

마귀는 어떻게 해서라도 우리가 성령으로 충만하지 못하게 하려고 기를 쓰는 것입니다. 이렇게 불안과 두려움과 우울증으로 고생하는 분들이 저희 교회에 오셔서 말씀과 성령으로 내적치유를 받으면 모두 말 못할 평안을 찾았다고 간증을 합니다.

그러므로 성령이 우리를 장악하면 평안해지는 것입니다. 성령의 속성은 평안이기 때문입니다. 반대로 불안하거나 두려움은 마귀가 주는 것입니다. 그래서 우리는 두려움을 성령의 역사로 몰아내야 합니다. 성령의 임재 가운데 두려움에게 명령해야 합니다.

4.우울증환자가 금해야 할 사항

1) 너무 자신을 격하시키는 생각을 하지 말아야 합니다. 너무 자신을 부정적으로 바라보는 분들도 많이 있습니다. 다시 말해 '나는 안 돼'. 이런 생각들은 좋은 생각이 아닙니다. 부모님이 내가 성장할 때부터 나는 안 된다고 말했어, 나는 안 돼 이런 생각은 자신을 건강하게 만드는 생각이 아니고, 자신의 삶을 축복하는 생각들이 아닙니다. 이런 부정적인 생각들 때문에 자신이 슬픈 감정들에 빠져있을 수밖에 없다는 것입니다.

그렇기 때문에 나는 안 돼. 이 생각을 버리시기 바랍니다. 그런가 하면 나는 혼자다 이런 생각도 버려야 합니다. 당신은 혼자가 아닙니다. 배우자가 있을 수 도 있고 가족들이 있을 수도 있습니다. 또 영적으로 말한다면 성령 하나님이 함께 하시지 않습니까? 이런 생각 자체가 잘못된 것입니다. 하나님이 당신과 함께 하시는데, 왜 혼자입니까? 전능하신 하나님이 당신의 주인이신 데, 당신이 어찌 혼자란 말입니까? 그렇기 때문에 우울증에 걸린 분들은 자신을 격하시키는 생각을 하시면 안 됩니다.

또 '세상에 믿을 사람 하나 없어.' 이런 생각 또한 건강한 생각은 아닙니다. 이런 생각으로 인해 모두를 불신하게 되고 불신함으로 인해 마음의 벽을 더욱 쌓게 되는 것입니다. 세상에는 좋은 사람도 많습니다. 세상에는 정말 아름다운 사람도 많습니다. 그런데 믿을 사람은 없어 이 말은 그 사람의 상태가 어떤지도 알게 해주는 것이 되기도 하는 것입니다. 그렇기 때문에 가능하면 자신을 격하시키는 말들은 하지 않아야 합니다.

2) 일어나지도 않은 일에 대해 미리 예측하고 근심하는 일도 버려야 합니다. 일어나지도 않았습니다. 그런데 미리 혼자 생각하고 건물이 없는데, 혼자의 생각으로 완벽한 건물을 만들어 놓는 것입니다. 그러니 이런 생각들입니다. 누군가가 이렇게 할 꺼야. 또 그렇게 될 꺼야. 그렇게 안됐는데, 그렇게 될 꺼야 이렇게 되었으면 이런 생각들을 많이 합니다.

일어나지 않은 일에 대한 미리 예측과 미리 염려와 미리 근심하고, 앞당겨 슬퍼하고, 앞당겨서 불안에 떨고, 그래서 이런 생각들은 결코 당신에게 건강한 삶을 보장해 주지 않습니다.

가능하면 오늘 일에 충실하시기 바랍니다. 당신이 알고 있는 사실에 대해서 만족하시기 바랍니다. 듣지도 않은 말을 들은 것처럼 말한다거나 일어나지도 않은 일에 대해서 일어날 것처럼 말한다거나 남이 나에게 욕도 하지 않았는데, 욕을 할 것이라고 생각하는 것이나 그런 생각들은 전부 다 자신으로 하여금 병들게 하는 생각이지 당신을 건강하게 만드는 생각이 아닙니다.

3) 그런가 하면 이 우울증에 걸리신 분들은 장래에 대한 희망이 없습니다. 가능하면 희망을 가지시기 바랍니다. 왜 자살합니까? 미래에 대한 희망이 없기에 그렇습니다. 왜 죽음을 생각합니까? 미래에 대한 소망이 없기 때문입니다. 죽음을 생각하시는 것입니다. 이분들은 주로 하는 말이 '내 인생 끝났습니다.' 이런 말을 많이 합니다. 자기 인생이 끝났다는 것입니다.

하늘이 무너져도 솟아날 구멍이 있다. 이런 분들은 절대 우울증에 안 걸립니다. 근데 무너지지도 않았는데, 무너진다. 무너진다. 하시는 분들은 무너집니다. 생각이 얼마나 중요한지 모릅니다. 그런가 하면 또 어떤 사람은 살면 뭐하나 하는 분들도 있습니다. 인생이 끝난 것이 아니라 희망이 있습니다. 소망의 하나님이 지금 역사하고 계심을 믿으시기 바랍니다. 인생은 소망이 있습니다. 세상은 어렵고 힘들어도 우리의 미래는 소망이 있습니다. 그런데 살면 뭐하나 내 인생은 끝났어, 아주 자기를 비관하는 그런 분들이 아주 많습니다.

그런가 하면 기독교인들이 가장 많이 사용하는 말이 무엇인지 아십니까? 불신자들은 자살을 하지 않습니까? 그러나 우리 기독교인은 자살도 못합니다. 죽지도 못하지, 살려고 하니 힘들지, 그러니 태어난 것이 죄지 왜? 힘들지 죽지는 못하지 그러니 태어난 것이 죄라는 것입니다.

가능하면 당신은 너무 큰 절망가운데 있지 마세요. 가능하면 당신은 너무 큰 낙심 속에서 있지 마세요. 가능하면 빨리 소망을 가지고 희망을 가지고 빠져 나오셔야 합니다.

4) 그런가 하면 우울증에 걸린 분들이 피해야 할 것이 있습니다. 가능하면 우울증에 걸리신 분들은 부정적인 생각을 가지고 계신 분들을 만나지 마세요. 지금 혼자만의 생각도 감당을 하지 못하는데, 또 누군가가 와서 전달 해준다는 말이 늘 어두운 말만 전달해준다면 그 사람은 정말 자살할 가능성이 많습니다. 죽으려고 하는 사람에게 우리가 할 말이 있습니다. 왜 죽으려고 하는가? 죽기 전에 해야 할 것이 있다. 예수 그리스도를 영접해라.

그리고 영접한 후에는 우리에게 소망이 있다. 예수님 믿기 전에는 너에게 소망이 없었지만, 예수 믿고 난 후에는 너에게 소망이 있다. 우울증에서 해방 받은 사람 가운데서 이런 사이트를 운영하시는 분들이 많이 나오시기 바랍니다.

그래서 자꾸 인터넷 세상에 그리스도의 깃발을 복음의 깃발을 계속하여 세워 나가야 합니다. 저는 할 일들이 많이 보이는 것입니다. 인터넷을 통해서 전도할 수 있는 길들이 굉장히 많습니다.

그래서 저 혼자 하기는 너무 많고 무엇인가 컴퓨터에 대해서 잘 알고 치유의 마인드를 가지고 계시는 분들이 자살 방지 사이트를 만드세요. 그러면 정말 자살을 도와주는 사이트가 아니라. 자살을 방지하는 사이트. 무엇으로? 복음으로 답을 주고 자살을 방지하는 사이트인 것입니다.

5.우울증의 치유 방법

첫째, 환자와 보호자가 자신들의 상태를 인정해야 합니다. 그리고 예수님만이 자신의 병을 치유할 수 있다고 믿어야 합니다. 치유에 앞서 반드시 예수를 영접해야 합니다. 예수를 영접한 후에 집중적인 치유에 들어가야 합니다. 먼저 성령으로 세례를 받아야 합니다. 성령의 역사가 있어야 내면의 상처가 치유되면서 우울증의 증상들이 치유되기 시작을 합니다. 환자와 보호자가 의지를 가지고 지속적으로 말씀을 들으면서 성령의 역사에 순종하며 치유를 받아야 합니다. 성령의 역사를 체험하면 상태가 악화되는 경우도 있습니다. 상태가 악화되었다고 당황하지 말고 지속적으로 치유를 받으면 점점 평안해 지면서 자신이 치유되고 있다는 것을 체험적으로 알게 됩니다.

기도는 소리를 내서 기도를 해야 합니다. 주여! 주여! 주여! 하면서 소리를 내서 기도를 해야 잡념에 사로잡히지 않습니다. 이렇게 지속적으로 내적치유를 받다가 보면 악한 영들이 축사가 되기 시작을 합니다. 축사가 되기 시작하면 점점 상태는 호전이 됩니다. 절대로 단 시일에 치유를 받으려는 생각은 금물입니다. 자신이 말씀과 성령으로 장악이 되는 만큼씩 치유가 됩니다. 절대로 단시일에 치유되지 않습니다.

만약에 단시일에 치유가 되었다고 하더라고 얼마 지나지 않아서 다시 발생합니다. 그러므로 장기적인 치유를 받으려고 해야 합니다. 환자가 사역자가 전하는 말씀을 알아들으면서 아멘으로 화답하기 시작을 해야 치유가 시작되는 것입니다.

저의 경험으로 보아 환자가 의지를 가지고 집중적인 치유를 받았을 때 모두 치유가 되었습니다. 정신신경과 약을 복용하는 사람은 일정기간 약을 먹어 가면서 치유를 받아야 합니다. 상태가 호전이 되었다고 담당의사의 지시 없이 약을 중단하면 안 됩니다. 약을 십년을 먹었어도 환자가 의지만 있으면 치유가 됩니다. 우울증으로 고생하는 분들은 희망을 가져야합니다.

죽은 자를 살리시는 예수님이 나의 병을 꼭 치유하여 주신다는 믿음을 가지고 치유에 응해야 합니다. 절대로 환자의 의지 정도에 의해서 치유가 되느냐 안 되느냐가 결정이 되는 것입니다. 좌우지간 성령의 역사가 일어나야 합니다. 성령의 역사 없이 말만 가지고는 치유되지 않습니다. 치유는 2가지 방법이 있습니다.

첫째, 서서히 성령으로 장악하여 치유하는 방법입니다. 치유의 말씀을 들으면서 본인이 소리내어 기도하며, 전문 목회자의 안수를 받으면서 치유하는 것입니다.

둘째는 강력한 성령의 역사로 집중 치유하는 것입니다. 이는 중상이 심한 분들은 우선 축귀로 정상으로 돌리는 것입니다. 2-3시간이 걸립니다. 전문적인 영적치유 사역자에게 찾아가서 집중적으로 치유하는 방법으로 중상이 심하여 생활이 불가능한 환자에게 적용하는 방법입니다. 치유 요령을 우리 교회에서 **매주 토요일** 하는 **집중치유**의 방법을 사용하는 것입니다.

6. 믿음의 연상법으로 희망찬 과거를 만들어라

나의 마음이 상하고 분하게 한 상처를 성령님의 은혜로 기억하시기 바랍니다. 숨겨진 감정을 드러내는 것은 치유의 접근이지 치유의 방법은 아닙니다. 기억을 통하여 나를 불안(우울)하게 하는 상황에 가까이 가서 상처의 기억이 생생하여 질수록 치유가 더 강하게 일어납니다. 기억을 위하여 성령님께 도움을 요청하면 자신의 깊은 곳에 감추어져 있던 상처의 기억과 감정이 생생하게 살아나게 됩니다. 먼저 성령으로 세례를 받는 것은 필수입니다. 성령의 임재가 깊어지면 성령님의 도우심으로 특정한(분노, 불안, 두려움, 공포, 눌림, 혈기, 스트레스, 마음의 상처, 자존심의 상처 등) 사건의 현장으로 돌아가서, 그때 받았던 묻혀진 상처의 기억을 떠올리며, 상처와 함께 그때에 겪었던 당황함, 부끄러움을 회상하시기 바랍니다. 하나씩 앞으로 회상해 나가면서 떠오르는 상처를 주님에게 드려야 합니다. 주님은 항상 나와 함께하셨습니다. 주님은 내가 고통당할 때 함께 하시면서 나와 고통을 함께 하셨습니다. 지금도 그 주님은 나와 함께 하십니다.

억울함, 분노, 두려움, 상처, 눌림 등으로 내가 울 때 함께 하시면서 우신 분입니다. 특히 어린 시절의 작은 상처, 부모가 자신을 거부했다고 하는 상처가 오늘의 자신에게 많은 영향을 주게 됩니다. 자 이제 상처를 예수께 드립니다. 드러난 상처를 주님께 가져가야 합니다. 주님은 많은 상처를 입은 분이십니다. 그러기에 상처 입은 사람들의 고통의 삶을 누구보다 안타깝게 여기고 계십니다. 예수 그리스도에게 성령님의 치유의 능력을 간곡하게 부탁해야 합니다. 우리가 지울 수 없는 상처를 주님께 드려야 합니다. 주님에게 상처가 드려질 때 보혈의 능력으로 상처가 치유 받게 됩니다. 상처의 자리에 주님의 위로와 은혜와 평안으로 채워야 합니다. 이렇게 깊은 차원의 치유를 스스로 하는 것입니다. 이렇게 지속적으로 순종하면 우울증은 반드시 치유가 됩니다. 절대로 불치병이다. 난치병이다 하는 세상 소리에 귀를 기울이지 말고 예수님에게 나와서 말씀과 성령으로 깊은 차원의 치유를 하시기 바랍니다. 그래서 치유 받고 간증하며 우울증으로 고생하는 분들에게 예수를 전하시기 바랍니다.

7. 우울증을 치유 받은 간증

저는 분당 ○○교회에 다니는 박 집사입니다. 작년부터 스트레스 받는 일이 많아지더니 금년 1월부터 우울증이 발생하여 정상적인 직장 생활을 하지 못할 지경까지 갔습니다. 정신과에 가서 진단받고 우울증 약을 먹으니 죽을 것만 같아서 얼마 지나서 먹지 않았습니다. 영적인 치유를 받자고 휴일이면 여기저기 성령 치유 하는 곳과 내적치유 하는 곳을 다녔습니다. 그래도 상태가 호전 되지 않았습니다. 그러다가 지인의 소개로 충만한 교회를 알게 되었습니다.

충만한 교회에 국경일에 지인과 함께 참석 했습니다. 참석하여 내적치유에 대한 말씀을 듣고 목사님 안수를 받았습니다. 안수를 받다가 성령의 역사에 쓰러져서 한동안 울면서 기도 했습니다. 그런데 이상하게 제 안에서 이상한 소리가 나오는 것입니다. 짐승 소리도 같고 악을 쓰는 소리도 같았습니다. 목사님에게 물어보니 상처 뒤에 역사하는 악한 세력이라는 것입니다.

목사님 하시는 말씀이 상처 때문에 우울증이 발생한 것이니 빨리 상태가 호전되게 하려면 토요일 집중치유를 받으라고 하셨습니다. 그래서 토요일 날 집중 치유를 예약하여 받게 되었습니다. 안수 기도를 시작하자 소리가 나오면서 악한 세력들이 사정없이 떠나갔습니다. 약 한 시간 정도 지난 것 같은데 사지가 뒤틀렸습니다. 손과 발이 오그라드는 것입니다. 조금 있다가 기침이 사정없이 나오더니 정상으로 회복이 되었습니다. 울음은 계속 나왔습니다. 내 몸에서 여러 가지 현상이 일어났는데 창피하여 여기에 적지는 못합니다.

2시간 30분 기도를 마치고 나니 몸이 솜털과 같이 가벼워졌습니다. 머리가 너무나 시원했습니다. 상처가 많아서 우울증이 발생한 것입니다. 그래서 다시 한 번 집중 치유를 받았습니다. 완전하게 치유가 되었습니다. 그렇게 우울하고 짜증이 나며 몸이 무겁던 모든 것이 다 없어졌습니다. 저를 치유하신 하나님에게 감사와 영광을 돌립니다.

22장 축귀로 공황장애 예방과 치유

(시42:5)"내 영혼아 네가 어찌하여 낙심하며 어찌하여 내 속에서 불안해하는가, 너는 하나님께 소망을 두라 그가 나타나 도우심으로 말미암아 내가 여전히 찬송하리로다."

시험을 치르기 바로 전이나 중요한 면접을 앞둔 상황, 그리고 거북한 만남의 자리에서 온 몸이 뻣뻣해지면서 손발에 땀이 나고 극도의 긴장이 몰려오면서 가슴이 쿵쾅거리는 증상은 일생을 살면서 누구나 한번쯤은 겪어본 상황일 것입니다.

이런 상황은 이미 스스로 어느 정도 준비가 되어있는 상태에서 맞닥뜨리는 결과이기에 우리 몸에 이런 상황이 보인다고 해서 크게 문제시 여기는 경우는 없습니다. 하지만 이런 증상이 아무런 예고증상 없이, 또는 아무 긴장도 야기되지 않는 상황 속에서 몸을 통해 연출이 된다면 어떤 느낌을 받게 될까?

불안함과 긴장감을 야기할만한 그 어떤 자극이 없는데도 불구하고 호흡곤란, 가슴부위 통증, 식은땀, 어지럼증과 같은 증상이 나타난다면, 그 사람은 극도의 불안감에 휩싸일 수밖에 없을 것입니다.

대부분의 사람들은 이런 상황이 발생하면 응급실을 찾게 됩니다. 그런데 응급실에서 시행하는 각종 검사(심전도, CT, MRI 등)상 아무런 이상증상이 나타나지 않는다면 어떤 느낌이 들게 될까? 분명 자신은 금방이라도 죽을 것 같은 고통을 느껴서 병원을 찾아왔는데도 불구하고 각종 검사 상 아무런 병적 반응이 나타나지 않는다고 한다면, 그 또한 불안하기 그지없을 것입니다.

분명 죽을 것과 같은 신체의 이상반응을 감지했는데 검사 상 아무 이상이 없다면 대부분 나 스스로 꾀병을 이야기하는 것이 아닌가라는 생각을 하게 됩니다. 태어나서 이런 고통을 처음 느껴본 사람들은 아무리 생각해도 꾀병은 아님이 분명하다고 느낍니다. 바로 이런 상태를 일컬어 '공황장애'라고 부릅니다.

다시 말해 특별한 자극이나 스트레스가 없는 상황에서 온 몸이 극도의 교감신경항진상태에 빠지게 되어 심장박동의 증가 및 호흡곤란과 불안감을 온 몸으로 느끼며, 마치 죽음이라는 상태를 몸 전체로 인식하게 되는 상태가 되어 이것이 반복적으로 지속되게 되는 상태를 가리키는 말인 것입니다.

이런 공황장애가 반복적으로 발생 시 대부분 신경정신과를 찾게 됩니다. 그러면서 자율신경을 조절해주면서 억제성 신경전달물질을 증가시켜주는 약을 처방을 받게 됩니다. 그러면 일시적으로 증상은 개선되지만, 근본적인 치유는 불가능합니다. 말씀과 성령으로 하는 영적인 치유 만이 완벽한 치유가 가능합니다. 이 증상 자체가 아무런 예고 없이 찾아오고 또한 그 원인을 정확하게 파악하지 못했기 때문에 이것을 대비한다는 것이 결코 쉬운 일은 아닙니다.

1. 공황장애의 정의

　공황장애란 불안장애의 일종으로 급작스런 공황발작 즉 극심한 불안과 함께 두통, 현기증, 가슴 두근거림, 질식감, 호흡곤란, 가슴 통증, 오한, 마비 감, 또는 저림 등의 증상이 나타나는 것이 반복되는 질병입니다.

　공황발작이란, 사람이 생명에 위협을 느낄 정도의 극심한 상황에서나 느낄 수 있을 정도의 심각한 공포를 갑작스럽게 느끼는 것을 의미합니다. 환자들은 쉬고 있거나 차를 타고 있거나 자고 있던 중에 증상이 나타나 매우 당황하게 되고 급한 나머지 응급실을 방문하기도 합니다.

　공황발작시의 특징적인 신체증상도 환자를 더욱 곤혹스럽게 합니다. 불안감과 동시에 나타나는 신체증상은 심각한 신체질환의 증상과 매우 유사하여 환자들은 내과, 신경과 등 타과를 방문하기도 합니다.

2. 공황장애의 원인

　공황장애의 원인은 크게 생물학적인 원인과 정신사회적 원인으로 나눌 수 있습니다.

1)공황장애환자에서 흔한 증상
　-가슴 두근거림

-땀 흘림

-떨림 또는 전율

-숨 가쁨 또는 숨 막히는 느낌

-질식감

-흉부통증 또는 가슴 답답함

-토할 것 같은 느낌 또는 복부 불편감

-현기증, 불안정감, 머리 띵함, 또는 어지럼증

-비현실감

-자제력상실에 대한 두려움 또는 미칠 것 같은 두려움

-죽음에 대한 두려움

-감각의 이상

-오한 또는 얼굴이 화끈 달아오름 등입니다.

생물학적 원인으로는 유전이론, 카테콜아민이론, 청반이론, 대사이론, CO_2과민성의 증가 등이 있습니다. 유전이론에 따르면 공황장애환자의 직계가족에서 공황장애의 발병률이 4~8배 높은 것으로 알려져 있으며, 일란성쌍생아에서의 공황장애발병 일치 율이 이란성에 비해 약 3배 높은 것으로 알려져 있습니다.

카테콜아민이론에 의하면 신경 화학적 공황 유발 물질들(예: yohimbine, caffeine, isoproterenol등)이 중추신경계의 노르에피네프린, 세로토닌, GABA수용체에 작용하여 공황을 일으키는 것으로 보고되고 있습니다. 호흡과 관련하여 공황을 일으키는 물질들(예: 젖산, CO_2 등)은 과 호흡을 유발하거나 생체내의 산-염기 평형을 와해시켜 공황을 유발합니다.

　뇌 구조적으로는 뇌의 간뇌에 있는 청반이 관련되는 것으로 보고되고 있는데, 청반은 불안의 중추조직으로 인체의 경보장치 역할을 합니다. 공황발작은 인체의 경보장치가 지나치게 예민해져서 아무런 이유 없이 혹은 사소한 자극으로도 작동하기 때문에 일어나는 것입니다. 그 외에도 불안을 중개하는 편도 핵의 역할이 중요한 것으로 알려지고 있으며 기타 불안관련 중추신경에서 불안을 종합하는 능력의 상실이 공황을 일으키는 원인으로 보고되고 있습니다.

　정신사회적으로는 성격이 너무 내성적이고 의존적이거나 너무 완벽 지향적이고 성취욕이 높으며, 경쟁적인 경우에 많고 스트레스가 많아 과음하거나 생활이 불규칙하거나 카페인이 든 음식을 과다하게 섭취하거나 항상 수면이 부족한 사람에게서 흔합니다. 정신분석적 입장에서는 억압이 중요한 공황장애환자들의 방어기제로 보고하고 있으며, 개인이 받아들이기 어려운 소망, 충동들이 억압되어 있다가 의식화되려 할 때 불안과 공황발작이 나타나는 것으로 설명하고 있습니다. 행동주의 이론에서는 불안이 부모로부터 학습한 결과이거나 전형적인 조건화반응을 통하여 나타난다고 보고 있습니다.이밖에 공황장애는 등이 굽어서 흉추 3, 4, 5번들이 틀어졌을 경우에 오기 쉬운 병입니다. 보통은 몸과 마음이 다른 것으로 생각하기 쉬우나 몸의 병이 마음에 나타나기도 하고 마음의 병이 몸으로 나타나기도 하는데, 대부분 몸을 건강하게 하면 정신적인 증상도 사라지게 됩니다.

가슴이 답답한 것은 등이 굽고 어깨가 앞으로 틀어짐으로써 가슴을 압박하기 때문이며, 등이 굽고 어깨가 처지면 목을 잡아 당기게 되어 목도 삐어있는 경우가 대부분인데 그러면 머리로 올라가는 신경이 약화되어 여러 이상이 나타나게 됩니다.

우리 몸은 골격만 바로 서 있으면 큰 일이 없는 한 건강하도록 되어 있습니다. 몸 골격에서 가장 중요한 부분은 '고관절' 로서, 고관절 이란 다리와 골반을 이어주는 부분으로 집에 비유하자 면 '주춧돌'처럼 가장 기초가 되는 곳인데, 이 고관절은 외부 충 격을 받아서 틀어질 수도 있지만 요즈음은 대부분 나쁜 생활습관 과 자세를 오랫동안 지속함으로써 고관절이 쉽게 틀어지고 있으 며, 푹신한 침대, 소파, TV시청에 더하여 컴퓨터의 보급으로 인 해 몸의 자세가 무너지고, 이로 인해 거의 모든 병이 발생한다고 해도 과언이 아닙니다. 고관절이 틀어지면 〉 골반이 기울고 〉 다 시 그 위의 요추와 흉추가 굽거나 휘게 되며 〉 등이 굽으면 어깨 가 처지고 목이 삐게 되는데, 이처럼 우리 몸은 하나로 연결된 유 기체 이므로, 고관절이 틀어짐으로써 집이 무너지듯이 점차 이 상이 생기게 되는 것입니다.

또한 몸이 굽으면 위장을 비롯한 모든 내장기관들이 아래로 처지면서 제 기능을 못하는 것은 물론이고 몸 살림 운동에서 '공 명' 이라고 말하고 있는 아랫배 부분이 꽉 막혀서 깊은 호흡이 안 되고 가슴으로 할딱할딱 숨을 쉬게 되므로 몸에 필요한 산소를 공급하지 못하게 되어 악순환이 거듭되게 됩니다. 치유를 위하여 '고관절 자가 교정' 과 '어깨 자가 교정' 들도 익혀서 할 수 있다면 더욱 도움이 되겠습니다. 허리를 곧게 세우고 가슴을 활짝 펴는 바른 자세를 갖는 것만으로도 건강할 수 있습니다.

　나쁜 생활습관으로 해서 몸이 굽은 것을 약이나 시술 또는 타인의 도움을 받을 수 있는 것은 아주 제한적 이라는 것을 잘 이해해서 매일 자세를 바로 하는 꾸준한 운동으로 스스로의 몸을 바로 세우면 건강해지는 것입니다.

3. 공황장애의 진단 및 증상

　공황장애의 진단을 위해서는 정신과의사의 철저한 문진과 정신과적 검사가 시행되고 불안을 유발하는 신체적인 질환을 감별하기 위하여 기본적인 이학적 검사, 갑상선기능검사 등이 시행됩니다. 앞에 말씀드린 13가지 증상 중에 4가지 이상의 증상이 동시에 나타나는 경우 공황발작이 있는 것으로 진단되고 이러한 발작이 반복되거나 또 그런 발작이 반복되는 것을 두려워하는 경우 공황장애로 진단됩니다.

4. 공황장애의 임상양상

　대개의 경우 공황발작의 첫 증상은 흔히 특별한 유발요인 없이 저절로 시작됩니다. 그러나 일정기간 동안의 육체적 과로나 심각한 정신적인 스트레스를 겪고 난 후에 증상이 처음 시작되는 경우도 많습니다. 대개 공황발작은 10분 이내에 급격한 불안과 동반되는 신체증상이 최고조에 이르며 20~30분 정도 지속되다가 저절로 사라지게 됩니다. 증상이 1시간 이상 지속되는 경우는 드물며, 증상의 빈도도 하루에 여러 번씩 나타나거나 1년에 몇 차례만 나타날 수 있을 정도로 환자에 따라 차이가 큽니다. 증상과 다음 증상 사이에는 예기 불안이 동반되기 쉬우며 발작 중에 이인감이나 우울 감을 경험하기도 합니다. 평소에 카페인 음료나 알코올을 과도하게 섭취해도 증상이 악화될 수 있습니다. 많은 환자들이 공황 발작이 있을 때 응급실을 방문하거나 내과 등, 다른 신체질환을 다루는 의사를 찾게 되며 증상의 원인을 찾기 위해 각종 임상 검사들을 하지만 공황발작 당시의 일시적인 혈압 상승이나 과호흡 증상 이외에는 특별한 이상이 없는 것으로 판정되곤 합니다.

1) 다음 중 4가지 이상의 증상이 갑자기 발생하여 10분 이내에 증상이 최고조에 이른 상태입니다.

- 심계항진, 가슴이 심하게 두근거림, 빈맥
- 발한
- 몸이 떨리거나 후들거림
- 숨이 가쁘거나 답답한 느낌
- 숨 막히는 느낌

– 흉통 또는 가슴의 불쾌감

– 메스꺼움 또는 복부 불 편감

– 어지럽거나 불안정하거나, 멍한 느낌이 들거나 쓰러질 것 같은 느낌

– 이인증 또는 비현실감

– 스스로 통제할 수 없거나 미칠 것 같은 두려움

– 죽을 것 같은 공포감

– 감각과민

– 춥거나 화끈거리는 느낌

2) 공황장애의 진단기준

① 다음의 (1), (2)가 모두 존재합니다.

(1) 반복적이고 예기치 못한 공황발작

(2) 최소한 한 번 이상의 공황발작과 더불어 한 달 이내에 다음 중 한 가지 이상의 증상이 있습니다. (a) 또 다른 발작이 올까봐 계속 염려함. (b) 발작이나 그 결과의 함축된 의미(스스로에 대한 통제를 잃어버리거나 심장발작이 오거나 혹은 미쳐버리지 않을까)에 대해 걱정함. (c) 공황발작과 관련된 행동에 있어 뚜렷한 변화가 온다.

② 광장공포증이 없거나 혹은 있습니다.

③ 공황발작은 물질(습관성 물질의 남용이나 약물투여 등)이나 일반 신체적 상태(갑상선 기능항진증 등)의 직접적인 생리적 영향 때문이 아닙니다.

④ 공황발작이 사회공포증, 특정 공포증, 강박장애, 외상 후 스트레스장애, 분리불안장애와 같은 다른 정신질환에 의해 더 잘 설명되지 않습니다.

5. 집중 치유하기

공황장애의 근본적인 원인은 "마음의 상처"와 "죄"이기 때문에 죄와 용서의 처리가 먼저 되어야 합니다. 죄의 개념이 율법을 범하는 차원에서만 생각하지 않기를 바랍니다. 죄란 바로 나 자신의 일부로서 육을 통하여 나타나는 생각이나 감정이나 의지가 다 죄입니다. 육신이 바로 죄이며 육신적으로 사는 것이 죄입니다. 영으로 살지 않는 사람은 육신적으로 사는 죄의 대가인 혼의 질병이 오게 됩니다. 그리고 자신의 죄가 아니더라도 조상의 죄악으로 오는 경우가 많습니다. 그리고 용서를 해야 합니다. 많은 경우 질병이 있는 환자는 말 못할 큰 충격을 받은 일이 있습니다. 나에게 이 충격을 일으킨 사람을 용서해야합니다.

（롬 7:19-20）"내가 원하는 바 선은 행하지 아니하고 도리어 원하지 아니하는 바 악을 행하는 도다. 만일 내가 원하지 아니하는 그것을 하면 이를 행하는 자는 내가 아니요 내 속에 거하는 죄니라"

1) 죄를 용서받고 치유를 받으려면 예수를 영접하여야 한다.

예수를 영접하므로 성령의 역사로 치유가 이루어지기 시작합니다. 모든 치유는 성령의 능력으로 됩니다. 자신에 내재하는 인간의 영의 선한 힘(영력)이라 하고, 예수를 믿어 내면으로 들어오신 하나님의 영은 인간의 능력을 초월하여 나타나는 영적 능력으로 역사합니다. 성령의 능력이 이때부터 나타납니다.

그래서 사람은 할 수 없으나 할 수 있는 하나님의 영력(형상)이 나타나서 성령이 충만하게 됩니다. 영력은 나타나는 상태와 조건을 만들어야 나타납니다.

2) 성령의 역사가 나타나는 말씀을 듣고 성령의 세례를 받아야 한다. 그 조건과 상태는 여러가지지만 첫째 의지를 발동시켜야 합니다. 의지를 발동하게 하여 성령세례를 받는 것이 제1의 원리요, 그 다음은 말씀과 성령으로 내적 치유하는 것이 제2의 원리요, 귀신 추방의 제3 원리입니다. 그리하여 생각이 바뀌고, 마음이 감동되어, 믿음이 생겨서, 본인의 의지가 발동되어, 몸이 움직여지고, 행동으로 옮겨지는 과정을 거쳐야 합니다. 이 영적 원리는 모든 것에 적용됩니다.

3) 성령의 인도로 말씀을 잘 알아들을 수 있어야한다. 성경에서는 내 뜻과 정성과 힘을 다하여 하나님을 섬기라 했고(신28장), 크게 사모하는 자에게 제일 좋은 길을 보여 준다고 했습니다(고전12:31). 네가 낫기를 원하느냐고 예수님은 말씀했습니다(요5:6), 영과 진리로 예배하는 자에게 찾아오신다고 했습니다

(요4:23). 모든 영적인 일에 진심으로 구하고 구하면 얻을 것이요, 찾고 찾으면 찾을 것이고 두드리면 열립니다. 성령을 주십니다. 강한 순종과 믿음과 승리의 의지를 발동시키고 행동으로 옮기십시오. 행동으로 옮기지 못하게 하는 장애요인(죄)이 자신에게 있습니다. 이것을 성령으로 깨닫고 회개하여 제거하십시오. 귀신의 병과 정신병의 구분을 잘 해야 합니다.

> (마 12:28)"그러나 내가 하나님의 성령을 힘입어 귀신을 쫓아내는 것이면 하나님의 나라가 이미 너희에게 임하였느니라"
> (고전 4:20)"하나님의 나라는 말에 있지 아니하고 오직 능력에 있음이라"

4) 앞의 과정을 거친 다음에 질병의 원인을 성령께 질문해야한다. 영적인 그림을 그리라는 말입니다. 전체의 그림을 보면서 자신의 문제의 원인이 어디에 있는 지를 찾아야합니다. 시간이 많이 걸릴 수가 있습니다. 왜냐하면 성령께서 완전하게 장악을 한 다음 원인을 알 수 있고 치유도 되기 때문에 하나님의 시간표를 따라 기다려야 합니다. 급하다고 되는 일이 아닙니다.

5) 성령께서 알려주는 질병의 원인에 따라 조치를 해야 한다.

죄악은 회개하고, 상처를 준 사람은 용서하고, 가문의 유전은 절단하고 원인을 제거해야 합니다. 악한 영의 역사라면 귀신을 축사해야 합니다. 그리고 지속적인 치유를 받아야 합니다.

6) 이때부터 악한 영을 축사하고 내적치유를 한다. 의지를 가지고 지속적으로 해야 합니다.

7) 하나님과 영적인 관계를 지속하며 감사해야 합니다. 공황장애의 치유는 반드시 말씀과 성령으로 가능한 것입니다. 먼저 예수를 믿어 옛 사람이 죽어야 합니다. 그리고 새사람으로 태어나야 합니다. 옛 사람이 그대로 살아있는 이상, 완전 치유는 곤란합니다. 옛 사람이 죽고 새사람으로 태어나는 고통을 감내해야 치유가 됩니다. 그러므로 공황장애를 치유 받으려면 반드시 성령의 세례를 받아야 합니다. 성령으로 세례를 받아, 성령의 이끌림을 받으면서 지속적인 내면 치유를 받아야 합니다. 한마디로 자신이 변해야 완치가 되기 때문입니다. 사람은 할 수 없으되 하나님은 하십니다. 하나님의 말씀에는 불치가 없습니다. 믿음을 가지고 치유 받아 새로운 삶을 살 수가 있습니다. 반드시 예수 안에서 치유된다는 믿음이 굉장히 중요합니다. 하나님이 하십니다.

6. 공황장애 치유사례

얼마 전에 공황장애로 하루에 세 번씩 약을 먹는 30대 후반의 여인을 치유한 경험을 적습니다. 공황장애가 발병하여 고통을 당하다가 저희 교회를 소개 받고 와서 2주 동안 다니면서 내적치유를 받았습니다. 모두 잘 아시다시피 저희 교회는 매주 토요일 개별 능력전이와 집중영육치유 시간을 갖고 있습니다.

이분이 예약하여 치유를 받았습니다. 기도를 시작했는데 50분이 지나도록 성령의 역사가 일어나지 않았습니다. 50분이 지나자 성령의 역사로 악을 쓰면서 울기 시작 했습니다. 울면서 악을 쓰면서 상처들이 떠나갔습니다. 유아 시절에 충격을 받을 때 들어온 귀신들이 떠나가기 시작 했습니다. 이렇게 하기를 50여 분을 했습니다. 얼굴에 화색이 돌면서 "하나님 감사합니다." 를 연발하는 것입니다. 찬양을 부르기도 하고 방언찬양을 하기도 했습니다. 2시간 30분이 지나서 제가 질문을 했습니다. 지금 기분이 어떠세요. 너무 너무 평안합니다. 제가 생각하기를 역시 집중치유가 필요하다는 것을 절실하게 느꼈습니다. 집으로 돌아가서 약을 끊고 생활해도 불안하지 않다는 것입니다. 그래서 제가 완전히 치유가 된 것이 아니니 지속적으로 성령 충만을 받으라고 권면을 했습니다. 지금 계속 목요일 날 다니면서 은혜를 받고 있습니다. 다른 한 분은 불안 장애로 사람구실을 못하던 분입니다. 이분은 40대 초반의 남성입니다. 불안하고 초조하여 밤에 잠을 제대로 자지 못한다는 것입니다. 사람이 있을 때보다 없을 때는 더욱 심하다는 것입니다. 그래서 서울 유명한 종합병원에 가서 불안장애라는 진단을 받고 약을 받아서 먹어도 안정을 찾을 수가 없었다는 것입니다. 정신과 전문 의사가 하는 말이 조금 지나면 공황장애로 발전할 수가 있다는 것입니다.

그러다가 지인의 소개로 저에게 연락이 왔습니다. 우선 안정을 취하도록 응급조치를 해줄 수가 없느냐는 것입니다. 그래서 집중치유를 해보자고 했습니다. 토요일 집중 치유를 하는데 30분정도 지나니 악을 쓰고 울면서 상처가 떠나갔습니다. 약 2시간을 성령의 역사로 치유 했습니다. 그리고 나서 제가 축귀를 했습니다. 불안하게 하는 귀신들을 약 30분간 쫓았습니다. 이제 환자가 안정을 찾았습니다. 2시간 30분이 지났습니다. 종료하고 환자에게 질문을 했습니다. 지금 기분이 어떠합니까? 예 마음이 후련하고 편안합니다. 참으로 감사합니다. 집에서 어느 때는 울고 싶어도 울음이 나오지 않아서 울지를 못했는데 실컷 울고 나니, 마음이 후련하고, 가슴이 시원하고, 마음이 평안해 졌습니다. 그리고 자기 집인 충청도로 내려갔습니다.

제가 일주일이 지나서 전화하여 상태를 물었습니다. 아주 평안하게 잘 지내고 있다는 것입니다. 다시 집중 치유를 받았습니다. 부인 집사가 남편이 치유 받고 와서 건강도 많이 좋아졌습니다. 혈압도 정상으로 돌아왔습니다. 목사님 감사합니다. 남편이 체육관을 올해 5월 에 건강문제로 문을 닫았었는데요! 계속 기도하며 지금처럼 병세가 호전이 되면 다시 문을 열려고 합니다.

이렇게 공황장애나 불안장애는 충격적인 상처로 인하여 발생합니다. 고로 성령의 강한 역사로 내적치유와 축사를 하면 치유가 됩니다. 세상 의술과 약으로는 치유할 방법이 없습니다. 상처와 영적인 문제가 복합되었기 때문입니다. 공황장애와 불안장애로 고생하시는 보호자와 환자 여러분 반드시 치유가 된다는 희망을 갖기를 바랍니다.

23장 축귀로 울화병의 예방과 치유

(엡4:26-27)"분을 내어도 죄를 짓지 말며 해가 지도록 분을 품지 말고 마귀에게 틈을 주지 말라"

화병이란 고부간의 갈등이나 남편의 외도 등 강한 스트레스를 적절하게 해소하지 못하는 한국여성에게 주로 발생하는 '문화결합증후군'의 하나로 알려져 있으며 현대사회에서 직장인들의 주요한 직업병 중 하나이기도 합니다. 한 온라인 취업포털 사이트의 2007년 남녀직장인 1315명이 설문조사를 실시한 결과 직장인의 63%가 직장생활로 질병을 앓는다는 것으로 나타났고 이 중에서 '화병' 등과 같은 스트레스성 질환이 30.4%를 차지했습니다.

요즘 사람들은 여러 가지 어려움으로 인한 마음의 상처로 고통스러워합니다. 교회는 이들을 치유해야 합니다.

또한 가정들도 40% 이상의 이혼율을 보인다고 합니다. 그래서 우리나라가 세계에서 이혼율이 2위라고 합니다. 정말 문제가 아닐 수 없습니다. 남자들은 실직, 은퇴로 재취업을 하는 과정에서 받는 스트레스로 화병(火病)에 걸려 병원을 자주 찾는다고 합니다. 회사의 부도로 실업자가 된 47세의 김모씨는 불면증에 시달린다고 합니다. 사소한 일에도 화가 나 부인과 자주 싸우다 보니 부부 사이도 별로 좋지 않게 되었고, 직장을 겨우 구하기는 했지만 마음에 들지 않는 등 삶의 의욕조차 없어졌습니다. 할 수 없이 도움을 청하기 위해 병원을 찾아갔습니다. 병원에 가서 검사를 해보니 화병이라는 진단이 나왔다고 합니다.

　중년남성들에게 점점 많이 확산되고 있는 화병은 공통적으로 다음과 같은 증상들이 나타나는데, 가슴이 답답하고, 속이 자꾸 더워져서 찬물을 많이 마시고, 잠을 잘 때 몸에 열이 나서 이불을 덮지 않고, 두통과 불면증에 시달린다고 합니다. 사람이 젊을 때에는 신체기능이 활발해서, 그때 그때 쌓인 스트레스에 잘 대처할 수 있지만 40대가 넘어 중년이 되면 해소되지 않는 스트레스가 누적돼 병으로 나타나는 것입니다. 스트레스가 자꾸 쌓이면 암, 성인병, 각종 현대병이 되기 때문에 의사들은 운동을 많이 하고 취미생활을 적극적으로 하라고 권유하고 있습니다. 하나님은 우리에게 쌓인 화와 분을 성령의 임재 하에 풀어내라고 하십니다.

　화병이란 생활 속에서 일어나는 억울한 감정이나 과중한 스트레스를 제때 발산하지 못하고 억지로 참음으로써 오랫동안 누적되어 생기는 신경질적인 화가 원인이 되어 생기는 병입니다. 화병은 우울한 감정, 속상함 등의 스트레스가 수년간 쌓임으로써 발병하는데, 이러한 스트레스를 제때 풀지 못하여 가슴 부위가 답답하고 얼굴이 화끈거리는 느낌이 들면 이미 화병에 걸렸다고 볼 수 있겠습니다. 이 병은 우리나라에만 있는 고유한 형태의 병으로 호랑이 같은 시어머니와 남편의 외도에 시달려온 우리네 주부들의 한 맺힌 병으로서 "울화병"이라고도 부릅니다.

　경희의료원 화병 크리닉 전문의인 김종우 박사의 말을 빌리면

"화병으로 병원을 찾는 환자들 대부분이 수년간 남편과 시어머니의 갈등을 겪어 온 공통점이 있다"는 것입니다. 가장 많은 원인은 남편의 바람기와 술을 마시는 버릇 때문에 화병에 걸리고, 그 다음으로는 시부모와의 갈등으로 인해 화병이 발병한다고 합니다.

1.화병의 증상과 발병단계

화병은 화가 치밀어 오르는 불행한 현실을 벗어날 방법이 없는 사람에게서 발병합니다. 즉 경제적으로 독립할 여건도 안 되고, 교육수준이 낮은 계층에서 많이 생기는 병입니다. 남자들은 사업 실패, 명예실추, 배신, 돈 떼임, 사기의 피해, 예상하지 못한 실직 등의 이유로 생기고 여자들은 시댁의 구박이나 가정문제로 발병합니다. 직장인들은 과도한 업무 스트레스로 발병이 되기도 합니다. 부부의 대화부족, 시어머니와의 갈등 또는 자녀교육 등의 과다한 스트레스나 정신적인 갈등의 화열(火熱), 큰 병을 앓고 난 후나 노약자 등의 허약(虛弱), 비만이나 수척한 체질적인 소인의 습담(濕痰), 병리적인 산물인 어혈(瘀血), 기후나 계절적인 요인인 풍(風) 등이 있습니다.

신체적 증상으로는 두통과 어지러움을 느끼고 얼굴에 열기가 느껴지며 가슴이 뛰고 답답하며 울화가 치밀어 오릅니다. 또 목이나 가슴에 덩어리가 느껴지기도 하고 소화 장애가 나타나기도 합니다. 가슴이 답답해 호흡을 하기가 힘이 드는 경우도 있습니다. 정신적 증상으로는 우울, 불안, 신경질, 짜증 등이 자주 나타나고 깜짝깜짝 자주 놀라며 쉽게 화를 폭발하기도 합니다. 그밖에 "사는 재미가 없고 의욕이 없다" "허무하다" "죽고싶다"는 생각이 들기도 합니다. 화병의 발생 빈도는 중년 이후의 여성에게 많이 나타나며 학력과 경제적 수준이 낮을수록 많이 발생합니다. 화병이 일반적 스트레스성 질병과 다른 점은 발병원인이 분명하며 발병기간이 10여 년에 걸친 만성적인 병이라는 점입니다.

2. 화병의 증상들

① 특정한 스트레스 사건으로 인해 생긴 억울한 감정이 누적되어 해소되지 않은 상태가 3개월 이상 지속됩니다. ② 가슴이 답답하거나 숨이 막히는 증상과 함께 뭔가 치밀어 오르는 증상을 나타냅니다. ③ 가슴이 두근거리고 뜁니다. ④ 가슴이나 목에 뭉친 덩어리가 느껴집니다. ⑤ 두통이나 어지러움이 자주 옵니다. ⑥ 몸이나 얼굴에 열감이 오르는 것을 느낍니다. ⑦ 잠을 잘 자지 못합니다. 놀라서 잘 깹니다. ⑧ 갑작스런 화가 폭발하거나 혹은 분노감이 있습니다. ⑨ 우울 또는 허망한 기분이 자주 듭니다. ⑩ 불안 혹은 초조감을 많이 느낍니다. ⑪ 신경질이나 짜증이 심합니다. ⑫ 억울함을 자주 느낍니다. ⑬ 소변을 자주 보게 됩니다. ⑭ 대응능력에 따라 고혈압 등 순환기계, 두통 등 신경계, 호흡기계, 소화기계 등 다양한 증세로 나타날 수 있습니다.

3.화병은 다음의 단계를 거친다.

1) **충격기** - 이것은 화가 나는 충격을 받아 갑자기 변하는 급성기를 말합니다. 상대에 대한 배신감과 증오심 등이 격하게 일어나 살의까지 품게되는 극한 상황이 연출됩니다.

2) **갈등기** - 분노를 품은 사람이 충격기를 지나 이성을 회복하기 시작하면 고민에 빠집니다. 만일 남편이 외도를 했다면 이혼을 생각합니다. 그러나 그 생각은 오래가지 못합니다. 체면을 중시하고 사회윤리의식이 강하기 때문에 이혼을 하지 못하는 것입니다. 자녀가 있는 경우라면 고민의 정도가 더욱 심하게 됩니다.

3) **체념기** - 이 시기가 되면 사람들은 근본적인 치료방법보다는 자신의 불행을 그대로 받아들이는 자세가 됩니다. 운명이고 팔자소관일 뿐입니다. 그렇다고 상대방을 용서하는 관용은 볼 수 없고 그저 상대방과 감정관계를 맺지 않으려는 성향을 보이며 우울증이 많이 나타납니다. 분방 등의 수단이 동원됩니다.

4) **증상기** - 그 동안 쌓여왔던 것이 한꺼번에 폭발해 우울증, 가슴앓이, 만성 스트레스 등 신체적인 병으로 나타납니다. 이렇게 화병은 몇 가지 단계로 나누어지는데, 전문의의 말에 의하면 화병의 패턴이 차츰 바뀐다고 합니다. 불과 얼마 전까지만 해도 시부모와 남편과의 갈등으로 인해 화병에 걸리는 경우가 대부분이었는데, 최근에는 자녀문제 때문에 화병에 걸리는 경우가 늘고 있다는 것입니다. 또 직장 문제로 화병에 걸리기도 합니다.

4. 치유는 가족의 이해와 도움이 가장 중요

화병은 어떻게 치료해야 하는가? 안타깝게도 근본적인 원인을 제거하기 전에는 치유방법이 없다는 것이 정설입니다. 남편과 시부모와의 갈등 때문에 화병이 발병했을 때는 다소 치료하기가 힘이 듭니다. 효과적인 치료를 위해서는 가족의 이해와 도움이 무엇보다 중요한데 이는 사실상 매우 어렵습니다. 왜냐하면 주부의 건강에는 가족들이 의외로 무관심하기 때문입니다. 남편의 바람기 때문에 화병에 걸린 주부환자의 경우는 남편에게 아내의 상태에 대해서 이야기하고 협조를 구하지만, 많은 남편들의 반응이 대체로 비슷합니다. "나는 그런 사실이 없다"또는 "여자가 성질이 못됐으니까 병에 걸렸지"라는 식입니다.

또 환자 본인의 마음가짐도 치료에 도움이 안 되는 일이 많습니다. "시어머님이 집에 계신데 어떻게 약을 먹어요? 그냥 병원에 와서 침만 맞으면 안 될까요?" 하고 말하는 환자도 적지 않다고 합니다. 반면에 자녀문제로 인해 화병에 걸린 경우에는 치료하기가 비교적 수월한 편입니다. 남편의 협조가 가능하고 취미나 운동 등으로 스트레스를 풀 수 있기 때문입니다.

화병을 치료하기 위해서는 여러 가지 치료법이 동원되지만 무엇보다 가족의 이해와 도움이 가장 중요합니다. 대부분은 한 달가량 말씀과 성령으로 집중 치료하면 많이 좋아지지만, 심한 경우에는 3개월 이상 장기간 치료를 받아도 쉽게 낫지 않습니다.

또한 치료기간 동안 스트레스에서 벗어나 있으면 치료에 상당한 도움이 됩니다.

5.건설적으로 화를 내면 화병 예방

우리가 분명히 알아야 할 것은 화를 참았다고 해서 드러나지 않는다는 것은 아니라는 것입니다. 화는 여러 가지 방식으로 나타납니다. 중요한 점은 얼마나 건설적으로 나타나느냐 입니다. 화가 건설적으로 나타나지 않을 경우 그 화는 그냥 없어지지 않습니다. 화를 억눌렀을 경우 그 화는 결국 자신과 남들에게 파괴적인 모습으로 나타나기 때문입니다. 그러므로 통성 기도를 해서 푸는 것이 좋습니다.

성령의 임재 가운데 주여! 주여! 주여! 주여! 하면서 심경을 하나님에게 토설하는 것입니다. 그렇기 때문에 우리는 화의 원인을 정확하게 알아내어 화를 직접적이고 건설적인 방법으로 표현해서 화병을 예방하고 우리자신과 상대방이 함께 성장할 수 있는 좋은 기회로 삼아야 할 것입니다.

상대방이 안 보이는 곳에서 분을 풀으세요. 어느 학력이 고졸인 여인이 인물이 잘 생겨서 박사 남편을 만나 결혼을 했습니다. 그런데 남편이 툭하면 무식하다고 구박을 하는 것입니다. 그래서 화병이 생긴 것입니다. 그래서 제가 이렇게 조언을 했습니다. 남편이 없는 곳에서 남편이 베고 자는 베게를 가지고 남편을 욕하면서 발로 밟으라고 했습니다. 그래서 하루는 남편이 출근하고 난 다음에 침대 위에서 남편의 베게를 발로 밟으면서 있는 대로 분을 다 풀었습니다.

"그래 나는 고등학교 밖에 나오지 못했다. 너는 대학원을 나오고 박사가 되어서 잘났다. 그래 잘났어, 그렇다고 나를 이렇게 무시하냐" 하면서 막 발로 베게를 밟았다는 것입니다. 그런데 남편이 출근을 하다가 보니 서류를 놓고 간 것입니다. 서류를 가지러 왔다가 자기 부인이 하는 소리를 다 들은 것입니다. 그다음에는 말을 조심해서 치유가 되었다는 이야기입니다.

두 번째 방법은 기도로 하나님에게 자신의 감정을 속이지 말고 아뢰는 것입니다. 우리가 다윗이 쓴 시109:1-31절을 일어보면 다윗의 심경을 알 수가 있습니다. 그리고 거기에서 교훈을 얻을 수가 있습니다. 하나님에게 다 일러바치세요. 속이 시원하게 하나님에게 말씀을 드려서 푸는 것입니다. 그런데 저희 교회에 치유 받으러 오시는 권사님들을 보면 많은 분들이 울화병으로 고생을 하십니다. 그래서 제가 안수를 해드리면서 하나님에게 모두 이야기해서 풀어가라고 조언을 합니다.

*임상 목회 교육의 지도자로서 국제적 명성을 떨치는 비논 비트너 박사의 화를 건설적으로 표현하는 여섯 단계는 이렇습니다.

첫째, 화를 인정하라. 자신이 화가 났음을 스스로 깨닫고 그것을 인정하려는 태도가 필요하다는 것입니다.

둘째, 대상을 확인하라. 화의 대상이 누구인지 알아야 합니다. 많은 사람들이 실수하는 것이 엉뚱한 사람에게 화풀이를 한다는 것입니다.

셋째, 순수한 동기를 가져라. 남에게 화내는 이유를 검토해볼 필요가 있습니다. 만약 우리가 화를 내는 근본목적이 사람에게 화풀이하는 것에 있다면 손해만 보는 것으로 끝날 것입니다.

넷째, 과거에 집착하지 마라. 직접 관련 있는 문제는 지금 당면한 것뿐입니다. 과거의 일을 끄집어냄으로써 문제의 핵심을 흐려선 안 됩니다. 그것은 문제를 더 복잡하게 만들어서 현재 상황을 파악하기 어렵게 만들뿐입니다.

다섯째, 실질적인 문제를 논하라. 우리는 화의 진짜 원인을 자백하기 난처할 때, 부차적인 문제를 원인인 양 말할 때가 있습니다. 그러나 중요한 것은 화가 난 실체가 무엇이냐를 찾아야 하는 것입니다.

여섯째, 화를 긍정적으로 표현하라. 화를 건설적으로 표현한다는 것은 원래 의도를 전달하는 것이고 상대방을 깎아내리지 않고도 싸우는 것입니다. 우리는 서로의 관계가 중요하고 또한 각자 서로에게 가치 있는 사람들이라는 것을 기억하여 화를 긍정적인 방법으로 풀 필요가 있습니다.

의사의 전달은 연습이 필요하듯 화도 건강한 방법으로 표현하려면 연습해야 합니다. 바라건대, 화내길 겁낼 것이 아니라, 화를 성장을 위한 기회로 생각해야 합니다.

만일 우리가 배우자나 다른 가족, 이웃 또는 동료에게 화가 난다면 그 사람을 직접 만나서 해가 지기 전에 가능하면 조심스럽고 부드럽게 우리의 감정을 표현해야 합니다. 그렇지 않으면 그 화는 우리의 몸과 영혼을 병들게 할 수 있습니다.

6.화병을 진단하는 방법

병리적인 화를 중심으로 화에 대하여 알아보면 다음과 같습니다. 인체의 화를 관장하는 장기는 심장이고, 또 심장은 감정을 관장한다고 한방의학 서적에는 기술되어 있는데, 스트레스에 대하여 직접적으로 반응을 하게 됩니다. 화는 오행 중에서 불의 성질을 가집니다. 그러므로 증상이 나타나게 되면 얼굴이나 가슴의 열기, 분노, 충혈 등이 나타나게 되는 것입니다. 화는 양(陽)의 특성을 가져 위로 올라가려는 속성을 가지고 있습니다.

그러므로 화병의 증상은 주로 가슴 위의 부분에서 나타납니다. 두통이나 어지럼증, 상열감, 가슴부위의 답답함이나 열기가 나타나게 됩니다. 화는 온몸의 진액을 손상시킵니다. 불은 물을 마르게 하고, 습기를 건조하게 하는 작용을 가지고 있는 것처럼, 화병은 신체를 건조시키는 작용을 합니다. 입술이 타거나 목이 마르는 증상이 나타나는 것도 그 이유에서입니다.

다음과 같은 조건이 충족되어야 화병이라고 할 수 있습니다. 억울한 감정이 누적되고 해소되지 않은 상태가 6개월 이상 지속되었다면 화병입니다. 단기적인 스트레스나 충격은 화병이라고 할 수 없습니다. 가슴이 답답하거나 숨이 막히는 증상과 무엇인가 치밀어 오르는 증상이 나타납니다. 이것은 화병의 필수증상입니다. 가슴 정중앙 부위를 누르면 심한 통증이 나타납니다. 가슴의 정중앙은 전중이라는 침 자리로 감정의 기운이 많이 모이는 곳입니다. 그러므로 이 부위를 눌렀을 때 심한 통증이 있다면 정서적인 스트레스를 많이 받았다고 보아도 좋을 것입니다. 또한 이 자리는 화병을 진단하는 자리이면서 경과를 관찰할 수 있는 중요한 자리입니다. 치료에 따라 화병의 증상이 좋아지면 이곳의 통증도 완화가 됩니다. 특징적인 4가지 증상은, 즉 가슴의 답답함, 무엇인가 치밀어 오르는 증상, 몸이나 얼굴에 열이 오르는 느낌, 그리고 급작스러운 화의 폭발 혹은 분노 중에서 최소한 2가지 이상은 현저하게 나타나야 합니다.

7.화병을 예방하는 법

화병은 치료도 필요하지만 예방하는 것이 더욱 중요합니다. 또한 화병을 앓고 나서 치료가 된 이후에도 병의 재발을 방지하기 위해서는 예방법은 필수적입니다. 다음과 같은 몇 가지 사항을 염두에 두고 생활을 하는 것이 좋습니다. 화가 난다고 화를 바로 폭발하지 말아야 합니다. 또 다른 화를 부를 수 있습니다. 화가 폭발한 경우는 전신을 이완시켜야 합니다. 이 경우 침묵기도나 묵상기도 등의 방법을 미리 익혀서 화로 인하여 발생되는 전신의 경직을 풀도록 하여야 합니다. 화를 참기만 하지 말고 표현할 줄 알아야 합니다. 기도로 풀라는 것입니다. 화를 계속해서 참는 것은 바람직하지 않습니다. 하나님에게 아뢰는 습관을 드리세요. 급작스런 화가 가라앉은 후에는 대화를 적극적으로 시도해야 합니다. 자신이 하는 일에 자부심을 가지고 있어야 합니다. 화병을 앓고 있는 사람이 가지기 쉬운 것이 자신이 다른 사람의 희생양이라는 생각입니다.

즉 자신은 어쩔 수 없다는 생각입니다. 우선 자신이 하고 있는 사소한 일부터 자부심과 자신감을 가져야 합니다. 화를 가지고 잠자리에 들지 않아야 합니다. 스트레스를 받은 경직된 상태에서 수면을 취하게 되면 스트레스가 체내에 쌓이게 되고, 다음날까지도 그 스트레스는 연결이 됩니다. 되도록 그 날의 스트레스는 그 날 풀도록 하십시오. 깊은 영의기도로 풀어버리고 주무시기 바랍니다. 영적인 생활을 열심히 해서 성령 충만하게 지내고 자신에 맞는 운동이나 취미를 지속적으로 해야 합니다. 화에 대한 저항력은 결국 건강한 육체와 정신에서 비롯되므로 미리 자신의 육체와 건강을 튼튼히 하는 것이 중요합니다.

8.화병을 치유하는 법

화병치료에 있어서 가장 중요한 점은 나타나고 있는 증상을 없애는 것과 스트레스를 받고 있는 환경을 어떻게 개선해야 하느냐는 것입니다. 증상을 개선하기 위해서는 가슴에 뭉친 기를 풀어주는 방법, 열을 가라앉히는 방법, 위로 올라간 화와 아래로 내려간 한랭의 기를 순환시키는 방법, 날카로운 신경을 안정시키는 방법 등을 고려하여 치료에 임해야 합니다.

① 하나님에게 자신의 마음을 숨김없이 토하시기를 바랍니다(시62:8)"백성들아 시시로 그를 의지하고 그의 앞에 마음을 토하라 하나님은 우리의 피난처시로다."

② 감정의 입에서 이를 뽑으시기를 바랍니다(시58:6)"하나님이여 그들의 입에서 이를 꺾으소서 여호와여 젊은 사자의 어금니를 꺾어 내시며"

③ 하나님에게 지금 나보다 높은 곳으로 인도해 달라고 부르짖으시기를 바랍니다(시61:2)"내 마음이 약해 질 때에 땅 끝에서부터 주께 부르짖으오리니 나보다 높은 바위에 나를 인도하소서"

④ 계속 솔직한 심경을 주님께 간구하시기를 바랍니다(시55:9)"내가 성내에서 강포와 분쟁을 보았사오니 주여 그들을 멸하소서 그들의 혀를 잘라 버리소서." 나를 괴롭히는 자의 혀를 나누게 해달라고 기도하는 것처럼 솔직한 심경을 숨김없이 하나님께 고하시기를 바랍니다.

⑤ 성령 충만한 믿음 생활입니다. 성령으로 체험하고 성령으로 내적치유하며 기도하는 것입니다. 그래서 말씀과 성령으로 하나님의 전신갑주를 입어야 합니다. 진리의 허리띠, 의의 흉배,

평안의 신, 믿음의 방패, 구원의 투구, 성령의 검, 성령 안에서의 기도를 해야 합니다. 부정적인 사고와 어두움의 생각을 버리고 마음을 밝히며 평온을 유지하시기를 바랍니다.

애써서 긍정적인 사고를 가지려고 노력해야 합니다. 새로운 성품과 습관을 가지려고 노력하시오. 항상 하나님께 가까이 나아가는 마음을 가지는 것이 화병의 치유에 좋습니다. 항상 말씀을 가까이 하여 말씀 안에 거하며 묵상하는 삶을 살아가는 것입니다. 성령으로 기도의 삶을 살아가려고 의지적인 노력을 하십시오. 사람을 사귀는 것도 성령 충만하고 영적인 사람과 사귀어야 합니다. 사람을 통하여 여러 가지 좋지 못한 요소들이 전이될 수 있기 때문입니다.

감사하는 마음, 찬양, 사랑을 고백하는 마음을 가지세요. 성령으로 충만한 상태에서 마귀를 대적해야 합니다. 말씀과 성령이 역사하는 장소에서 내적치유를 자주 받는 것이 좋습니다. 그리하여 성령의 역사에 순종하는 성령의 사람이 되면 화병은 치유되고 예방이 됩니다.

⑥ 성령의 이끌림을 받는 기도를 하십시오. 기억을 위하여 성령님께 도움을 요청하면 자신의 깊은 곳에 감추어져 있던 상처의 기억과 감정이 생생하게 살아납니다. 성령님의 도우심으로 특정한(분노, 불안, 두려움, 공포, 눌림, 혈기, 스트레스, 마음의 상처, 자존심의 상처 등) 사건의 현장으로 돌아가서, 그때 받았던 묻혀진 상처의 기억을 떠올리며, 상처와 함께 그때에 겪었던 당

황함, 부끄러움을 회상하시기 바랍니다. 하나씩 앞으로 회상해 나가면서 떠오르는 상처를 주님에게 드려야 합니다. 귀신을 축귀하라는 것입니다. 주님은 항상 나와 함께하셨습니다. 주님은 내가 고통당할 때 함께 하시면서 나와 고통을 함께 하셨습니다. 지금도 그 주님은 나와 함께 하십니다. 억울함, 분노, 두려움, 상처, 눌림 등으로 내가 울 때 함께 하시면서 우신 분입니다. 특히 어린 시절의 작은 상처, 부모가 자신을 거부했다고 하는 상처가 오늘의 자신에게 많은 영향을 줍니다. 자 이제 상처를 예수께 드립니다. 드러난 상처를 주님께 가져가야 합니다. 주님은 많은 상처를 입은 분이십니다.

그러기에 상처 입은 사람들의 고통의 삶을 누구보다 안타깝게 여기고 계십니다. 예수 그리스도에게 성령님의 치유의 능력을 간곡하게 부탁해야 합니다. 이와 같은 영적인 치유는 스스로 하기는 힘이 듭니다. 충만한 교회 같이 성령 내적치유를 전문적으로 하는 곳에 가셔서 전문 치유사역자의 도움을 받아 어느 정도 영의 통로가 열리고 성령의 깊은 임재에 빠져 들어갈 줄 알아야 스스로 치유가 가능합니다. 빠른 시간 내 전문적인 치유를 하는 곳을 찾아가셔서 깊은 말씀을 들으며 소리내어 기도하여 성령을 체험하면서 치유를 받기를 바랍니다. 될 수 있는한 빨리 치유를 받아야 합니다. 시간이 흐르면 흐를수록 화병은 깊어집니다. 깊어지면 치유받는데 시간이 많이 소요됩니다.

이 책을 통해 예수님이 땅끝까지 전파 되기를 소원합니다.
(출판으로 인한 이익금은 문서선교와 개척교회 선교에 사용합니다.)

귀신축사 차원 높게 하는 법

발 행 일 l 2014.3.11초판 1쇄 발행

지 은 이 l 강요셉

펴 낸 이 l 강무신

편집담당 l 강무신

디 자 인 l 강은영

교정담당 l 원영자

펴 낸 곳 l 도서출판 성령

신고번호 l 제22-3134호(2007.5.25)

등록번호 l 114-90-70539

주　소 l 서울 서초구 방배천로 4안길 20(방배동)

전　화 l 02)3474-0675/ 3472-0191

E-mail l kangms113@hanmail.net

유　통 l 하늘유통. 031)947-7777

ISBN l 978-89-97999-20-0 부가기호 l 03230

가　격 l 18,000원